U0554446

民政部一零一研究所　研创

总主编　刘　锋
总顾问　魏　坚
执行主编　王永阔　郑庆寰

"一带一路"沿线国家
殡葬文化遗产
名录和谱系

国外部分·东北亚卷

本卷主编　冯立君

社会科学文献出版社
SOCIAL SCIENCES ACADEMIC PRESS (CHINA)

本书获得陕西师范大学优秀学术著作出版资助

"一带一路"沿线国家殡葬文化遗产名录和谱系（国外部分）编委会

总顾问 魏 坚

主 任 刘 锋

委 员 王建新 郑君雷 冯立君 王永阔 王颖超 郑庆寰

总主编 刘 锋

执行主编 王永阔 郑庆寰

"一带一路"沿线国家殡葬文化遗产名录和谱系（国外部分）编审办公室

主 任 王永阔

副主任 王颖超

成 员 胡道庆 张 赫 刘 洋 陈 昆

序

魏 坚

党的十九大报告指出，文化是一个国家、一个民族的灵魂。文化兴国运兴，文化强民族强。没有高度的文化自信，没有文化的繁荣兴盛，就没有中华民族伟大复兴。中国特色社会主义文化，源自于中华民族五千多年文明历史所孕育的中华优秀传统文化。中华优秀传统文化是中华民族的根和魂。习近平总书记强调，培育和弘扬社会主义核心价值观必须立足中华优秀传统文化，抛弃传统、丢掉根本，就等于割断了自己的精神命脉。

作为"四大文明"古国的中国，经过一个世纪的考古学研究，以一项项石破天惊的考古发现，实证了中华百万年人类史、一万年文化史和五千年文明史。作为世界的一部分，地处欧亚大陆东部、太平洋西岸的中国，在历史上与周边世界的关系，构成了我们认识自身历史地位与未来角色的重要因素。作为一个世界大国，中国有着广阔边疆所交接的周边地带，以及通过"丝绸之路"延伸辐射交流的诸多国家与地区，这在很大程度上影响了我们对周边与域外的理解。而博大精深的中华优秀传统文化是我们在世界文化激荡中站稳脚跟的根基。

殡葬文化是中华优秀传统文化的组成部分，中华殡葬传统文化内涵丰富的哲学思想、人文精神、价值理念、道德规范等，蕴藏着解决当代人类面临的难题的重要启示，应在不断汲取各民族文明养分中丰富和发展中华文化。"一带一路"沿线国家和地区也现存着大量殡葬文化遗产。开展"一带一路"沿线国家殡葬文化遗产名录和谱系研究，将填补殡葬文化建设方面的空白，为"一带一路"主题中增添殡葬领域文化内容，有利于开展亚洲文明对话，提升我国国际文化影响力。

作为落实共建"一带一路"倡议的具体举措，由民政部一零一研究所委托社会科学文献出版社组织专家学者，分别组建四个研究团队，负责"一带一路"沿线国家殡葬文化遗产名录和谱系国外部分北亚卷、中亚卷、东南亚及南亚卷和东北亚卷的编写工作。

习近平总书记强调要把"文物保护好、管理好，同时加强研究和利用，让历史说话，让文物说话"。通过搜集、翻译、整理"一带一路"沿线国家古代墓葬文化遗产的状况，以墓葬文化的概念入手，通过其葬式、葬俗和随葬品中包含的中国文化因素，展现出中华文明与"一带一路"沿线国家和地区的文化交流及其遗产面貌，让遗产和文物说话，为推进国家共建"一带一路"服务。

近年来，殡葬文化建设工作虽然取得了一定的成绩，但和党的十九大报告相关要求还有很大差距；在抢救与保护中华殡葬文化遗产、讲好中国殡葬故事等方面做得还不够。希望通过《"一带一路"沿线国家殡葬文化遗产名录和谱系（国外部分）》的编撰出版，使从事殡葬文化建设、丝绸之路考古及相关领域研究的专家学者，了解丝绸之路既是经贸往来的通道，也是思想文化传播的通道，更是古代不同人群交往交流交融的通道。我们要以更广阔的视角和考古成果实证中华民族共同体的形成与发展，树立正确的历史观和民族观，在推动中国殡葬文化建设和边疆考古发展的同时，深刻理解各历史时期边疆地区多民族融合、多宗教共存、多文化兼容的历史事实，真正促进不同地区的文明互鉴。

目　录

前　言 …………………………………………………………… 001

上卷　朝鲜·韩国

一　忠清南道 …………………………………………………… 009
二　忠清北道 …………………………………………………… 034
三　庆尚北道 …………………………………………………… 037
四　庆尚南道 …………………………………………………… 108
五　全罗北道 …………………………………………………… 116
六　开城市、仁川市等 ………………………………………… 127
七　京畿道、首尔市 …………………………………………… 182

下卷　日本

一　北海道 ……………………………………………………… 195
二　东北地方 …………………………………………………… 197

三	关东地方	……………………………………	209
四	中部地方	……………………………………	237
五	近畿地方	……………………………………	263
六	中国地方	……………………………………	307
七	四国地方	……………………………………	321
八	九州地方	……………………………………	326
九	冲绳县	………………………………………	348

前　言

冯立君

2023年，是构建人类命运共同体理念提出10周年，也是共建"一带一路"倡议提出10周年。"一带一路"倡议推动世界互通互联与文明交流互鉴，本身即是推动构建人类命运共同体的重要实践。陆海紧邻中国东部的东北亚，作为"一带一路"沿线地区，与中国文化的渊源悠久而深厚。面向未来，中国与东北亚国家携手构建人类命运共同体，必将不断共同谱写出区域合作的新篇章。

东北亚（Northeast Asia）即亚洲东北部，本书主要指今日中国以东的朝鲜半岛和日本列岛。这一地区受容中华文明，形成汉字文化圈。历史中国通过陆上和海上丝绸之路与欧亚世界广泛联结，东北亚地区无疑也因而与之贯通，得以源源不断地与中国文化互动交流。东北亚的文化与中华文明之间的紧密联系，不仅存在于彼此共享的汉字所书写的典籍和文书中，也存在于众多无言的人们所留下的遗迹和文物中，墓葬文化无疑就是其中一类。

一

《"一带一路"沿线国家殡葬文化遗产名录和谱系（国外部分·东北

亚卷)》的内容基于对一个学术问题的追问：在东北亚古代文化中，朝鲜半岛和日本列岛的古代墓葬文化总体情况是什么样的，它们与中国文化特别是中国墓葬文化之间存在怎样的关系？

实际上，关于朝鲜半岛、日本列岛的墓葬文化遗产和文物资料，不仅中文学界付之阙如，在朝鲜、韩国和日本也并不易获取，系统介绍和研究者更少。本书是一种尝试，通过搜集、翻译、整理朝鲜半岛和日本列岛古代墓葬文化遗产的状况，呈现其葬式、葬俗和随葬品（及其包含的中国文化因素），为考察古代东北亚与中华文明的交流提供资料基础。

上卷是朝鲜、韩国境内的墓葬文化遗产，下卷是日本境内的墓葬文化遗产，时间范围主要是古代国家阶段。朝鲜、韩国境内主要是百济、加耶、新罗、高丽、李朝时期的王陵与贵族墓葬。日本境内以古坟时代为大宗，包括了日本各都道府县的重要墓葬。

上卷大致以政区为序，主要考察忠清南道、忠清北道、庆尚北道、庆尚南道、全罗北道、开城市和仁川市等、京畿道和首尔市。忠清南道重点介绍百济时期王室与贵族墓葬，忠清北道重点是几座百济、新罗墓葬。庆尚北道重点是新罗历代的王室墓葬（含疑似），庆尚南道则是加耶时期和大致同期的新罗墓葬。全罗北道既有百济重要王室和贵族墓葬，也包括重要的加耶墓葬。开城市和仁川市等集中为高丽时期历代重要王陵，京畿道和首尔市则集中为李朝时期历代重要王陵。下卷同样按照政区顺序，从今天日本最北端的北海道一直到最南端的冲绳县，其间依次论述日本东北、关东、中部、近畿、中国、四国、九州各地方的古代墓葬，其下按照各都道府县顺序依次编排墓葬资料。

上、下两卷遵循大体一致的写作体例。不过，因为资料的翔实程度不同，也在客观上存在一些差别。例如，朝鲜半岛古代墓葬因其对中国墓葬文化的吸收甚至模仿程度显然更高，因此每个条目的字数也要比日本列岛古代墓葬单个条目的字数更多。同时，为保证版面美观，本书上、下卷所有条目除必要的直接引用外，一般不再引注古今著述。全书不强求字数和形式上的整齐划一，更偏重构建墓葬文化的谱系脉络。

二

朝鲜半岛古代王陵和贵族墓葬中的中国文化要素，大体可以分为如下几类。

一是陵墓选址、布局与形制。陵墓选址符合风水思想，百济王陵、新罗王陵、高丽王陵、李朝王陵选址的最大特点是依山而建，大多按照中国风水观念选址造陵。墓葬布局遵循礼制原则，君臣观念、儒家秩序理念体现在陵园或墓葬陵域布局的整体原则中。墓制兼有中原影响和本土传统，对于中国陵寝制度依据实际条件有所变通。

二是十二支神像的设置。新罗王陵的十二支神像具有浓厚的唐风，如真德女王陵墓等众多王陵或高级贵族墓葬，以立体石雕、平面浮雕等多种样式表现十二支神像，即十二生肖。十二生肖像既具有确定方位等功能性，也极具装饰效果，与隋唐时期十二生肖陶俑可进行比较研究。十二生肖神像的广泛使用说明新罗、高丽等对汉文化的广泛吸收。朝鲜半岛王陵发展史上，十二支神像具有鲜明的中国文化要素特征，但在后期日趋式微，在李朝时代的墓葬中逐渐变成毫无特色的装饰。

三是石人、石兽与石物。在高丽时代至李朝时代的王陵中，石人和石兽较为普遍地分布在墓道两侧，相对而立，成双成对。石人多为文官和武将，石兽以石狮、石虎、石羊居多。这是中国陵寝制度的典型形式。在新罗时代，石人保持着并不稳定或者说是活跃的形式，胡人造型引人注目。这也是新罗与唐代文明交流的结果。朝鲜半岛古代墓葬中的石物，还有各式各样的石柱、石床、望柱石、石阶、石碑等。

四是汉字题记、铭文。在朝鲜半岛北部的古代墓葬中，受汉晋乐浪、高句丽文化影响，汉字墨书铭文等广泛出现。在朝鲜半岛南部的古代墓葬中，百济、新罗时代开始出现碑文书法秀丽的墓碑和墓志。如新罗文武王陵碑就是盛唐书风的高超展现，高丽王朝的墓志铭更是典型的汉式墓志形制，目前学界已出版相当一部分由高丽士人撰写的汉文墓志铭集。李朝墓葬整体格局的中国化、儒家化非常明显，其墓葬中存在一些汉字标石。

五是墓内器物与装饰。墓葬玄室构造和墓内器物等，较少反映中国文化因素，但在壁画及其内容上，显然受到中国文化的深刻影响。例如对于日月星辰、神仙、四神以及道教、佛教等内容的表现。百济武宁王陵，既采取南朝砖室墓形制营建，墓内还有汉字书写的墓志铭（也有观点认为其具有买地券功能）、四神壁画、道教祭祀香炉等，受到中国南朝文化的强烈影响。

六是祭祀和祖先崇拜。古代朝鲜半岛上层社会崇尚儒学，在殡葬文化习俗等方面受到儒家文化的强烈影响，除了表现在礼制文献中的殡葬制度之外，还表现在众多墓葬遗产中的祭祀崇拜文化遗迹。此外今日朝鲜半岛乡村社会中也残存有浓厚的风俗遗绪，值得进一步研究。

三

日本列岛古坟文化受到中国文化影响的要素，相较而言，总体上没有朝鲜半岛古代墓葬那么鲜明，大体可分为如下几种情况。

一是出土的典型中国式器物。最典型的代表是铜镜，日本列岛古坟中各式铜镜出土数量较多，如学界热烈讨论过的三角缘神兽镜等文物，很可能来自中国或是由中国工匠移民在日本制作完成。此外，玉器、马具、金银器等也都是较为典型的受中国文化影响而出现的早期陪葬品。日本马具可能是经过鲜卑—高句丽—百济、加耶、新罗—日本这一路线传入。关于马的埴轮也较多，但与大陆的陶制品风格迥异。有些墓葬出土了刻有汉字铭文的器物，如埼玉县稻荷山古坟出土的刻有115个汉字的错金铭铁剑;行者冢古坟顶部发现的金铜制带金具,也是从大陆传来的珍品,中国和朝鲜半岛北部都出土过同类物品。

二是表现中国文化的墓葬文化遗迹,如古坟的壁画、佛教相关遗迹等。最典型的代表是奈良的高松冢壁画古坟,其墓内绘有手持威仪器具的人物、星宿图、日月、玄武、青龙、白虎等五彩缤纷的壁画,充满中国文化要素,特别是出现了汉晋中原和边疆地区墓葬中常见的四神题材,壁画中的玄武形象与大陆墓葬壁画高度相似,其女性人物形象也被有些学者认为是唐风女性人物形象的典型表现。

三是揭示日本列岛与中国和朝鲜半岛交通交流的文物。千叶县的内里冢古坟出土的铁镰和铁箭镞都表现出受到朝鲜半岛影响的形态。百舌鸟古坟群是与"倭五王"相关的遗产,出土了各种形状的埴轮、金铜制装饰品、马具、铁制武器等陪葬品,其中一部分受到朝鲜半岛、中国、波斯的影响,体现了与东亚的活跃交流。樱井市花山冢古坟的横口式石椁是由榛原石堆成砖状,近似朝鲜半岛的砖椁坟,推测是从朝鲜半岛迁徙到日本列岛的贵族墓葬。九州古贺市的船原古坟群3号坟出土了金铜制的步摇装饰金具,表明与朝鲜半岛及中国存在文化交流。长崎市的曲崎古坟群出土了玻璃制的小玉、碧玉制管玉等,由此推断墓主是负责海上交通的人物。

当然,在古坟时代,日本列岛与中国的文化交流尚不如后世直接和充分,许多中国文化要素实际上是通过朝鲜半岛海上交通或者渡来的大陆移民间接获取,这些仍有待更为细致的探讨。

四

《"一带一路"沿线国家殡葬文化遗产名录和谱系(国外部分·东北亚卷)》获得了项目责任单位民政部一零一研究所、出版单位社会科学文献出版社,以及我校学科建设处和社会科学处"陕西师范大学优秀学术著作出版资助"给予的大力支持。

　　同时，日本留学归来的姜牧天、陕西师范大学的王佳玲两位同学协助整理了部分日文资料，浙江大学的蒋璐老师带领学生帮助翻译了李朝的墓葬条目，我的研究生傅亭瑄协助整理了文稿。徐思彦编审、郑庆寰社长对本书出版惠助良多，赵晨、窦知远编辑也付出很多精力编校书稿。赵俊杰教授耐心解答了我关于考古术语的肤浅疑问。拜根兴、郑京日、金荣官等诸多师友们的摄影作品、收藏资料提供了本书的图片来源。

　　在此，谨向以上支援单位和师友同仁致以诚挚谢意！本人诠才末学，但对朝鲜半岛和日本列岛古代的文化，特别是它们与中国的关系兴趣浓厚，对于外形不同的史料——典籍文献、金石文献和考古资料等，从未抱持畛域之见，尽力统统学习利用，痴心期望将之如女娲补天炼就的五色石般熔冶于历史一炉。如此单纯地以主要是考古资料的墓葬文化遗产作为写作内容，于我亦尚属首次，错漏必定不少，祈请读者朋友指正。

　　全书初稿完成于去年暑假，随后开学的日子常常被围困在长安校园里。桂花的暗香在阒寂之中弥散，书稿面貌在往复交流中变化多端。今年春夏之交始在北京暂居，公务之余再度修订，最后利用国庆假期删订文稿。近两年疏懒于学，这部作品虽粗浅谫陋，即将付梓却仍给人以难得的喜悦。或许是因为，在学术的大森林中，水光丰美处须有令人仰望的参天巨树，僻冷荒脊处也应有努力结出果实的茁壮树苗。

2023 年 10 月 18 日于北京

上卷　朝鲜·韩国

一　忠清南道

【名称】宋山里古墓群（石室墓）

【位置】忠清南道公州市

【年代】公元 5~6 世纪

【解题】

1 号石室墓

这是一个横穴式石室墓，在朝南稍偏东的山坡斜面上，向地下挖掘墓圹，在里面用砖头形状的割石来修筑墓室和羡道。将天井以穹隆的形式架构起来，墓室的长轴以南北为基准，略向东偏移约 25.5 度。南北稍长的长方形墓室采用粘板岩制成的砖状石材，构成典型的穹隆式墓室。南墙设置了一条偏向右侧的羡道，整个墓室内部都有抹灰。地面用河砾石以 10 厘米左右的厚度铺好，据说在调查时已被盗掘，天井和东壁已遭破坏。

2 号石室墓

基本形式和 1 号墓没有太大不同。墓圹的地下构筑内以砖状割石构

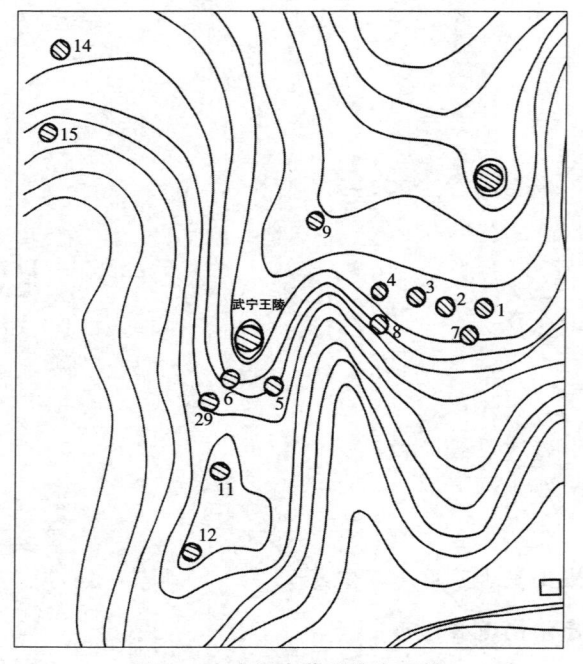

图一 宋山里古墓群分布现状

筑墩室及羡道的横穴式石室墓，入口及羡道设置在右侧，天井是以圆形构筑的穹隆式。墓室几乎是长方形的，排水道和地面等的处理与1号石室墓相似。除5件陶器、铁制大刀、铁矛残片、铁镞3件外，还出土了2件纯金制耳饰，轻玉、胸玉各1件。

3号石室墓

在朝南的斜坡上，向地下挖掘建造墓圹，在墓圹内用砖状的割石修筑墓室及羡道，入口及羡道设置在右侧，为长羡道的横穴石室墓，归类为穹隆式。排水道的设施、墙面抹灰、墓室地面的处理等与前面的石室墓大同小异。遗物有金铜垂佩金具残片、金铜带铐2件、金铜带端金具1件、铁包金铜的杏叶片1片、银制花形金具1件、环头钉，后续调查时收集到棺材1具、铁制大刀片2件、银制板等。

4号石室墓

在朝南的斜坡上向地下挖掘建造墓圹,在墓圹内用割石修筑墓室和羡道,天井的架构采用穹隆式的横穴式石室墓,墓室几乎呈方形。长轴以南北为基准向东偏移11度,墓室是东西略宽的平面。墙壁和羡道、天井等处有较厚的白灰,确认西壁下有5个铁钉,北壁上有1个铁钉,同样的南壁上也有2个铁钉,东壁上有3个铁钉。据说,收集到的遗物有银制透雕带铐2件,银制柄头金具、银制当及木棺上使用的头部镀金的棺钉,金制透雕带铐2件,金铜制角锏妍具1件,铁制角头7件,木棺用木片2件,漆器残片。

5号石室墓

在地下建造向南倾斜的墓圹,内为砖状割石修筑的墓室及羡道,为横穴式结构。天井呈穹隆状架构,墓室长轴以南北向为基准向东偏移了12度左右。墓室有点扭曲,但基本上接近方形。墙面的砌石使用了经修整的粘板岩制的砖状石材,从1.3米的高度向内倾斜约25度,形成穹隆状顶棚。羡道是开向右边的长羡道。虽然有白色抹灰,但大部分都已脱落,有两个砖砌的棺台。遗物有:金制绘马形装身具1件,纯金制叶形装身具8件,纯金制菱形装身具14件,纯金制璎珞形装身具1件,纯金制圆形6瓣花形装身具,纯金制山栀玉1件,银制花形座饰钉5件,陶壶1件,头部银制6瓣花形钉30余件,角锥头金铜钉50余件,圆头铁钉10余件,铁制大刀片1件,铁镞11件,黄色琉璃制素玉1件,铜制器具残片1件等。

29号石室墓

作为具有穹隆状天井结构的古墓,墓室以南北为基准,向西偏移了10度左右,墓室地面和6号墓一样是用砖头建造的。但是墙面是用砖状的割石建造的。墓室呈长方形,向东铺设羡道。棺台在玄室中被纵向隔为两部分,当时在东侧棺台上安放被葬者,第一次封闭羡道后再次破壁,设置了西侧的棺台,有安放第二位被葬者的痕迹。

宋山里古墓群的横穴石室墓,除6号、7号墓带有典型的中国文化色彩之外,石室墓也都带有不同程度的南朝墓葬文化影响痕迹,特别是遗物的种类、样式,一些物品本身也是文化交流的产物,如马具、金银制品等。

【名称】宋山里6号墓(世界文化遗产名录:百济历史遗迹地区)
【位置】忠清南道公州市锦城洞
【年代】公元6世纪初
【解题】

韩国公州宋山里6号墓的形制结构与武宁王陵一样属于典型的"建康模式",其时代比武宁王陵略晚,墓主推测是武宁王之子百济圣王,墓壁发现的"四神"壁画明显受到南朝绘画艺术风格的影响。"建康模式"的砖室墓在百济葬制中的植入,应与百济东城王六年遣使中国南齐要求内属有关。

宋山里6号墓形制结构具有特殊性。1932年8月,日本人藤田亮策和小泉显夫对墓葬进行了调查发掘。由于宋山里6号墓未经严格意义的正式考古发掘,故有关资料的科学完整性比不上武宁王陵。宋山里6号墓从属于以武宁王陵为中心的一个独立墓区。在这个墓区中分布有4座墓葬,其中武宁王陵大体位于该墓区北侧中央位置,无疑是这一墓区的主墓,宋山里6号墓、5号墓则分居武宁王陵神道前的西侧和东侧,29号墓又位于6号墓神道前的西南侧。显然,这一墓区经过了统一的规划,各墓葬的位置是在一定秩序和制度的指导下作出安排的。

与武宁王陵一样,宋山里6号墓也由封土、墓道、排水沟和砖室等部分构成,但封土、墓道的原始情况已难知其详,仅知在砖室封门墙前的地面上铺有一段略呈梯形的地砖。在封门墙前墓道底部铺砖的现象也见于南京吕家山一号墓。它的排水沟从甬道底部铺地砖下穿过封门墙,一直通向墓前山体边缘,长约 20 米,在砖室前的部分应位于墓道的底部中央。排水沟系在山体上开挖沟槽,再在沟槽底部砌砖,砌法为下有一层纵平砖,以上两侧各为一层纵平砖,中央留有泄水孔,其上覆盖两层纵平砖。排水沟的这种砌法与武宁王陵基本相同,在南京地区六朝墓中更是屡见不鲜。

宋山里 6 号墓砖室为平面呈"凸"字形的前设长甬道的单室券顶结构,由封门墙、挡土墙、甬道、墓室等部分组成。封门墙砌于甬道口内外,全部用顺砖平砌,门券上部砌有较高的挡土墙。甬道的砌法与武宁王陵颇不相同。武宁王陵虽在甬道后部与墓室交接的地方设置了一道简易的木门,但木门前后甬道的宽度和高度完全相同。宋山里 6 号墓甬道基本位于墓室前部正中,分前后两段,高度和宽度皆不同。这是因为在甬道分段处设置木门的缘故,木门发掘时已不存。类似的这种甬道砌法和木门设置的方法在南京地区东晋及南朝刘宋早期墓葬中颇为常见。不过与宋山里 6 号墓相反,它们的前甬道的高度和宽度大多大于后甬道。

宋山里 6 号墓墓室为长方形,侧壁和后壁平直略外弧。墓室东侧设一长方形砖砌棺座,棺座由三层纵平砖砌筑,区别于武宁王陵在墓室后部铺设砖砌棺床的做法。墓室侧壁和后壁共设置七组直棂假窗和火焰形灯龛,其中两侧壁各相间布列三组,后壁中央设置一组,灯龛均由两块特型砖相拼而成,其边缘用朱红和青绿两色描绘灯龛的轮廓线和火焰纹。直棂假窗与边缘彩绘火焰纹的灯龛虽在武宁王陵和以南京为中心的建康地区南朝中晚期大型墓葬中也有发现,但在具体数量和配置方法上有所区别,后者墓室侧壁和后壁共设五组直棂假窗和火焰形灯龛,两侧壁比宋山里 6 号墓各减少一组。另外一个明显区别是,宋山里 6 号墓各组火焰形灯龛均在直棂假窗的下方,且排列亦不整齐,有在假窗正下方的,也有偏置一侧的,而武宁王陵和南朝墓葬火焰形灯龛均在

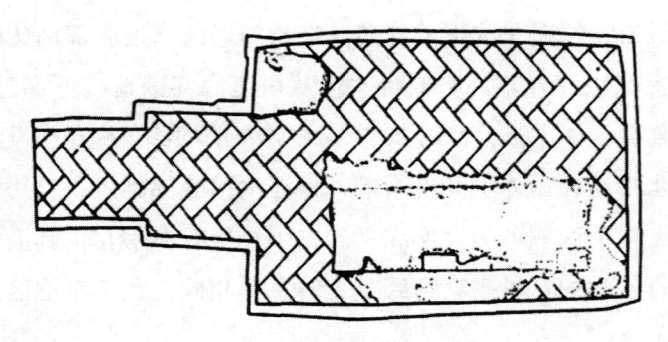

图一　宋山里6号墓平面图

直棂假窗的上方中央。灯龛在直棂假窗下方的南朝墓例，唯见湖南长沙烂泥冲南齐永元元年（499）墓的墓室后壁，但此墓灯龛为简单的长方形。

　　宋山里6号墓墓壁、墓顶和铺地砖的砌法也与武宁王陵和南京地区东晋、南朝砖室墓不全相同。它的墓室前后壁和侧壁由下向上分别以十顺一丁、八顺一丁、六顺一丁、四顺一丁组砖砌筑四组，以上再用顺砖平砌起券至顶。甬道的顶高因为不及墓室，底部两组砌砖与墓室相同，上部后甬道为一组四顺一丁组砖，然后顺砖平砌起券至顶，前甬道则为一组二顺一丁组砖，再上亦为顺砖平砌起券至顶。墓底铺地砖一层，均为斜人字形平铺。武宁王陵墓壁和墓顶主要用四顺一丁组砖砌筑，只是在接近墓顶的部分使用少数几组三顺一丁组砖。南京地区东晋、南朝券顶砖室墓则多以三顺一丁组砖砌筑。但三者以顺砖和丁砖交替砌筑的原则无疑是一致的。它的地砖铺法与武宁王陵及南京地区自孙吴以降的大多数六朝墓葬相同，唯武宁王陵甬道内铺地砖前后各以一排竖平砖锁口，这一现象不见于宋山里6号墓和南京地区东晋、南朝墓葬。

　　关于墓砖，宋山里6号墓也有长方形、楔形、刀形三类，各类墓砖的用途与武宁王陵完全相同。大多数墓砖的侧面和端面模印有各类花纹，且有花纹的一面均朝向墓内，故整个墓葬内壁显得富丽壮观。与武宁王陵甬道和墓室大量使用各类莲花纹不同的是，宋山里6号墓仅在封门墙中的一块楔形砖的窄端模印有莲花纹，而甬道和墓室内壁大量使用的则是武宁王陵挡土墙上少量发现的花纹类型，所见有在长方形砖和刀形砖的侧面模印菱形与四出钱纹的组合纹或对角线纹，在长方形砖的端面模印双四出钱纹，在楔形砖的窄端模印单四出钱纹，等等。除花纹砖外，还发现在一些墓砖的端面模上印有文字，如"急使""中方""使大"等，这些文字砖与武宁王陵中所出同类墓砖相同。在前述封门墙中发现的唯一一块模印莲花纹的楔形砖的侧面还刻有一行草书铭

图二 宋山里6号墓发现的铭文砖

文"梁官瓦为师矣"，可能系制砖工匠在砖坯未干时用锐器信手刻就。与宋山里6号墓类似的文字砖、花纹砖，乃至它们在墓壁上的砌筑方法都常见于建康地区南朝中晚期大中型墓葬。

百济的知识阶层对于中国文化的素养已达到了相当高的水准。汉籍与中国书法已输入百济，并使用其来完善文书行政及职官系统。宋山里6号墓的砖铭忠实地效仿了当时南朝流行的章草或是向今草过渡阶段的书体。当时东亚汉字使用圈中，知识阶层的形成是让5~6世纪的百济吸收汉字并用于社会性活动的动因。但关于国事的文字记录、记载等文案公事，应该不会从中国调用人员或将此事委任给外国人，也就是说由百济人来书写铭文的可能性很大。

宋山里6号墓有令人惊叹的"四神"壁画。武宁王陵与宋山里6号墓最明显的区别还有墓室内壁装饰的不同，前者墓室仅用各类花纹砖装饰，而后者则较复杂，不仅在各类花纹砖的表面相间涂饰黑白两色漆彩，

装饰整齐而有规律,更为引人注目的是墓室四壁装饰的"四神"壁画,东、西两壁中部所绘分别是头向墓门的青龙和白虎,南壁甬道入口上方中央所绘为朱雀,两侧还有日、月和云纹图案,北壁火焰形灯龛下方中央所绘为玄武。这种"四神"壁画在百济古坟中十分罕见,以往所见仅扶余陵山里东下冢一处。东下冢是一座石室墓,由甬道、墓室等部分构成,墓室的东壁、西壁、北壁及南壁甬道入口上方亦分别绘有青龙、白虎、玄武和朱雀,墓顶上还绘有莲花、云气等图案。过去学术界考虑到文献记载中百济与中国南朝密切的政治关系,一般认为是受南朝绘画艺术风格的影响,但随着高句丽古坟壁画的不断发现,近年似乎有越来越多的专家学者相信这类"四神"壁画乃与高句丽有关。然而,高句丽壁画中虽然屡见"四神"内容,但显然处于从属地位,与宋山里6号墓、陵山里东下冢壁画内容简约,"四神"占据壁画唯一主体核心位置有霄壤之别。

图三 宋山里6号墓四神壁画(白虎)

【名称】百济武宁王陵（宋山里 7 号墓）

【位置】忠清南道公州市

【年代】公元 6 世纪初

【解题】

　　武宁王（462~523，501~523 年在位），名斯麻（或斯摩），中国史书记为"余隆"，是百济第二十五代国王，为东城王之次子。521 年被梁武帝册封为"使持节、都督百济诸军事、宁东大将军、百济王"。武宁王陵，即公州宋山里 7 号墓，位于韩国忠清南道公州市宋山里古墓群，是韩国光复以来发现的规模最大的王陵。宋山里古墓群有 7 座陵墓，其中的武宁王陵是百济王陵中唯一确定了墓主名字的陵墓。武宁王陵自 1971 年被发现以来就受到学界高度关注。

　　武宁王陵中出土有来自中国南朝梁的铜镜、陶瓷器等陪葬品，还发现记有梁武帝册封武宁王的"宁东大将军"的志石等。迄今从王陵中发掘 108 种 2906 件遗物，国宝级 12 件，多存放于韩国国立公州博物馆。其中，最具代表性的遗物就是王和王妃的金冠和金冠上的装饰品，以及金耳环、金项链、青铜镜、枕头等。百济文化受中国南朝影响颇深，这在百济的墓葬形制中也得到体现。

　　武宁王陵与南朝、北朝墓相比，特点为墓室一般用砖筑造，砖面上刻有图案花纹作为装饰。东晋以前的墓砖多用几何图案，而东晋以后则多用莲花纹。在东晋和南朝的大墓中，还有许多用砖上的局部图案拼接而成的"竹林七贤""青龙""白虎"等图案。为了将阳世生活带入阴界，墓室内还模仿现实生活中的居室，设有砖雕砌而成的直棂窗、灯龛等。为了防潮泄水，还设有从墓内通向墓外的泄水道。而同时期的北方地区墓葬多用石构墓室、彩绘壁画。由于地面建筑均已荡然无存，因此百济时期保存完好的空心砖墓，就成为百济文化中南朝文化要素的集中体现。武宁王陵墓砖，包括莲花纹砖、铭文砖与拼砌灯龛的特型砖的制作工艺，与中国南朝的砖室墓样式基本相同。百济武宁王陵的莲花纹砖

①熊津（公州古地名） ②泗沘（扶余古地名） ③益山

图一　世界文化遗产"百济历史遗迹区"在韩国的位置示意图

和钱纹砖，与南朝砖纹饰类似，尤为突出。南京地区发现的南朝墓葬与百济熊津、泗沘时期的砖墓在形态、构造、建造技术等方面几乎一致，连墓砖的纹样也几乎相同。公州宋山里6号墓、7号墓（百济武宁王陵）是迄今为止发现的百济古坟中最为著名者，从这两座砖筑古坟来看，百济时期贵族墓葬的构造与中国南朝的砖构古坟几乎相同。

宋山里6号墓砖室墓东西南北四壁画着青龙、白虎、朱雀、玄武四神兽，显然受到南朝的影响。而且砖铭出现"梁官瓦为师矣"六字草书。这是非常重要的线索，砖铭上的"梁"字，确定了宋山里6号墓建造时间。砖铭还证明采用了梁朝砖室墓形制，并烧制与之配套的梁朝规格的墓砖，完整地移植梁朝墓制。

武宁王陵一行不乱的"四平一竖"（四顺一丁）砌法，需要精确的计算。百济在修建宋山里6号墓（学者推测为武宁王父亲东城王陵墓）取得经验之后，才进行武宁王陵的修筑。此时，造墓经验与烧制墓砖均臻成熟，故武宁王陵的建造水平明显高出一等。其羡道和墓室均用砖砌，地面铺设排水道，上面铺砖。墓室棺床用砖砌双层。共有25种规格的砖，大的为36厘米×16厘米×4厘米，用得最多的是32厘米×15.4厘米×

一 忠清南道

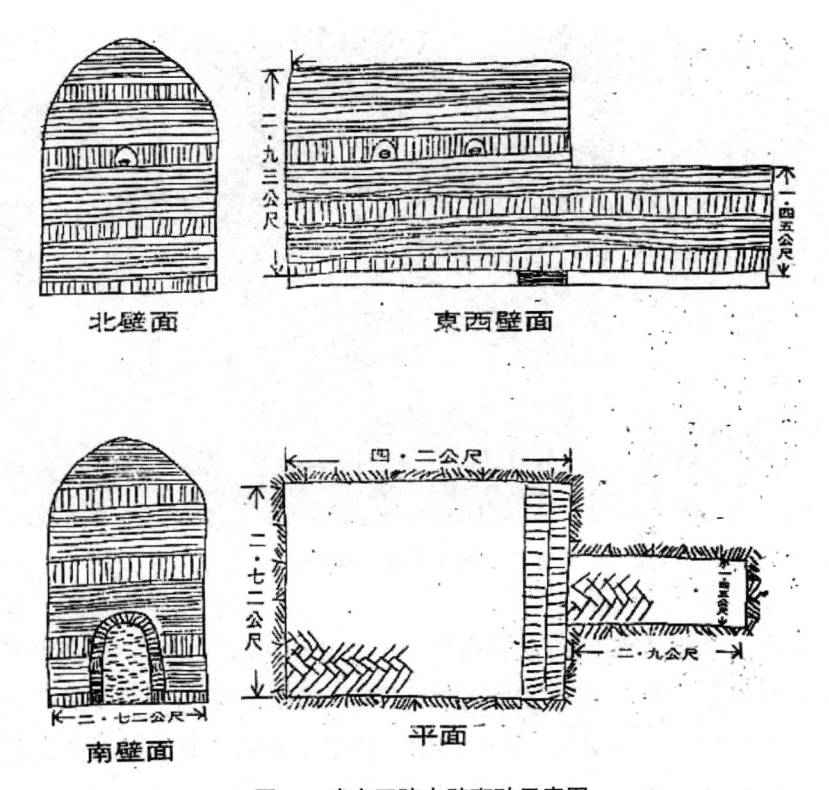

图二 武宁王陵内壁砌砖示意图

（采自〔韩〕许英桓《百济武宁王陵发掘经过简报》，《韩国近代史外国史研究论集》，大陆杂志社，1975，第450页）

4厘米，有无文砖，也有斜格小莲纹砖等多种，其中使用的莲花纹砖，与南京油坊村南朝墓砖形制完全相同，亦即墓砖完全按照南朝样式烧制。武宁王墓室结构及其随葬品也非常引人注目，南朝帝陵随葬品均与武宁王陵相似。据此推断，武宁王陵采用南朝帝陵制度建造。武宁王陵的随葬青瓷器有青瓷广口莲瓣纹六耳壶两件，盘口长颈四耳壶一件，青瓷灯碗五件和青瓷碗一件。这九件青瓷器，日本学者三上次男研究确认全部为中国南朝制品，很可能出自越州瓷窑，而且属于类型少见的上等品。三上次男据此指出随葬物显示当时百济具有从梁朝获得高级制品的政治、经济力量。随葬物品中六朝镜多达四面，其中浮雕人兽纹镜，为汉式方

图三　武宁王陵墓室内部

格规矩镜,其铭文为:"尚方佳竟真大好,上有仙人不知老,渴饮玉泉饥食枣,寿如金石考。"基本相同的铭文镜,在中国、朝鲜、日本有广泛的分布,正好构成一条文化传播的路线。根据王仲殊研究,魏晋南北朝时期铜镜制作集中于南方,武宁王陵出土的方格规矩镜应该也来自南朝。武宁王陵还出现了镇墓兽、墓志和买地券,且墓志安放于羡道之中,这是典型的南朝墓葬特点。买地券上摆放有铁五铢钱一缗,相当于买地券所说的"钱一万文"。此五铢钱直径2.4厘米,方孔边长0.8厘米,是梁武帝于普通四年(523)铸造的。武宁王死于这一年,故梁武帝铸造的铁五铢钱旋即输出到百济,造武宁王陵时随葬作为买地冥钱。

武宁王陵志石与王妃的志石共同位于进入王陵的羡道中央,是迄今为止发现的中古时期王陵中唯一的志石。武宁王志石铭文为"宁东大将军百济斯麻王,年六十二岁,癸卯年五月丙戌朔七日壬辰崩到"。正文背面有干支铭文,有一定道家色彩,亦当是为其所买墓地地界方位与道教"东方甲乙木,南方丙丁火,中央戊己土,西方庚辛金,北方壬癸水"的阴阳五行说相印证的表现,来源很可能是南朝早期墓中随葬买地券上

一 忠清南道

图四 砖石细部

图五　武宁王陵壁画（四神）及其细部

一　忠清南道

図六　武寧王陵志石

図七　武寧王陵志石拓片

图八　金制冠饰

图九　王妃左手腕上佩戴的银制手镯
（内侧刻有说明其制作缘由的文字）

图十　青铜神兽镜

常见的以干支象征性地表示墓地地界的内容，如"东至甲乙，南至丙丁，西至庚辛，北至壬癸，中央戊己"之类。有些学者直接将之称为武宁王陵买地券石。

百济武宁王陵出土的王妃木枕是529年埋葬时搬进陵墓的。其龟甲纹中画着天莲花、变化生和驾云飞行的天人。木枕上画着这样的图像，应是遵照梁朝墓制。武宁王陵忠实地仿效了南朝的砖筑墓。百济的武宁王陵中出土了五件金或镀金的饰物，其中一双造型奇特的金履在底部伸出多枚铜钉，因此无法在现实生活中穿着，说明该墓中发现的成套制品和光彩夺目的金冠都是为去世的武宁王专门制作的明器。朝鲜半岛和日本的其他古墓中也多有发现此类物品，"这意味着一种超越地理疆域，在整个东亚地区延伸、普及的礼制传统和思想观念"。①

武宁王陵的各个方面无不显示出南朝风格，颇异于朝鲜半岛此前的墓葬。在百济，采用砖坟修造王陵，此为先河。可以排除该墓由百济境内原带方郡汉人所建的可能性。历代帝陵建造均严格保密，外人无从知晓。武宁王陵墓室同南朝大墓相比较，从墓砖到其砌法，直至墓室结构，无不雷同，因此烧制墓砖和造墓的工匠极可能来自南朝。从宋山里6号墓砖铭文可以看到，其墓砖采用的是"官瓦"，不是一般的南朝砖。据此，造墓的工匠也只能是南朝的官手工匠。南北朝均对工匠实行严格的匠籍制度，显然百济的这些工匠是通过政府间的交往获得的。②

据日本奈良天理市石上神宫所藏百济近肖古王赠送倭王的七支刀上的太和四年（369）铭文来看，百济已奉东晋正朔。百济腆支王十二年（416），晋安帝遣使册命腆支王为使持节、都督百济诸军事、镇东将军、百济王。至刘宋，两国交往更为频繁。《宋书》卷97《夷蛮传·百济》载景平二年（424）、元嘉七年（430）、元嘉二十七年（450）、大明元

---

① 〔美〕巫鸿：《时空中的美术》，梅玫、肖铁、施杰等译，生活·读书·新知三联书店，2016，第177页。
② 韩昇：《东亚世界形成史论（增订版）》，中国方正出版社，2015，第123页。

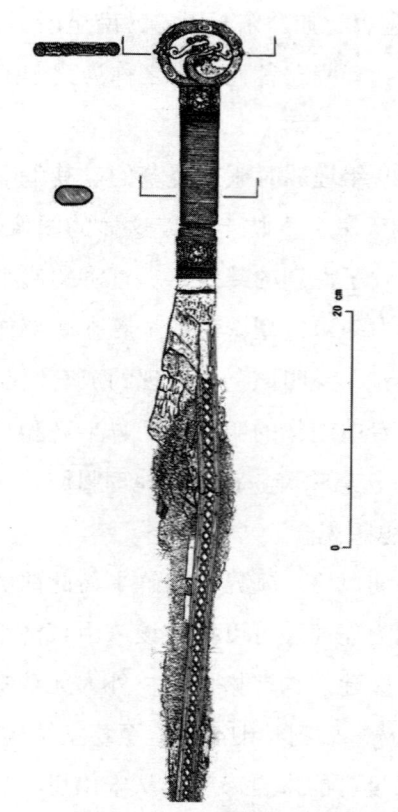

图十一　武宁王陵出土环头大刀线描图　　图十二　环头大刀刀柄细部

年（457）、大明二年（458）、泰始七年（471）百济皆遣使至建康朝贡，特别是元嘉二年（425）刘宋遣使百济"宣旨慰劳"后，百济更是"每岁遣使奉表，献方物"。晋宋时期百济使节频繁往来，其中文化交流的内容尤为丰富，《宋书》卷97《夷蛮传·百济》载元嘉二十七年（450）百济王除献方物外，还上表求"《易林》、《式占》、腰弩，太祖并与之"。又，《周书》卷49《异域传上·百济》云百济"用宋《元嘉历》，以建寅月为岁首"。按《元嘉历》为刘宋天文学家何承天创制，元嘉二十二年（445）正式使用，至梁天监八年（509）废止，改行祖冲之《大明

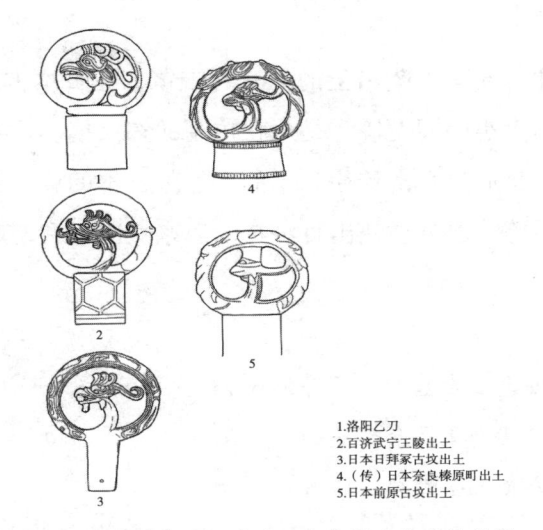

1. 洛阳乙刀
2. 百济武宁王陵出土
3. 日本日拜冢古坟出土
4. （传）日本奈良榛原町出土
5. 日本前原古坟出土

图十三　百济武宁王环头大刀在东亚文化中的位置
（采自孙机《从历史中醒来——孙机谈中国古文物》，生活·读书·新知三联书店，2016，第166页）

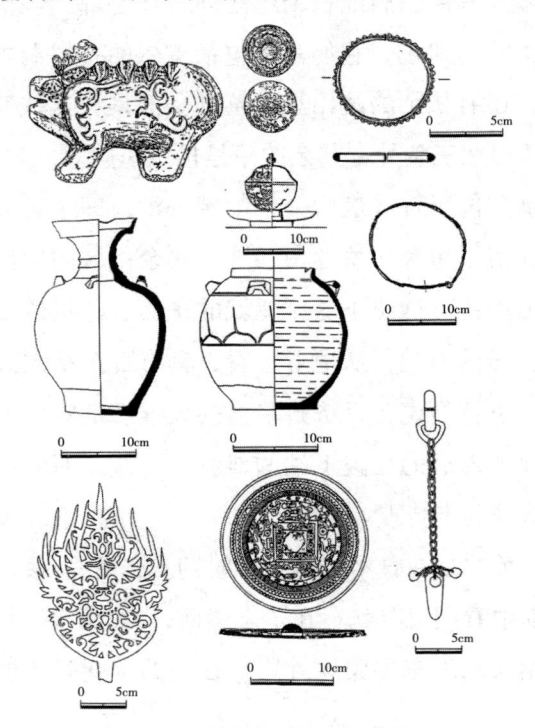

图十四　武宁王陵出土遗物
（采自이남석《백제묘제의 연구》，서경문화사，2002，第182页）

历》。①

不仅如此，武宁王陵出土的七乳兽带镜，在日本古坟中也发现了4面，且为相同大小的同型镜，是六朝仿制的东汉镜。这些都清楚地表明许多中国文物是通过百济传往日本的。加之日本的吴音与百济、南朝语言的渊源关系等，充分反映出百济在沟通东亚国家和南朝关系上的重要桥梁作用。

【名称】陵山里古墓群（百济王陵）
【位置】忠清南道扶余郡陵山里
【年代】公元6~7世纪
【解题】

百济在汉城、熊津、泗沘三个地区都有过定都的经历，这些地区还保留着相当于王陵的遗迹，它们具体包括首尔的石村洞古墓群、公州的宋山里古墓群，还有扶余的陵山里古墓群。但是在这些遗迹中，除了宋山里古墓群确认存在王陵外，其余的只是推定王陵。

陵山里古墓群位于百济最后一个都城泗沘，即今忠清南道扶余郡陵山里。扶余还保留了包裹住扶苏山、围绕扶余市区的罗城。这座罗城是半月形的，陵山里古墓群位于这座罗城的东面。这里位于青马山城所在的青马山南向斜面的末端，从地形上看，具有百济横穴式石室墓选址环境的典型特征。也就是说，百济石室墓的大致选址在山地，而且通常在后面较高的山地上形成的丘陵下端的斜坡上建造，而陵山里古墓群所处的地区就具有这种固定特点。

古墓群受到关注是在日本帝国主义时期。当然，"陵山里"这个地名可以从古代文献中看到很早就存在了。然而，"陵山里"似乎并没有被认为是王陵，包括《新增东国舆地胜览》在内的李朝时代地理志记载的古

---

① 冯立君:《百济集史》，社会科学文献出版社，2019，第79页。

迹中，没有提及扶余地区的王陵。日帝时期，对百济遗址进行了正式的踏查，最早的工作是以陵山里古墓群为对象进行的，这可能是考虑到百济与日本古代史的相关性而开始的。

古墓群共有七座坟墓，前后两排各有三座坟墓，此处北侧50米处还有一座坟墓。1915年、1917年对陵山里古墓群进行了考古调查。经调查发现，此地共有三种形制的横穴式石室墓。即，百济的横穴式石室墓按照墓顶分为凸字形与平顶，平顶坟墓按照墓室平面形状分为六角形、四角形。陵山里古坟群里三种形制均存在，按照墓顶形状分别是依券拱形石室墓、平面形状六角形（或四角形）平顶墓室。

陵山里古墓群的坟墓早年被盗，只发现了头盖骨、装饰品及腰带等少数遗物。最近在古墓群西侧发掘了一处寺庙遗址，出土了百济金铜大香炉（国宝第287号）、公元567年制作的石造舍利龛（国宝第288号），遗址附近还出土了大量汉字木简，这些考古成绩再次证实了陵山里古坟群就是泗沘时期的百济王室坟墓。

东上冢。这座1917年被调查的古墓，有关记录只留下了一张照片。根据记载，直径21米的封坟为圆形，墓室是横穴式石室墓。墓室长3.25米，宽2米左右，高2.11米。南面设置入口及羡道，羡道宽度为1.25米。墓室用的石材是花岗板石，在东西的墙壁放置2块，北壁1块，入口设置了门框。地面上设置的2个棺台由大板石制作而成。

东下冢。这是一座壁画墓，调查时壁画的形态比较清晰，但现在已经褪色很多，只剩模糊轮廓。用修整得很漂亮的花岗石建造，为横穴式石室墓，横截面呈方形水平式天井结构。根据后来的测量结果，墓室长2.5米，宽1.12米，高1.22米。南面中央设置了羡道。墓室四个墙面用水纹花岗石搭建而成，天井石也用了一块水纹花岗石。墓室绘有壁画，在四壁上画了四神图，天井上画了莲花纹和飞云纹，但留下的只有天井的莲花纹。莲花纹的特点是8叶中还剩下7叶，周围布满祥云，与飞云纹结合，花瓣丰满地绽放，莲花表面的凸起点不是子房，而是莲花瓣根

图一　百济金铜大香炉　　　　　　　图二　石造舍利龛

部位的莲子。墙壁上的四神图只能模糊地确认东面墙上用红色画的白虎的形态。壁画与宋山里6号墓采用的湿绘壁画法恰好相反,是在精心修整得十分漂亮的花岗石面上直接绘制而成。

中上冢。墓室内棺台上面横放着木棺雕刻的碎片,历久仍存,看起来很厚,但有些弯曲。木棺上有漆器,还有颅骨碎片之类的人骨,此外在头盖骨附近还发现了看起来像冠饰的金铜透雕的金具和8叶大大小小的装饰片等。

中下冢。墙面是用打磨好的长条大理石砌成,构成左右两面,从中间向上,向内倾斜,构成隧道形的天井。墙面上留有厚厚的灰泥。地上铺着方形的凿石,门口立有板石将其堵住。另外,在羡道的入口,用砖头形状的石头与加固土混合堆放,使羡道再度封闭。在这些封闭石上还发现了"巴三""辛二"等墨书字迹。随葬品已不存,但墓内散落着漆器

一 忠清南道

残片，发现了镀金的装饰钉和铁钉。

递马所大冢。这座古墓为横穴式结构，由于使用了大型石材，所以也表现出了穹隆式的形状。规模较大，羡道偏向右侧，入口小，为单羡道。墓室为长方形平面，长2.6米，宽1.3米，高1.45米。北壁放置一块半圆形的大板石，左右墙体靠在该板石上，下端垂直，中间以上逐渐向内变窄。天井用大板石覆盖，具有平天井的形状。

东1号墓。留下的遗物包括木棺残片，这里有被推测为装饰品的金箔片，除此之外，还发现包括镀金和镀银的铁钉在内的所有棺钉。

东3号墓。据报告，墓室内的随葬品因盗掘几乎没有留存下来。但是墓室的墙壁上还残留着被染红的痕迹，包括木棺材片在内的镀金的棺钉等已经得到整理。除此之外还有包括冠饰在内的金丝。

东4号墓。墓室后面的壁石上有当时古坟营造留下的墨迹，推测为

图三　陵山里遗址出土木简

汉字墨书。

东 5 号墓。在墓室里收集的遗物主要是已被盗掘后留下的棺材、冠饰、棺钉。

百济横穴式石室墓的特点是有入口，入口的设置是为了方便再次出入，这与葬制中的追加葬或合葬等葬制密切相关。

陵山里古墓群虽然遗物被盗掘几近一空，但从残留的金银饰品、漆器、壁画残迹、墨书残迹，结合陵山里遗址出土遗物中的金铜大香炉、石造舍利龛、木简残片等来看，依然可以明显发现汉唐文化特别是汉字文化对于百济的深刻影响。

【名称】扶余太阳里百济石室墓

【位置】忠清南道扶余郡九龙面太阳里

【年代】不详

【解题】

忠清南道纪念物第 45 号。位于扶余郡九龙面太阳里 283-5 号。周围有论峙里山城、太阳里支石墓群、废古墓群等遗迹，沿九龙川密集分布在山区谷地发育良好的丘陵性山地上。1983 年进行发掘调查，确认了一座石室墓。古墓是在风化岩盘土上开掘墓圹，墓圹是以地下式建造的横穴式石室墓。墓室呈东西约 2.6 米，南北约 4 米的长方形。在东墙、西墙分别竖立 1 块、2 块板石用以装饰墙体下端，上端用 1 块向内倾斜约 25 度左右的长台石，装饰墙体。北墙也立了一块板石，把棱角都切掉，保持内倾角度。南侧为修筑羡道，在中央修建了一条墓道。墓室地面用小型板石密集铺设。未出土遗物。

【名称】扞率洞百济古墓群

【位置】世宗特别自治市扞率洞（百济古坟历史公园）

【年代】公元 5 世纪中叶

一　忠清南道

【解题】

2006~2009年，在行政中心综合城市开发计划制定后的城市开发过程中，通过考古发掘调查，确认了扞率洞百济古墓群一共包括横穴式石室墓7座、石椁墓7座等共14座百济时代的古墓。古墓群所在地区自古以来就是与锦江相邻的丘陵地带，从史前时代开始就具备适合人类居住的自然环境。从扞率洞百济古墓群的规模、选址、出土文物来看，当时以支配该地区的地方势力为中心营建了该古墓群。推测建造时期为5世纪中叶百济汉城时代至熊津时代初期。这一时期横穴式石室墓具有随着时间的推移，墓室面积逐渐小型化，平面形态从方形扩展到长方形的特点，扞率洞百济古墓群完整地记录了这种建造方式的演变过程。特别是，这是与附近城市遗址（罗城洞遗址）、防御设施（罗城洞土城）等一起完整联系在一起的古代城市全貌的第一个例子，从这一点来看，作为韩国古代史上新类型的历史纪念物具有重大意义。2022年9月被指定为世宗市纪念物。

二　忠清北道

【名称】清州新凤洞古墓群

【位置】忠清北道清州市新凤洞

【年代】公元 4~5 世纪（百济时期）

【解题】

　　清州新凤洞古墓群分布在忠清北道清州市内从东南向西北横贯的无心川西北方向。韩国考古工作者调查了 107 座古墓，其中 106 座为土圹石室墓，1 座为横穴式石室墓。土圹墓分布在整个小山上，坟头几乎全部被削平，荡然无存。出土文物有各种陶器类，玉器等首饰类，铁制刀、斧头等武器类，马具类以及勺子等。90-1 号土圹墓内出土了铠甲，可以看到百济铁甲的实物，因此备受关注。

　　新凤洞古墓群不是一个时期建成的，而是相当长一段时间内陆续建成的古墓群，大致可以说是 4~5 世纪左右的百济古墓群。新凤洞是百济东部的边远地区，这里出土了很多在其他遗址中未见的马具、武器，为百济研究提供了宝贵的资料。另外，新凤洞的横穴石室墓被认为是可与首尔地区百济初期的石室墓和公州地区百济中后期石室墓进行比较研究的重要遗存。

二　忠清北道

【名称】永同柯谷里古墓
【位置】忠清北道永同郡阳山面柯谷里
【年代】公元7世纪中叶
【解题】

　　位于忠清北道永同郡阳山面柯谷里的横式石室墓。调查前，封坟南侧已严重损毁，残存直径5米，高1.9米。这是一种首先浅挖出抹角长方形的墓圹，砌筑2层基础部分的墙石，然后在地面砌筑6~7层，再用一块石板覆盖的地面型墓葬。墙石从第3层开始向内倾斜，墙面割石之间填涂黄褐色黏质土，地面铺上碎石，使其平整。有2座尸床，看起来是加装的。入口在南侧。石室内部尺寸以尸床为准，南北长2.3~2.45米，东西宽1.53~1.62米，高度从地面测量为1.72米，从尸床测量为1.1~1.18米。外面出土了印花纹有盖长颈瓶等陶器22件，以及铁刀、铁镞、青铜銙带金具等。从出土文物来看，修建年代推测为7世纪中叶。

【名称】报恩大也里古墓群
【位置】忠清北道报恩郡报恩邑大也里
【年代】公元5世纪末到6世纪上半叶（新罗）
【解题】

　　位于以忠清北道报恩郡报恩邑大也里的三年山城为中心，南北相连的山脊顶部及其东侧和西侧支脉的山脊上。分布范围包括三年山城周边的大也里、城舟里、渔岩里、风吹里，远至南边的坪角里，是规模很大的古墓群。

　　沿着山城南北连接的山脊顶部，分布着很多封土直径最大为15~20米的大型古墓，四面主要是中小型墓群。从日本帝国主义强占时期开始，这些古墓就被盗掘，大部分已遭破坏。裸露的坟墓从长6米、宽5米左右的细长形石椁墓到用割石砌成的石室墓，尺寸不一，形态各异。大型墓葬还在墙壁上制作了龛室。

1987年在城舟里出土过平底短颈壶和长颈壶等陶器，以及玻璃小玉、铁制及金铜制马具装饰等，在被盗掘的古墓周围很容易发现长颈壶和高杯、大腹长颈壶等陶器残片。文物编年大致是从5世纪末到6世纪上半叶，大也里古墓群是三年山城建成后由新罗大规模建造的墓葬。

三　庆尚北道

【名称】新罗五陵（庆州五陵）

【位置】庆尚北道庆州市塔洞

【年代】公元 5 世纪中晚期

【解题】

位于庆尚北道庆州市塔洞 67 号，1969 年被指定为史迹第 172 号进行保护。古墓位于庆州市的南郊，相当于南山西北麓的庆州盆地平原的南端。南川在距离这里北面约 120 米处流过，这些古墓与北边的桥洞、皇南洞、皇吾洞、仁王洞、路东洞、路西洞一带的新罗古墓大规模集群相隔，形成了一个独立的古墓群。古墓群位于都堂山（95 米）向西倾斜的低矮的斜坡上。这里共留有五座封土坟，被称为五陵。

这五座封土坟，一个在中央，四周各有一个回环。由西往东，由南向北，编号如下。1 号坟（西冢）是五陵中最大的一个封土坟，坟的西南部突出，呈现为一种像"有注口的碗"的倾覆状，在西北侧的主坟圆丘处，贴着西南侧似乎有一个小坟丘。坟丘东西长 38.6 米，南北长 36.8 米，高 7.25 米左右。2 号坟（南冢）是连接椭圆形的西坟和圆形的东坟的瓢形坟，规模为东西长 32.6 米，西坟南北轴长 16.3 米，东坟南北轴

图一　庆州五陵

长19.5米，高5米左右。3号坟（中冢）为圆形坟，东西直径为27.5米，南北直径为23.5米，高3.75米左右。4号坟（北冢）是以长轴为南—北方向的椭圆形坟墓，东西长16.4米，南北长21.3米，高2.25米左右。5号坟（东冢）是一个长轴为西北—东南方向的椭圆形坟墓，南北长17米，东西长13米，高2米。

在封土坟中，1号坟的顶部观察到了塌陷部，1号坟的基底部、2号坟的西面中腹等处露出了护石之类的石头。根据封土坟的形态和这些现象，推测这些封土坟是积石木椁墓。其中2号坟内部结构为有护石结构的积石木椁墓，因此陵区实际上存在6座古墓。而且，在新罗古坟中，积石木椁墓不能追溯到5世纪以前。在墓葬的规模上，也只有1号坟是相对大型的，2号坟和3号坟是中型的，4号坟和5号坟是小型古墓，很难全部理解为王陵。同样，从公元前1世纪到2世纪初时期的新罗墓制，是连封土都没有留下的木棺墓，瓢形坟和4座陵墓相互连接，以不定型的形式营造，这是5世纪至6世纪初新罗积石木椁墓的重要特征，考虑到这一点，五陵的被葬者很难直接与新罗国初期的国王们联系起来。

《三国史记》记载，新罗第一代国王朴赫居世居西干、第二代国王南解次次雄、第三代国王儒理尼师今、第五代国王婆娑尼师今等四位君王，

三 庆尚北道

图二 五陵与崇德殿

都在昙严寺北蛇陵园内举行了葬礼。《三国遗事》也记载："（第一代国王朴赫居世居西干）理国六十一年王升于天，七日后遗体散落于地，后亦云亡。国人欲合而葬之有大蛇逐禁，各葬五体为五陵亦名蛇陵，昙严寺北陵是也。"

在这些记录中出现的昙严寺推测是现今在五陵前面立有幢竿支柱的红箭门所在地曾存在过的寺庙。根据这些事实，五陵被传为四位新罗初期的朴氏王和朴赫居世王的王妃阏英夫人的陵墓。但如前所述，新罗初期的墓葬并不是积石木椁墓，而是木棺墓或木椁墓，因此有人认为这座五陵不可能是新罗初期的王陵。

五陵旁边有相传为阏英夫人诞生地的水井——阏英井,还有建于朝鲜世宗十一年(1429)的祭殿——崇德殿、朝鲜英祖三十一年(1755)建造的始祖王陵碑等。1号坟的前面还有后世所建石像、石碑、长明灯、拜礼石等。五陵现有格局在总体上受到中国陵寝建筑的影响。

【名称】(传)脱解王陵
【位置】庆尚北道庆州市东川洞
【年代】公元9世纪
【解题】

史迹第174号。位于庆尚北道庆州市东川洞山17号,月城以北约2.2公里的金刚山南麓一隅之地。封坟是高度为4.48米,直径为14.36米的圆形封土坟。

传脱解王陵据《三国史记》的《新罗脱解尼师今本纪》记载:"王薨,葬城北壤井丘。"此城指的是都城金城。然而,《三国遗事》记载与之不同,"王历篇"说:"王崩,水葬于未召疏井丘中。塑骨安东岳,今东岳大王。"同书的"纪异篇"也记载说:"葬疏川丘中……碎为塑像安阙内,神又报云'我骨置于东岳',故令安之。"此后,国家继续举行祭祀,纪念被安放在脱解祠中的脱解尼师今。据《东京杂记》等记载,直到李朝前期脱解祠才被废弃。因此,高丽及李朝时代作为脱解王陵传承的王陵已经不存在了。

因为这一原因,20世纪初昔氏一族更为相信《三国史记》(而非《三国遗事》)记载的葬地"城北壤井丘"和朝鲜地理志的相关记载,将现在东川洞的这座古坟认定为脱解尼师今陵墓。该陵墓在1974年曾遭到盗掘,当时是在封坟的东北侧中间部分凿出一个宽0.85、深4.4米的盗坑,然后再进行盗掘。该墓的形制为横穴石室墓。脱解尼师今时期新罗陵墓的内部构造主要是木棺墓,横穴石室墓是6世纪以后才在新罗社会中出现的墓制,因而难以将该墓认定为脱解王陵。

陵前摆放着后世修建的和朝鲜王陵魂游石形态一样的床石。陵寝东南的祭殿崇信殿，原来是朝鲜哲宗时在王城月城内设置的，20世纪80年代随着月城及其周边遗址的整修，而迁建到现在的位置。这是一座吸收中国建筑风格、受到中国陵寝祭殿形制影响的建筑。

图一　崇信殿

【名称】（传）祇摩王陵

【位置】庆尚北道庆州市拜洞

【年代】公元9世纪

【解题】

史迹第221号。位于庆尚北道庆州市拜洞23号，外形为圆形封土坟，封坟直径为12.17米，高3.4米，属于小型坟墓。祇摩王陵利用了一个阶梯地形，朝向西方。王陵的位置不是在平地上，而是在山脚下，是一座单独的坟墓，坟墓的规模很小，推测可能是新罗末期9世纪的横穴式石室墓。

祇摩王的葬地和王陵的位置，在《三国史记》等书中没有明确记载，现在的王陵是朝鲜英祖六年（1730）朴氏一族认定的，根据是南山西麓的古墓被定作王陵时，第七代国王逸圣王相较第六代国王祇摩王在血族谱系上处于一代之下，因此被定为离五陵更远的古墓。

王陵前的标石建于朝鲜王朝高宗八年（1871），其上刻有"崇祯纪元后五辛未正月立"字样。在像朝鲜王朝魂游石形态一样的床石上，刻有"新罗纪元二千十二年己未清明日立"和"蔚山虎溪居傍后孙参奉应洙谨奠"，可见也是1955年所增设。

【名称】（传）逸圣王陵
【位置】庆尚北道庆州市塔洞
【年代】公元7世纪
【解题】

史迹第173号。位于庆尚北道庆州市塔洞山23号，在月城南约1.7公里的南山西北山脚下松林中。据推测是新罗第七代国王逸圣王（134~154）的陵寝。陵墓为圆形封土坟，封坟直径为15.25米，高5.33米。王陵建造在稍微向西南方向倾斜的地面上，在封坟下端的西侧露出一部分用天然石制成的护石。在墓制上，与其他规模的王陵相比规模较小，仅仅占据山脚下一隅，推测为统一新罗时期的横穴式石室墓。

逸圣王的葬地位置在《三国史记》等书中无法得到确认，现在的王陵是朝鲜英祖六年（1730）朴氏一族所认定的。因与景哀王的葬处蟹目岭距离很近，而被定为景哀王陵，又因在《三国遗事》"王历篇"中，记载孝恭王的葬地为"火葬师子寺北，骨藏于仇知堤东山胁"，现在王陵西侧有讲堂址这一点和王陵位于其东侧山脚下这一点一致，而被定为第五十二代国王孝恭王陵。

王陵前的标石与祇摩王陵一样，建于朝鲜王朝高宗八年（1871），床石上刻有"新罗纪元二千十年癸巳冬月孙参凤翼益铉谨奠"文字内容，可见是1953年设置的。另外，王陵前分为两层的筑台是在20世纪70年代为保护墓域而建造的。

【名称】（传）味邹王陵
【位置】庆尚北道庆州市皇南洞
【年代】公元5世纪
【解题】

史迹第175号。位于庆尚北道庆州市皇南洞89-2号。作为第十三代国王味邹王（262~284）的陵墓，位于庆州盆地内麻立干时期的集体陵墓——路西洞古坟群、路东洞古坟群、皇南洞古坟群内，距离王城月城西北方约800米。坟墓的内部构造，如周围的天马冢、皇南大冢等陵墓发掘调查所表明的，推测其为有河卵石护石构造的5世纪的积石木椁墓。

《三国史记》和《三国遗事》记载，味邹尼师今葬在"大陵"，这个陵墓被称为竹长陵，或竹现陵。这个名称源于第十四代国王儒礼尼师今十四年（297）的一次军事胜利："伊西古国来攻金城。我大举兵防御，不能攘。忽有异兵来，其数不可胜纪，人皆珥竹叶。与我军同击贼破之，后不知其所归，人或见竹叶数万积于竹长陵。由是国人谓'先王以阴兵助战也'。"（《三国史记》卷2《新罗儒礼尼师今本纪》）因此，也有人以味邹王陵位于皇南洞古墓群内为根据，认为从味邹王死亡的284年即3世纪后期开始，庆州盆地建造了大型坟墓。但一般认为，3世纪后半叶仍然是木椁墓阶段，没有出现像味邹王陵一样的大型古墓冢。

《三国史记》及《三国遗事》中记载的味邹王在位时期与味邹王陵的推定的营造时间不符，《三国遗事》"陵在兴轮寺东"的记录与历史事实无关，可能是这座墓从高丽时代或之前的时期开始就被广泛认为是味邹王陵了。

现在陵前有20世纪70年代用花岗石制作的魂游石以及和朝鲜王陵前的魂游石相同形式的床石。南边有三座门，沿着这三座门有围墙保护。

从其外部形式来看，受到中国建筑的强烈影响。

【名称】（传）奈勿王陵

【位置】庆尚北道庆州市校洞

【年代】公元 5 世纪

【解题】

史迹第 188 号。位于庆尚北道庆州市校洞 14 号，传为第十七代国王奈勿王（356~402）陵，离月城西北约 220 米。该陵为中型圆形封土坟，封坟高 5.78 米，封坟直径 21.6 米。在封坟脚下，将经过花岗岩或天然石加工而成的像砖头一样的割石，堆砌六层作为护石。接着，在护石上稠密地布置着用怪石制作的垫石。

与周围的积石木椁墓皇南洞古墓群及校洞古墓群相比，该墓规模较小。不仅如此，用自然石和割石建造护石，以及在护石上放置垫石的形式，只在营造武烈王陵的 7 世纪后半期陵墓中才出现。虽然该积石木椁墓建造的位置在庆州盆地内，但其与北面的 28 号墓、29 号墓一样，很可能都是 7 世纪下半叶的横穴式石室。因此，推测鸡林西侧的 119 号坟或皇南洞 98 号坟才是真正的奈勿王陵。

现在的陵墓是朝鲜英祖六年（1730）以后金氏一族依据《三国遗事》"王历篇"记载中之"陵在占星台西南"，参考柳宜健的《花溪集》中记载的《罗陵真赝说》和绘有庆州府全景的《集庆殿旧基图》等确定的。陵前有后世设置的像味邹王陵一样的椅子型的魂游石和朝鲜王陵魂游石形态的床石。

【名称】（传）法兴王陵

【位置】庆尚北道庆州市孝岘洞

【年代】公元 6 世纪

【解题】

史迹第176号。位于庆尚北道庆州市孝岘洞山63号。新罗第二十三代国王法兴王（514~540）的陵墓，位于距月城约5公里的仙桃山向西延伸至西南的山脊中腹东侧的斜面。

王陵利用山脊斜面造坟。封坟为南北长轴的椭圆形，直径13.66米，高4.38米。封坟的北面露出了一部分看起来像垫石的自然石，似乎在封坟的边缘围了一圈。据推测，埋葬主体部分为横穴式石室墓。

依据《三国史记·新罗本纪》和《三国遗事》"王历篇"等留下的记载，法兴王陵、真兴王陵、真智王陵应处于以哀公寺和永敬寺为中心的同一陵区。目前，在传法兴王陵周围还没有确认其他王陵。另外，在西岳洞古墓群中所确认的6世纪前半叶的新罗王陵，其高度多为13米左右，与之相比，传法兴王陵封坟的高度仅为4.38米，这一点让人产生了疑问：被葬者究竟是不是法兴王。

现在的王陵是朝鲜英祖六年（1730）由庆州金氏一族比定的。根据东边约600米处，有一座在新罗时代建造的孝岘洞三层石塔，这座寺庙遗址从李朝后期开始一直相传为哀公寺址，而且《三国史记·新罗本纪》载法兴王的葬地即为"哀公寺北峰"。但是，现在的寺庙遗址和王陵并非呈南北方向，而是东西方向，因此与记载并不一致。

包括王陵周边的床石在内的石物是后世设置的，陵墓后面有一个半月形的土城形态的莎城。然而，像这样把寺院围在坟墓周围的习俗，应是高丽时代以后才开始出现的现象。

【名称】（传）真兴王陵

【位置】庆尚北道庆州市西岳洞

【年代】公元6世纪

【解题】

史迹第177号。庆尚北道庆州市西岳洞山92-2号，位于距月城约3公里以西的仙桃山向东延伸的山脊末端。这里自下而上有第二十五代国

图一　真兴王陵（日本殖民时期照片）

王真兴王陵、第四十六代国王文成王陵和第四十七代国王宪安王陵。

传真兴王陵是将山斜面的末端部分截土造出平地后建造的。封坟直径为20.25米，封坟高度为5.86米左右，是椭圆形封土坟，长轴为东西向。封坟的边缘露出了部分用作护石的50厘米左右的自然石。墓制和周围的古墓群一样，推测为横穴式石室墓。因此，这座古墓是比6世纪上半叶的新罗王陵规模更小的中型墓，不是在山脊上建造，而是通过截土形成平地后再建造，推测是7世纪中叶的王族抑或真骨贵族的墓。

另外，据《三国史记·新罗本纪》和《三国遗事》"王历篇"的记载，真兴王陵也应该和法兴王陵一样，与真智王陵在同一个陵区，但传真兴王陵并非如此。另外，在真兴王陵所在的山脊和王陵东侧的山脊上，分布着相当多的相同规模的古墓，上面所说的四座王陵也与这些古墓群的性质相同。

传真兴王陵是根据《三国史记·新罗本纪》记载为葬地的"永敬寺北峰"和东南约150米处的西岳洞三层石塔,在朝鲜英祖六年(1730)由金氏一族指定的。现在王陵周围没有任何设施。

【名称】(传)真智王陵
【位置】庆尚北道庆州市西岳洞
【年代】公元6世纪中期
【解题】

史迹第178号。位于庆尚北道庆州市西岳洞仙桃山脚下的真兴王陵下方10米处,与真兴王陵一样,将部分山体表面削平后进行陵墓营造。封土坟的直径为20.64米,封坟高度为5.55米,该陵为东西长轴的圆形封土坟。在封土坟内,露出了建造护石时使用的部分自然石。考虑到墓的位置在山脚这一点,以及周围的古墓群都是横穴式石室墓,推测墓葬的修建时间为和真兴王陵同时的7世纪中叶。从墓的规模可以看出,被葬者是王族或真骨贵族。

现在的陵墓与真兴王陵一样,是朝鲜英祖六年(1730)金氏一族根据《三国史记·新罗本纪》记载的"永敬寺北峰"和东南方正下方的西岳洞三层石塔而指定的。但是以永敬寺为中心的西岳洞三层石塔为中心的寺院,推测是以石塔的样式,并非在营造真智王陵的6世纪中叶建造,而是时间编年为9世纪后期的寺院。现在陵前和真兴王陵一样,没有放置任何石物。

【名称】(传)真平王陵
【位置】庆尚北道庆州市普门洞
【年代】公元7世纪后期
【解题】

史迹第180号。位于庆尚北道庆州市普门洞608号,月城以东2公里处，守卫王京东面的明活城西南的丘陵性台地上。王陵为圆形封土坟，直径36.46米，高7.91米。封坟的南侧有部分呈黑色的自然石和花岗岩混合使用，封坟的南侧和东侧有靠在护石上的奇形怪状的支撑石。像这种由护石和怪石构成的支撑石的形态，是在7世纪后期出现的，所以推测墓制是横穴式石室墓。

据《三国史记》列传"孝女知恩"条，知恩生活的地方为韩歧部，《三国遗事》卷5"贫女养母"条具体地记载了知恩的住址为芬皇寺之"东里"。由此可知，芬皇寺东里即为韩歧部所在。然而，《三国史记》记载真平王的葬地在"汉只"。这个"汉只"，从雁鸭池出土的"调露二年"铭砖侧面所刻的"汉只伐部"可以确认为汉只部。"汉只"与"韩歧"音同，实为一地。因此可以看出，真平王陵位于汉只部，真平王陵距离芬皇寺东南约1.8公里，属于汉只部的范畴。

但从墓葬的规模和护石结构等来看，现在的真平王陵被认为并不是在7世纪上半叶修建的，而是在武烈王陵之后的7世纪下半叶修建的，而且根据王陵的位置是第三十一代国王神文王所在地狼山的东侧（《三国史记·新罗神文王本纪》载："王薨，谥曰神文，葬狼山东。"），推测是神文王陵。在这种情况下，真平王陵被视为西北方向距离1.43公里的北

图一 真平王陵

川边的宪德王陵。而现在的真平王陵是直到李朝前期都还没有被认可为特定王陵的古墓，朝鲜英祖六年（1730），金氏一族依据《三国史记·新罗本纪》记载为真平王葬地的"汉只"和朝鲜后期狼山东北周边原野的当时地名"闲地原"发音相同，而将这座古墓认定为真平王陵。

陵前最近设置了模仿朝鲜王陵魂游石形态的床石和椅子形的魂游石。不过，在陵西南水田中的石块推测是当时原本的床石。

【名称】善德女王陵

【位置】庆尚北道庆州市普门洞

【年代】公元 7 世纪后期

【解题】

史迹第 182 号。庆尚北道庆州市普门洞山 79-2 号，位于距月城东南约 1.5 公里的狼山（海拔 100 米）南峰顶端。通过文献可以确定是第二十七代国王善德女王（632~647）的陵墓。王陵是将山顶的南面部分削平后建造的，像这样将山脊的一部分截土后建造王陵的案例尚属新罗历史上的首次。王陵脚下是文武王十九年（679）创建的四天王寺。该陵指定名称是善德女王陵。

王陵为圆形封土坟，坟高 6.77 米，直径 23.60 米，周长约 74 米。墓葬建于 7 世纪中叶，推测为横穴式石室墓。古坟的边缘露出了自然石和怪石混用的堆积 2~3 层的护石。高度约 70 厘米左右。但是现在的面貌是 1949 年修缮的，当时遮盖坟墓的泥土被清除后，重新修筑了护石。从护石中使用的自然石和怪石的形态上看，是重新利用了原来的东西，但并不是在正确考证原型的基础上建造的。从现在的护石可以看出，这是根据日本帝国主义强占时期经常采用的方式，即几块怪石并排堆放，把大块的扁平石一块一块地竖起，夹在护石之间的形式。然而，像这样使用较大规模的怪石建造护石的形式与推测为中古期王陵集群的西岳洞古墓群使用的护石有根本的不同。以前的王陵像平地的天马冢（皇南洞 155

图一　善德女王陵护石

图二　善德女王陵墓

号坟）和皇南大冢（皇南洞98号坟）确认的护石一样，利用了小型的砾石，而在善德王陵则使用了自然石和怪石。

善德女王陵墓的位置，《三国史记·新罗本纪》和《三国遗事》"纪异篇"，明确地记载为狼山。

> 三王无恙时谓群臣曰："朕死于某年某月日，葬我于忉利天中。"群臣罔知其处，奏云："何所？"王曰："狼山南也。"至其月日，王果崩，群臣葬于狼山之阳。后十余年，文虎大王创四天王寺于王坟之下。佛经云：四天王天之上有忉利天，乃知大王之灵圣也。（《三国遗事》卷1）

也就是说，有四天王的地方叫四天王天，上面佛祖之国叫忉利天，由此可知在四天王寺上面的狼山山顶是忉利天。因此，善德女王陵虽然一度被推定为神文王陵，但可以说是墓主准确的王陵。同时，7世纪后期的王陵位于山顶，以及善德女王自己预见了忉利天，这一点是佛教思想中的须弥山信仰在新罗被广泛接受的绝佳资料。

现在，陵前摆放着模仿朝鲜王陵魂游石形态的床石和其他石物。

【名称】（传）真德女王陵
【位置】庆尚北道庆州市见谷面
【年代】公元9世纪
【解题】

史迹第24号。庆尚北道庆州市见谷面五柳里48号。位于距月城西北约6.5公里的安胎峰（海拔339米）向南延伸的山脊中腹，王陵将山脊的一部分截为平地，然后在上面进行营造。外形为圆形封土坟，封坟直径14.42米，高4.03米。墓制是横穴式石室墓。而且，在北面4米处还有另一座规模相似的新罗古墓。

图一　真德女王陵

图二　真德女王陵十二支神像（部分）

　　王陵封土坟的护石是用面石修建的，面石和面石之间夹有24块撑石，其中12块撑石按方向刻有十二支神像（十二生肖神像）。在用面石砌成的护石上，用长条石砌成了甲石。但是，8世纪中叶至9世纪

三 庆尚北道

中叶统一新罗时期王陵的典型形式所具有的栏杆石、回廊上铺的薄石、床石，以及王陵周围摆放的石狮子像和石人像，都没有设置。考虑到王陵的规模和护石的形式、墓石上十二生肖神像的雕刻手法、石物的摆放不到位等因素，这座陵墓推测可能是兴德王陵之后的9世纪中叶的某座王陵。

另外，关于真德女王的葬地，《三国史记·新罗本纪》记载为庆州南山西面一带的"沙梁部"，现在王陵的位置是在推测的沙梁部中心地点向北约15公里的山脊上。现在的陵墓在没有正确考证的情况下，朝鲜英祖六年（1730）由金氏一族指定。陵墓周围不仅没有床石，也没有任何其他石物。前面的筑台和通道是最近建造的。

【名称】武烈王陵
【位置】庆尚北道庆州市西岳洞
【年代】公元7世纪中叶
【解题】

史迹第20号。庆尚北道庆州市西岳洞842号。新罗中代第一位王、第二十九代国王武烈王（654~661）的陵墓。位于距离月城以西约2.85公里的仙桃山东侧山脊末端的平地之上。武烈王陵西面山脊上有4座大型圆形封土坟——西岳洞古墓群，推测为中古时期的王陵群。

武烈王陵的坟高约8米，直径35.51米，封坟周长约113米。据推测，埋葬主体部分为横穴式石室墓。在封土坟周缘环绕1米左右的自然石作为护石，并用支撑在上面的怪石作为底座。虽然不知道护石一共放置了多少层，但是其高度约为4米，只能确认一部分护石使用了自然石。但是靠在护石上的基座有10个从封土坟的下端露出，布置的最小间隔只有0.8米左右。

武烈王陵左侧的东北面，受到唐代陵墓制度的影响，在新罗陵墓史上首次建立了陵碑。陵碑原竖立在一个大龟趺上，龟趺则是用整块巨石

· 053 ·

图一　武烈王陵碑龟趺与螭首（历史照片）

图二　螭首特写

图三　龟趺侧观

雕刻而成，雕刻得栩栩如生，受到中原文化的强烈影响，也是新罗雕刻艺术的代表作之一。其碑身已不存，仅剩基座、龟趺和螭首。原安放在碑身上的螭首，现直接安放在龟趺上，基座呈长方形，石制。龟趺长3.8米，宽2.49米，螭首高1.1米。[①]但是，根据《新增东国舆地胜览》庆州府古迹条记载的曹伟（书传，1454~1503）的诗，当时碑身似在龟趺前面以损毁的形态残存。另外，朗善君李俁（1637~1693）在朝鲜肃宗朝出版的拓本集《大东金石书》中记载，碑文是由唐代的名笔、武烈王的次子金仁问直接书写的。碑身的龟趺是放在长方形的台石上的，四脚和头的表现精细如生，可以说是新罗雕塑中的精品。龟背的正面雕着龟甲纹，四周环绕着飞云纹。螭首的正面，共刻有六条龙托着如意珠，中

---

① 顾铭学等主编《朝鲜知识手册》，辽宁民族出版社，1985，第741页。

央篆刻着"太宗武烈大王之碑"两行八个大字。武烈王陵因这一题额，成为新罗历代陵墓中被葬者明确的唯一陵墓。而且，武烈王陵龟趺和螭首，虽然受唐朝的影响，但在雕刻的精美程度上，丝毫不逊色于唐代的雕刻。

另外，在王陵封土坟东边的最下端，放置了在新罗王陵中可以确认为时代最早的床石，这也是受唐代陵墓制度的影响而建造的。床石利用数枚长条石组合而成，其中掺有后世补充的石材。

【名称】文武王海中陵墓

【位置】庆尚北道阳北面奉吉里

【年代】公元681~682年（统一新罗）

【解题】

庆州历史遗迹区，是韩国的世界文化遗产，它包括佛教美术的宝库"南山区"、千年王朝的宫廷遗址"月城区"、新罗王陵等古墓群所在地"大陵苑区"、新罗佛教精华"皇龙寺区"、王都防守设施的核心"山城区"。新罗王陵古墓群集中分布的大陵苑区位于庆州城内，但新罗文武王金法敏的陵墓极为独特，位于远离城中的海底。

新罗第三十代国王文武王金法敏，太宗武烈王金春秋长子，661~681年在位。文武王时期，新罗在唐朝帮助之下先后剪灭百济、高句丽两大强敌，文武王随后不惜与唐朝决裂，发兵进攻唐朝熊津都督府、安东都护府驻军，实际上统一了今朝鲜半岛大同江以南地区，后因渤海国的崛兴诸问题，新罗恢复唐朝册封国地位。新罗文武王在朝鲜半岛古代发展历史上具有重要地位。

文武王的海中陵墓位于朝鲜东海的海面上，位于庆州市下辖的阳北面奉吉里近海。在蔚蓝的海水中，有一座礁石岛，其中安葬着文武王的石棺。这座海中陵墓，在世界上独一无二。

新罗文武王陵与众不同地在海中建造，其中体现出不少中国文化要

三 庆尚北道

图一 文武王陵远观

素的影响。首先,建造陵寝选址是在海中而非山丘等陆地,很可能是与当时人们相信大海底下存在水神——龙有关。在中国古代文化中,龙具有呼风唤雨的本领,并且潜藏在海底龙宫中。其次,虽然至今没有进行科学考古发掘,但是根据《三国史记·文武王本纪》记载,文武王临终遗诏明确规定:"属纩之后十日,便于库门外庭,依西国之式,以火烧葬。"所谓"西国之式"指的是唐朝人特别是佛教徒的火葬。文武王遗诏没有明言海葬,但是史书记载群臣是根据"遗言葬东海口大石上"。

最后,文武王诏书中提及中国古代帝王的山陵式入葬方式:"山谷迁贸,人代推移,吴王北山之坟,讵见金凫之彩,魏主西陵之望,唯闻铜雀之名。"他对此评论说:"昔日万机之英,终成一封之土,樵牧歌其上,狐兔穴其旁。徒费资财,贻讥简牍,空劳人力,莫济幽魂。静而思之,伤痛无已,如此之类,非所乐焉。"明确地从中国诸多葬式中排除了封土形式的山陵葬法。从这一点上来说,文武王陵的建造是对于中国墓葬多元文化的主动选择,同时也有一些新的思想蕴含其中。

图二　文武王陵内部

　　这座王陵存有陵碑，即新罗文武王陵碑，现藏韩国国立庆州博物馆。碑身已断裂成数块，目前上端残石高66厘米，宽40厘米，下端最高55厘米，宽94厘米。朝鲜王朝时期（1796），庆州地区居民发现此碑的两块残石，此后经朝鲜金石学家秋史金正喜等在1817年春天实地调查确认。清朝刘喜海获得朝鲜友人所赠拓本，于1832年将其收录在《海东金石苑》中。1961年后，韩国新发现该碑下端残石。本碑的意义在于其为9世纪中叶以前韩国金石文篇幅之最，也同时印证其形式模仿的是唐朝流行的墓志形式。碑文通篇以汉字书写，格式一如唐代碑志，且字体秀

三　庆尚北道

图三　新罗文武王陵碑拓片（局部）

丽遒劲，是典型的唐代欧体书法佳作。正面存字 28 行，背面 22 行。碑文为典雅的骈俪文，并将新罗王族祖先追溯至汉代内附中原的匈奴贵胄金日䃅（秺侯），这种书写体现出对中国文明的某种认同，碑文其他不少内容也都流露出对唐朝及其文明的尊崇之情。

【名称】（传）神文王陵
【位置】庆尚北道庆州市排盘洞
【年代】公元 7 世纪中叶
【解题】

史迹第 181 号。新罗第三十一代国王神文王（681~692）的陵墓，距月城东南约 2.2 公里，坐落于在狼山南侧创建的四天王寺和望德寺以东的丘陵以及平坦地上。

外形为圆形封土坟，封坟直径为 29.3 米，封坟高度为 7.6 米。墓葬形制是横穴式石室墓。王陵的封土坟下端与以前时期的王陵不同,使用像砖头一样打磨得很好的冶石,在地台石上垂直堆成5级,然后在上面首次放置护石。护石的总高度虽然不固定,但大体在1.3~1.45米。另外,与使用没有修整过的怪石基座的武烈王陵不同,神文王陵首次使用了经过精密加工的基座。即宽0.54~0.6米,厚0.47~0.6米,前面长1.43~1.63米,用梯形打磨的44个三角垫石,以1.27~1.55米的间隔在护石上作为支撑,一方面防止了护石的坍塌,另一方面也增强了装饰的效果。其中正南方布置的垫石正面上方刻有汉字"门"字,说明这里是进入玄室的羡道入口。由此可见,神文王陵是一座可以在封土坟内部结构上增加装饰的横穴式石室墓。

对于神文王的葬地,《三国史记·新罗本纪》记载为"葬狼山东",与现在这座王陵有一致之处。不过,对于孝昭王的葬地,《三国史记·新罗本纪》记载为位于狼山南侧的"葬于望德寺东"。在这种情况下,在狼山以东的望德寺东面,今神文王陵周边区域内,应该同时存在孝昭王陵。但是,目前望德寺东面还没有确认除现神文王陵以外的王陵。因此,现在的神文王陵很可能是孝昭王陵。这一点也得到了朝鲜前期《新增东国舆地胜览》"庆州府陵墓"条等各种地理志记载的支持。现在的神文王陵是朝鲜英祖六年(1730)依据金氏一族的意见重新确定的,此后这种认定意见一直沿用到今天。但就神文王陵而言,从整个狼山向东看的话,现在传真兴王陵、皇福寺东侧王陵之地、传孝恭王陵、传神文王陵所处的位置,不容易对特定的王陵进行比定。因此,考虑到位置和封坟的规模以及护石结构,真平王陵被推测是神文王陵,或者考虑到皇福寺三层石塔内发现的舍利函铭文中所记载的神文王和皇福寺的深厚渊源,推测寺院东边的王陵地为神文王陵。

现在王陵东面有床石,形态是利用长条石砌筑成两级,前面设台阶,与武烈王陵的床石形式相同。另外,在封坟东侧,金氏一族显然是在确定了神文王陵之后树立了陵标石,具体年代不明,其上刻有"戊子年十

三 庆尚北道

图一 神文王陵远观

图二 神文王陵垫石上的"门"字

月"字样。

【名称】（传）孝昭王陵
【位置】庆尚北道庆州市朝阳洞
【年代】公元8世纪前半期
【解题】

史迹第184号。位于庆尚北道庆州市朝阳洞山8号，距月城东南约6.7公里，坐落在弟兄山（海拔290米）南麓的山脚下。东面约110米处有新罗第三十三代国王圣德王陵。外形为圆形封土坟，封坟高4.30米，直径为18.34米，周长57.5米。墓葬形制是横穴式石室墓。在封土坟下端安置的护石，使用的是宽度在0.4~0.5米的天然石，打磨成像砖头一样粗糙的割石，堆积到约1米的高度。在西北方向确认的怪石垫石约在0.9米左右，间距最短大约为0.4米。

孝昭王陵于1929年4月和1969年11月8日两次被盗。尤其是第二次被盗，是在王陵中间部分挖了一个长1米，宽0.7米，高5米左右的盗洞，然后再竖直钻入1.5米，到达石室中间点。遗物一件也没有留下，当时确认的石室规模是长3米，宽1.5米，高1.5米左右。陵墓内部用的石材是花岗石，墙壁的厚度约在0.3米左右。

对于孝昭王的葬地，《三国史记·新罗本纪》记载为"葬于望德寺东"，但现王陵位于望德寺地东南约6.7公里处，因此很可能不是孝昭王陵。另外，因为护石结构也与同时期的王陵有所不同，采取的是以前时期的形式，因此该陵可能是8世纪前半期的王族或贵族的墓葬，推测是圣德王陵的陪葬墓。

虽然现在的陵墓是迄至李朝前期无名的古墓，但由于与东边的圣德王陵被称作"弟兄"，所以在朝鲜英祖六年（1730）被金氏一族指定为孝昭王陵。陵的南侧放置有后世用小板石制作的床石。

三　庆尚北道

【名称】圣德王陵

【位置】庆尚北道庆州市朝阳洞

【年代】公元8世纪

【解题】

　　史迹第28号。新罗第三十三代国王圣德王（702~737）的陵墓，位于庆尚北道庆州市朝阳洞山8号，距月城东南约6.8公里，坐落在弟兄山（海拔290米）西南的山脚下，与传孝昭王陵东西距离约130米并排而立。传圣德王陵是一座高4.5米，直径14.65米的圆形封土坟。现圣德王陵与《三国史记》和《三国遗事》的记载以及李朝时代各种地理志记载中的圣德王陵所在位置一致，被葬者很可能得以确认，但是仍有观点将位于南山东麓的传定康王陵推定为圣德王陵。

　　王陵的护石结构是先围上30块面石，然后在上面放置作为盖石的甲石，面石和面石之间夹上30块发挥石钉功能的撑石用以固定面石。外部与传神文王陵的梯形垫石不同，将加工成三角形的30块撑石抵靠在护石上，用以加强护石防止其崩塌。接着，在新罗王陵史上，首次以圆雕的形式建造了十二支神像（十二生肖造像），在三角形垫石之间共30

图一　圣德王陵

图二　十二支神像之一

图三　圣德王陵前龟趺

三 庆尚北道

图四 圣德王陵前石人（东侧）

图五 石人和石狮位置

个空间中，按照固有的方向进行追加配置。十二生肖的神像都站在方形的基坛上，现存完整的只有未像（羊），酉像（鸡）面部有一部分受损，其余十座生肖像的头像都被损坏了。像这样将十二生肖神像摆放在王陵周围的做法，既是作为防卫神，也是因为它们被认为是如来佛祖的眷属（因为新罗认为王是与如来一样的存在，"王即佛"）。这些都受到了唐代墓葬形制和佛教信仰文化的影响。

另外，在围绕封土坟的回廊上铺有薄石，沿着薄石的边缘一周是仿照印度桑吉大塔的栏杆石，一共树立着33根栏杆柱。但是放置在护石的垫石之间的十二生肖像并没有居于与左右保持同等间距的中央位置，而是不规则地排列。这意味着孝成王在第一次营造父王圣德王的陵墓时，没有考虑十二支神像的设计。因此，5年后登上王位的弟弟景德王，在哥哥营造的王陵的垫石之间重新添加了十二支神像，最大限度地接近十二支神像的固有方向进行配置，所以无法始终保持在中央。

另外，封坟西南的桌状床石的上面由两块板石组合而成，四周的面石上雕刻着眼象纹。这是从既有的武烈王陵和传神文王陵的床石进一步发展而来的样式，成为以后设置在新罗王陵上的所有床石的典范。另外，王陵的四角布置了石狮，王陵前面布置了两具石人。虽然西边的石人像已经破损到无法看清其形状，但仔细观察的话可以发现，在衣领的处理等方面与东边的石人像相同。石人像树立在方形基坛之上，背面衣装是盔甲——裲裆铠，正面穿着官服，双手之间的武器毋庸置疑表现的是刀的模样。新罗圣德王陵的石人像与中国皇帝陵墓分别建立武人像或文人像有所不同，兼有文人和武人的特性，可以说是新罗在中国陵墓文化基础上进行的创新。

在王陵前方100米的田地中，有龟趺支撑着的刻有景德王十三年正月建立的铭文的石碑，但碑身和螭首已不存。面朝南方的龟趺雄伟地置于方形的台座之上，但颈部缺失，局部破损严重。1935年以来陵碑周围共有三次文物收集，获得了几块碑片和一些雕刻，但只有三片判读出上

三 庆尚北道

面各有一个汉字。

【名称】（传）景德王陵
【位置】庆尚北道庆州市内南面乭池里
【年代】公元8世纪后期
【解题】

史迹第23号。新罗第三十五代国王景德王（742~765）的陵墓，在距离月城西南约8公里，海拔175米的山脉中腹的山脊处。在削平了一部分山脊，平整出一块平地后进行了王陵营造。封坟直径为21.08米，坟高6.15米，墓葬形制为横穴式石室墓。围绕封坟下端的护石分别由36块面石和撑石构成，其中对应方位的12块撑石上雕刻着身穿武服的十二支神像。面石和撑石上放置有36块甲石。在环绕着护石的回廊上铺上了薄石，沿着薄石的边缘围着栏杆石，建有40根栏杆柱。王陵东南面放着刻有眼象纹的床石，但没有配备在传圣德王陵陵域内可以看到的那种石狮和石人像。

另据《三国史记·新罗本纪》记载，景德王在位二十四年而薨，葬于毛祇寺西岑，《三国遗事》"王历篇"记载说："初葬顷只寺西岑，炼石为陵。后移葬杨长谷中。"也就是说，由于葬地的位置记录不同，所以很难准确地指出具体位置。现在的陵墓，在朝鲜王朝前期时还不清楚被葬

图一 景德王陵栏杆石柱（历史照片）

图二　十二支神像及拓片（申像）

图三　陵前床石

三 庆尚北道

者是谁,但到了英祖六年(1730),被金氏一族指定为景德王陵。当时金氏一族根据《三国史记·新罗本纪》记载景德王的葬地为"毛祇寺西岑"。也就是说,代表山丘或山峰的"岑"与现在的自然地理条件一致。但是,在传景德王陵的东侧并没有发现毛祇寺的遗迹。因此,考虑到王陵的十二支神像的雕刻时间是8世纪后期,推测这座陵墓是第三十九代孝成王的陵墓。

【名称】挂陵(元圣王陵)
【位置】庆尚北道庆州市外东邑挂陵里
【年代】公元8世纪初,统一新罗
【解题】

　　史迹第 26 号。位于庆尚北道庆州市外东邑挂陵里。距月城东南 12 公里左右,分布在从野山(海拔 129 米)向东延伸的山脊的南面。另外,这里是王京的东南方,相当于统一新罗时代五岳崇拜中被尊为东岳的吐含山的西边,与传兴德王陵一样都是在最远的距离上建造的王陵。

　　王陵为圆形封土坟,封土坟高 7.73 米,直径为 22.31 米。为了保护坟下的封土而设置的护石,由面石和撑石各 36 块组成,对应固有方位的 12 块撑石上雕刻有身着武服的十二支神像。在王陵的护石周围的走廊上铺上了薄石,边缘处围着石栏,竖起了 42 根栏杆柱。

　　封坟的东南面设有床石,从坟的中心向南约 80 米处开始,东西相隔约 25 米,由北向南依次安置石狮两对、冠剑石人一对、胡人像一对、华表一对。其中,挂陵的胡人像和华表是第一次在新罗陵墓史上出现。胡人像是西域人的形象,虽然在中国唐代陵墓中是将明器埋入地下的,但新罗陵墓却将十二支神像安置在陵园内,而不是陵墓的玄室中,发展成为新罗吸收中国文化之后新创设的文化形态。作为陵墓南边的分界线和神道入口的明确标志的华表,仿照的是印度阿育王石柱的样式,首次出现在中国南朝皇帝陵墓的入口,到了唐代形成了新的形式,新罗在营造挂陵时首次予以接受。

通过设置陵区内石制物的形式，统一新罗的陵墓制度首次接受了唐代的陵墓制度，从武烈王陵到挂陵营造时期，统一新罗陵墓制度经过长期的发展，缓慢完成了。在各种石雕中表现出的出色的雕刻手法，是展示当时新罗人高度发达的艺术水平的一个很好的例子。

另一方面，从朝鲜王朝后期一直到最近，被推测为挂陵墓主人的是新罗第三十八代国王元圣王（785~798）。《三国史记·新罗本纪》说："王薨，谥曰元圣，以遗命举柩烧于奉德寺南。"《三国遗事》载"王之陵在吐含山西洞鹄寺"，鹄寺当时称为崇福寺。崇福寺内还有崔致远写的《四山碑铭》之一的《有唐初月山大崇福寺碑》留存下来。从崇福寺碑的内容来看，记载了将鹄寺移到现崇福寺地后，在那里建造王陵的事实。另外，在日本帝国主义强占期的20世纪30年代初，距离王陵东南约1.8公里的村子"末方里"，发现了由崔致远撰写的崇福寺碑文的龟趺。因此，挂陵就是传元圣王陵。龟趺于20世纪30年代初迁往朝鲜总督府博物馆庆州分馆，现收藏在韩国国立庆州博物馆庭院内。

统一新罗时代新的陵墓形态发展到元圣王陵时趋于完备。统一新罗时代王陵中，在圣德王、元圣王、宪德王、兴德王等陵前配置有圣德王陵模式的石人像。新罗王陵现存石人像可分为两大类，即包括迄今为止知道的文人像，以及一般认定的胡人像（武人像）两种。圣德王陵前只残留一对武人石像，元圣王陵前遗留一对武人石像、一对胡人石像。还有据说出自宪德王陵、现保存于庆州高中院内的胡人石像。兴德王陵前亦保存有一对武臣石像、一对胡人像。从陵前石人像看，元圣王陵忠实地模仿了圣德王陵前石人像的模样。虽然石人像的形态并没有特定的标准，但冠帽的形式、披挂的裲裆铠甲、手握长剑的姿势，一眼就可看出是按照圣德王陵前石人像的造型形状制作的。单从裲裆铠甲来说，其与圣德王陵前石人披挂的裲裆铠甲相比显得有点粗糙，大概和这一时期石雕风尚全盘消退有关。

三 庆尚北道

图一 挂陵前胡人像　　　　图二 挂陵前胡人像

　　值得注意的是，不仅同一陵墓前石人像个子高低不同，而且雕刻手法也有明显差异。东边武将石像身高2.55米，西边武将石像则为2.67米，相差0.12米；同时，可以看出雕刻手法也互有特点。具体到裲裆铠甲捆系后背的位置和样式均出现差异，而所穿长袍衣服的褶皱样式，以及两手在衣袖内的形态均呈不同的表现方式。从整体看，西边石像衣服褶绉等比东边石像显得自然，凸显工匠们高超的雕刻工艺水准。

　　石像冠帽形态也类似圣德王陵。冠的前后两面高低几乎相同，从侧面仔细观察，可以看出后面有一些破损痕迹，其原本到底有多高难以知

· 071 ·

图三　挂陵前冠剑石人像

晓。冠帽前面呈五角形，上刻有蝉纹，以冠帽侧面花纹为起点，并与冠后羽毛装饰衔接。不过，东侧石人冠帽没有花纹，只有羽毛状装饰。两个石人都穿有公服和靴子，单从石人像遗存看，难以判断靴子的具体种类。石像两手袖在袍服内，好像挂着长剑，长剑的下端可证明这一点。元圣王陵前武人石像头戴貂蝉冠、身佩裲裆甲、手握长剑，与圣德王陵武人石像的装束配置相同。

　　挂陵的胡人像西面的石人像保存完整，东面的双脚残损，其高度因为台座而略显高了一点。东面石人站立在方形二重台座上，呈现卷曲的

三　庆尚北道

图四　挂陵石狮

头发，身穿曲领大衣，一手操棍棒类（或者是剑）武器，一手紧握拳头。眼凹鼻挺，面貌是一个标准的西域胡人形象。胡人像所系腰带末端露出少许，腰左端挂有钱袋，这是胡人们常常佩带的物件。腰上还悬挂有算袋，当时朝廷百官也将日常用品例如笔砚等装入袋子佩挂腰间，这种佩带算囊或者算袋的形象在出土的唐墓壁画上也很容易可以找到，中亚地区撒马尔罕出现的壁画中也可看到胡人们佩带这种钱袋。

　　胡人石像手操奇怪的棍棒或者剑类物件，单从上端有孔这一点，似乎可以穿系绳子，所佩武器应是棍棒、剑，或者箭筒。卫士一手拿箭筒，另一手拳头紧握的形象，在中国陕西乾县章怀太子墓道东侧壁画中一个卫士的造型也是如此。8世纪后期中亚撒马尔罕壁画中武人也持有多种样式的箭筒。

　　不妨将此石人所持石柱状物与庆州九亭洞方形坟出土的石雕作一比较。推定为九亭洞方形坟边石的隅柱石，其正面为胡人像，反面为狮子

· 073 ·

"一带一路"沿线国家殡葬文化遗产名录和谱系（国外部分·东北亚卷）

图五 挂陵十二支神像（局部）

三 庆尚北道

图六 挂陵全景

浮雕。胡人雕像有卷曲的头发，耳目口鼻清晰可辨，并有胡人特有的络腮胡子，两手紧握击球棍或者象征吉祥的如意。这种手握击球棍或者如意的人物形象，还可在中国出土的唐墓壁画中找到。

唐朝呈现出豪迈开放的气概，以设置在乾陵御道两侧的石刻为起点，形成陵前石刻排列制度，显示皇朝政治军事的强大无比。唐陵石人排列制度，到唐玄宗泰陵（761）以后有所改变，这就是石人像中出现了文人形象。陵前设置文人石像，进而形成西边武将、东边文臣的典型配置。石像的设置象征统治秩序的森严，陵墓前石人像的数量有严格的限制。文武大臣石像，单从手中握剑或者手中执笏就能明确把握，这种陵墓前文武大臣的基本形态一直延续到清代。

【名称】（传）宪德王陵
【位置】庆尚北道庆州市东川洞
【年代】公元9世纪
【解题】
史迹第29号。新罗第四十一代国王宪德王（809~826）的陵墓，位于距离月城东北约1.8公里北川边平地的松林中。王陵的封坟直径为26.06米，高6米，埋葬主体部分为横穴式石室墓。

圆形封土坟，护石结构忠实地继承了前一时期王陵的样式，但面石和撑石各由48块组成，以前时期的王陵各有36块，二者在数量上有所不同。撑石对应的固有方位上，分别有十二支神像（十二生肖像）的浮雕。相邻的十二支神像之间的面石和撑石的数量比以前时期的王陵各多了一个。因为封坟的直径变大，所以宪德王陵的十二支神像浮雕在新罗王陵中规模最大。

现在王陵只剩下十二支中的子像（鼠）、丑像（牛）、寅像（虎）、卯像（兔）、亥像（猪），其余的在朝鲜英祖十八年（1742）八月二十二日庆州发生的台风和降雨造成的北川大泛滥时流失。当时的左议政宋寅明向英祖奏报了此事，由于这个原因庆尚道观察使也被裁减。现在剩下的五个生肖像

图一　十二支神像（亥像）

图二　十二支神像（卯像）

三 庆尚北道

都和金庾信墓、皇福寺金堂的十生肖神像一样,身穿平服,头侧向右面。在护石周围的回廊上铺设薄石,在薄石边缘围上栏杆石,修建了54根栏杆柱。

另一方面,传宪德王陵也和传元圣王陵一样,推测在坟墓的前面配备有床石、石狮子像、石人像、胡人像、华表等。但遗憾的是这些石制物品都没能保留下来,现在这里只剩下其中一具胡人像的头部的一部分,放在庆州高等学校的庭院里。另外,朝鲜王朝时代的文集中记载了在宪德王陵的玄室中有描绘

图三 十二支神像(丑像)

图四 松林中的宪德王陵

日和月的壁画，但具体情况不得而知。

对于王陵的葬者，除了宪德王外，朝鲜王朝时代也有误认为金庾信的记载，最近也有推测为真平王的说法。南面及西面的护石和石栏大部分是由 20 世纪 70 年代庆州古都观光综合开发计划重新整修而成，王陵东南面的床石是仿照兴德王陵床石的桌状形式，在 2007 年设置的。

【名称】兴德王陵
【位置】庆尚北道庆州市安康邑六通里
【年代】公元 9 世纪
【解题】

史迹第 30 号。新罗第四十二代国王兴德王（826~836）的陵墓，位于距离新罗王京月城以北约 21 公里鱼来山的东麓山脚，是新罗王陵中距离王城最远的一座。《三国史记·新罗本纪》记载，兴德王去世后，"朝廷以遗言，合葬章和王妃之陵"。因此，推测这座王陵是兴德王和章和王妃的合葬陵。但是兴德王为什么在距离王京这么远的地方给王妃营造陵寝尚不清楚。不过，王妃陵也像王陵一样，具有浮雕十二生肖神像的护石结构，这是非常重要的事实。

王陵的外形为圆形封土坟，封坟直径为 20.77 米，高度为 5.97 米。形式与前一时期的王陵相同，沿边缘环绕的石栏大部分已经消失，但现在复原了栏杆柱。坟墓的周围，像圣德王陵一样，四角各摆放一只石狮子像，前方左右分设有一对冠剑石人像、一对胡人像、一对华表。特别是王陵前方左侧的石狮子上刻有汉字"王"字样，在胡人像的背面右侧腰部雕刻着在元圣王陵胡人像上无法确认的短弯刀。在王陵前方左侧的东面，保留了曾立过陵碑的龟趺，但破损比较严重，碑身和螭首已经荡然无存。

另一方面，通过兴德王的遗言可以看出，兴德王陵的营造年代并不像一般所认为的那样是兴德王薨逝的 836 年，而是在兴德王妃去世

三　庆尚北道

图一　兴德王陵

图二　兴德王陵胡人像

图三　兴德王陵十二支神像（局部）

图四　兴德王陵碑龟趺

图五　兴德王陵碑残片

（826）的第二年，即827年。另外，围绕着兴德王陵封坟的十二生肖神像以及周围摆放的石狮，雕刻得既真实又丰满、生动，相比之下，摆放在陵前的华表、石人像、胡人像的雕刻是颇为程式化的，给人一种笨重的感觉。这种差异可能是由于国王在亲自为挚爱的王妃营造陵寝时只修建了封坟，配置了石狮，华表和胡人像等是在国王死后才配置的。

兴德王陵的位置，与《三国遗事》"王历篇"中记载的"陵在安康北比火壤，与妃昌花合葬"一致。同时，1977年8月，在韩国国立庆州博物馆和史迹管理事务所进行发掘调查时，出土了相当数量的残碑和螭首的碎块，发现了题额的一部分上有"兴德"字样，从而确认该陵为兴德王陵。因此，兴德王陵与武烈王陵一起成为新罗王陵中确认被葬者身份的为数不多的陵墓之一。王陵南面的桌状石是根据1995年遗留下来的面石和地台石进行复原的。

【名称】（传）僖康王陵

【位置】庆尚北道庆州市内南面望星里

【年代】未知

【解题】

史迹第220号。位于庆尚北道庆州市内南面望星里，距离月城西南约6公里。在海拔约120米的野山顶部东侧先削平地面，然后营造王陵。封坟直径为14米，高度为3.4米。王陵的外部形态是一个底面较宽的椭圆形封土坟，大小与民墓相似，没有任何特征。据《三国史记·新罗本纪》记载，僖康王被政治同盟金明即第四十四代国王闵哀王杀害，被安葬在苏山，因此，显然是营造了王陵。但是现在的陵墓是金氏一族自朝鲜英祖六年（1730）以后，在没有准确考证的情况下，与西边的闵哀王陵一起确定的。坟墓周围没有什么石物，推测是普通陵墓而不是王陵。

【名称】（传）闵哀王陵

【位置】庆尚北道庆州市内南面望星里

【年代】公元9世纪初

【解题】

史迹第190号。位于庆尚北道庆州市内南面望城里，距月城西南约6公里，与东南方的僖康王陵相距约400米。在海拔139.5米的山顶将斜面的东南方削平，在前面堆土，建立了平地之后，于其上营造王陵。外形为圆形封土坟，封坟直径12.5米，高3.8米。墓葬形制是横穴式石室墓。传闵哀王陵在1984年9月韩国国立庆州博物馆对封坟周边进行发掘调查以后，复原整理为现在的面貌。

调查结果显示，沿着封坟下端放置的地台石，将宽度为0.3米，长度为0.1~1米不等的精密加工的长条石堆叠成3层，然后在上面放上长0.8米，高0.15米左右的长方形甲石作为护石。在这里以宽度为0.35米，

三 庆尚北道

长 1~1.3 米的 20 个断面为五角形的托座，沿着护石间隔 1.9~2.9 米作为支撑，不过 20 个托座中现在只剩下 17 个。王陵的东侧连接着封坟护石的，是使用 2 块板石做成的床石。

另外，封坟的护石外围，有 12 个有一定间隔的洞，其深度为 0.18 米，直径为 0.25 米，洞里埋着用蜡石制作的十二支神像。但是只发现了子像、丑像、酉像、亥像，剩下的 7 座神像连同靠在护石上的基座都丢失了。十二支神像为高 0.1 米左右的小型石物，被配置在王陵的外部作为观赏品。另外，陵区发现了一个显然是在传闵哀王陵营造后被埋没的骨壶，盖子上发现了"元和十年"几个汉字。

"元和"为中国唐代的年号，元和十年相当于公元 815 年，出土情况证明王陵早于这一时期营造，这与 839 年薨逝的闵哀王的时间不相吻合。因此，韩国国立庆州博物馆推测，传闵哀王陵的被葬者虽然没有相关记录，但很可能是 8 世纪末至 9 世纪初在位的国王中最为接近 815 年的第四十代国王哀庄王的陵墓。哀庄王没有传承下来或推定的王陵，哀

图一 闵哀王陵

图二　十二支神像（子像、酉像）

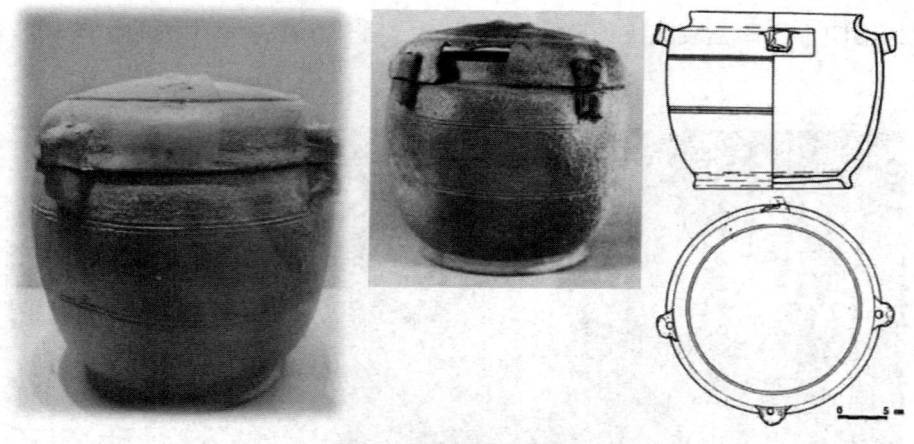

图三　元和十年铭骨壶

庄王809年七月被王叔父、第四十一代国王宪德王金彦昇杀害。也就是说，从8世纪末到9世纪初，营造的王陵一般都是与十二支神像作为护石的元圣王陵——挂陵的性质一致，与此相反，传闵哀王陵遵循的是统一之初的神文王陵的形制，与时代状况不符之处的原因在于，哀庄王在政治上遭遇了悲剧命运。

另一方面，虽然不清楚将王京西侧建造的王陵中距离最远的现在这座陵墓定为闵哀王陵，是在朝鲜英祖六年（1730）以后的哪个时期，但依据的是金氏一族的意见。根据《三国史记·新罗本纪》记载："王军死者过半。时王在西郊大树之下，左右皆散，独立不知所为，奔入月游宅，兵士寻而害之。群臣以礼葬之，谥曰闵哀。"由此可见，闵哀王虽然在叛乱中被弑害，但仍然被以国王之礼埋葬。

【名称】（传）神武王陵

【位置】庆尚北道庆州市东方洞

【年代】公元9世纪

【解题】

史迹第185号。作为第四十五代国王神武王（839年四月至七月）的陵墓，在距月城东南约3.5公里处形成的低矮丘陵的南面营造。外形为圆形封土坟，封坟直径为15米，封坟高度为3.4米。从大小和外形来看，是新罗王陵中规模最小的。在封土坟下端的一部分，露出了用作护石的自然石。

神武王于839年四月在清海镇大使张保皋的帮助下，率领他的士兵冲进庆州，杀死了新罗第四十四代国王闵哀王，登上了王位，但不久之后在当年七月去世，仅在位三个月。死后葬在弟兄山西北。根据《三国史记·新罗本纪》的记载，以及海拔290米的兄弟峰西北约1.7公里处有现在的陵墓，庆州金氏一族在朝鲜英祖六年（1730）将之认定为神武王陵。坟墓南面配置有根据圣德王陵形式复原的床石。

【名称】（传）文圣王陵

【位置】庆尚北道庆州市西岳洞

【年代】统一新罗

【解题】

史迹第178号。这座古墓传为新罗第四十六代国王文圣王（839~857）的陵墓，距离月城约3.1公里，在仙桃山（海拔380米）向东南延伸的山脊末端，将其斜面削平后进行营造。与西南方的宪安王陵相距仅约15米。

封土坟为直径17米，高2.5米左右的东西长轴椭圆形封土坟。据推测，埋葬主体部分为横穴式石室墓。坟墓周围不仅没有石物，连护石也没有找到。现在的陵墓是朝鲜英祖六年（1730），由庆州金氏一族所认定的。因为当时庆州人把仙桃山一带称为"山雀址"，这与《三国史记·新罗本纪》记载的文圣王和宪安王的葬地"孔雀址"可能是同一个地方。此后，秋史金正喜推测在武烈王陵西侧的西岳洞古墓群的3号坟才是真正的文圣王陵。

另外，1963年在指定现在的陵墓为史迹的时候，第二十五代国王真智王陵和第四十六代国王文圣王陵使用同一土地编号，所以将名称命名为"史迹第178号真智王·文圣王陵"，之后只在真智王陵前立了史迹碑。因此，文圣王陵前只立着庆州金氏一族中最近建立的陵标石。

【名称】（传）宪安王陵

【位置】庆尚北道庆州市西岳洞

【年代】统一新罗

【解题】

史迹第179号。新罗第四十七代国王宪安王（857~861）的陵墓，距离月城约3.1公里，在仙桃山（海拔380米）向东南延伸的山脊末端，将其斜面削出平地后营造了王陵。与东南的文圣王陵相距约15米。封坟的规模是直径15米，高度2.5米。埋葬主体部分推测是横穴式石室墓。坟墓露出一部分怪石，像其他王陵一样环绕有护石。

现在的陵墓是朝鲜英祖六年（1730）庆州金氏一族指定。秋史金正喜推定，在武烈王陵西侧的西岳洞古墓群中的 4 号坟才是真正的宪安王陵。

【名称】（传）宪康王陵
【位置】庆尚北道庆州市南山洞
【年代】统一新罗（公元 7 世纪后半期）
【解题】

史迹第 187 号。新罗第四十九代国王宪康王（809~826）的陵墓，坐落在南山向东南延伸的铁瓦谷和千岩谷之间的苏地陵末端，与定康王陵相邻。建造方式是在海拔 70~80 米的斜面平整出平坦的地面后再营造王陵。

王陵北面坐落着与《三国史记》有关的菩提寺和其境内的石佛座像，王陵南面坐落着史迹第 186 号定康王陵。据《三国史记》记载，宪康王在位时百姓"覆屋以瓦不以茅，炊饭以炭不以薪"，得享太平盛世。据记载，国王薨逝后，葬在菩提寺东南的山脚之下。

王陵是一个封坟直径 15.8 米，高 4 米的圆形封土坟，封坟下部环绕着用花岗岩打磨制作的长方形的地台石，上部有四层交错堆砌的曜石。坟墓前面有后代建造的拜礼石和标石，而王陵的后面则有土墙砌成的莎城用以保护这座封坟。

1993 年，由于暴雨，封坟顶部出现了直径 1.6 米的塌陷区，为修复封土进行了试探性调查。在调查封土剖面的过程中，发现了王陵遭到多次盗墓的痕迹，石室内部也因盗墓而受到了严重的扰乱，其中还有多种盗墓装备。

封坟是将黏土和沙质土与石室壁石一起版筑而成，封坟下端用人头大小的天然石作为内护石，其外部的外护石使用曜石制作而成。石室是在南面设有羡道的横穴式石室墓，玄室南北 2.9 米，东西 2.7 米，几乎是正方形。玄室壁石采用直径为 0.4~0.6 米的怪石，底部用较大的石料，

图一　宪康王陵

上面用较小的石料砌成向内倾斜状,缝隙用小石块填充,其上涂上石灰即告完成。四个墙面内径高度均为14~15层,在其上面用两块长条石铺上作为盖石。石室地面是在前面用两三层小的碎石铺好,由于盗墓引起的扰动,到处散落着头枕石、石柱、石座等。

在石室的西壁处设有尸床,尸床是将两块长方形的花岗岩相连平铺,下面放置有6块支柱石,像桌子一样摆放。尸床与南、西、北壁相接,与北壁相接处尸床的长度较短,留有一定空间,有用长方形石材加固过的痕迹。尸床长2.4米,宽0.7米,高0.5米,上面放着两个枕席和脚凳,以让尸身安置就位。

羡道有门扉、门槛、封闭石,在其前面设有墓道。羡道长1.42米,宽1.28~0.96米,呈上窄下宽形。羡道壁石用直径0.3~0.6米的怪石砌成7层左右,和石室一样,下边用大石头,上边用小石头砌成向内倾斜状。壁石和壁石之间用小碎石和石灰填充,壁石上面用2片扁平的盖石铺上。

墓道建在羡道南面的壁石上,用怪石和黏土砌成7~8层,前面用怪石隔开。长 1.28 米，宽 0.9~1.24 米。在墓道和羡道的地面上，正面铺设了一段直径 15 厘米左右的扁平自然石。

遗物被彻底盗掘一空，几乎没有东西留下。只是在对石室地面进行全面清理的过程中，发现了一些印纹陶器残片和金版、金丝、金铜制品、珠子碎片、铁制器物残片等。宪康王在位的时间是 875~886 年，但从陵墓的印纹陶器片和石室的结构来看，预计不会晚于 7 世纪后半期。

在新罗王陵中，曾被考古调查的只有宪康王陵和"三陵"中的神德王陵。除此之外，闵哀王陵和真德王陵也曾被调查过封坟周围的一部分，但没有调查到内部。宪康王陵从过去就一直被传为宪康王陵，但由于在位年代与遗存及遗物之间存在差异，被葬者的身份成为一项研究课题。

【名称】（传）孝恭王陵
【位置】庆尚北道庆州市排盘洞
【年代】统一新罗（公元 7 世纪后期）
【解题】

史迹第 183 号。在距月城东南约 2.3 公里的具有低矮丘陵性质的宝迦山（海拔 87 米）南麓的斜面上进行了削平整理后完成营造。与西南的神文王陵相距 485 米，与东南狼山山顶的善德女王陵相距 738 米。外形为圆形封土坟，封坟直径 21.2 米，高 5 米。墓葬形制推测为横穴式石室墓。

另外，正如目前封坟下端南面和西面部分所确认的，可以看出是利用自然石建造的护石。支撑护石的垫石也是 0.5 米左右的怪石，可以确认西南方向有 6 块，东北方向有 3 块。垫石之间的间隔并非等距，在 1.7~2.1 米不等。从护石结构及垫石等来看，可以推断这座古墓不是 10 世纪初的王陵，而是 7 世纪后期的王陵或古墓。

现孝恭王陵至朝鲜英祖六年（1730）被金氏一族定为王陵。《三国史记·新罗本纪》记载，孝恭王死后，"葬于师子寺北"。根据这一记

图一　皇吾洞三层石塔

载，推测位于离王陵东南 892 米的排盘洞长骨村寺庙遗址的三层石塔是师子寺。但是据《三国遗事》"王历篇"孝恭王条记载，师子寺不是王陵的营造之地，而是火葬的地方，火葬后的遗体葬在仇知堤东边的山腰上。因此，现在的孝恭王陵很有可能是被误定的。另外，作为王陵推定依据的传师子寺三层石塔于 1936 年移建于庆州站广场，现命名为皇吾洞三层石塔。

【名称】庆州三陵

【位置】庆尚北道庆州市拜洞

【年代】公元 7~8 世纪

三 庆尚北道

【解题】

史迹第 219 号。位于庆尚北道庆州市拜洞山 73-1 号。相当于月城以南约 4 公里的西南山的山脚。"三陵",相传是第八代国王阿达罗尼师今（154~184）、第五十三代国王神德王（912~917）、第五十四代国王景明王（917~924）的陵墓,三者都是新罗朴姓王。最先看到的是南面的传景明王陵,中间是传神德王陵,北面是传阿达罗王陵。

但是,阿达罗尼师今和神德王分别死于 184 年和 917 年,两座王陵之间横亘着 733 年的时间。不仅如此,传阿达罗王陵被营造的 2 世纪后半期是流行木椁墓的时期,与传神德王陵和传景明王陵被营造的 10 世纪前半期的横穴式石室墓完全不同。不过,三座王陵是规模相近的圆形封土坟,传阿达罗王陵的封坟高度为 5.41 米,直径为 18.38 米,传神德王陵的封坟高度为 5.75 米,直径为 19.43 米,传景明王陵的封坟高度为 4.49 米,直径为 15.92 米。

传神德王陵在 1935 年和 1963 年两次遭到盗掘。1963 年通过盗墓坑对石室内部进行了考古调查,其调查结果在学术界公开。内部构造为用割石砌筑的石室墓,平面接近正方形,在庆州三陵的传神德王陵南壁中央有较长的双层羡道,天井呈穹隆状。在玄室中,羡道和直角很宽很高的棺台变成了东西方向,在上面放了两张长长的板石,作为尸床台。因此,被葬者同床共枕,两人合葬。而且,在与北壁相连的东西壁,距离羡道天井的墙面上,进行了长方形的划分,并涂有白、黄、朱、青色,达到了与环绕屏风一样的效果。没有发现遗物。

从不是在平地而是山脚下进行营造这一点,以及传神德王陵是穹隆型横穴式石室的这一点来看,推测剩下的两座王陵也是同一时期建造的横穴式石室墓。另外,三座古墓沿着山脊并排建造,这一点可以通过 6~7 世纪新罗古墓的一般营造方式在西岳洞古墓群、金刚山古墓群、排盘洞古墓群等处得到确认。而且,在三座王陵中,在传景明王陵的封坟下端,可以看到 2~3 个堆满怪石的护石和垫石。因此,三陵并不是以 2

世纪下半叶的一座木椁墓和 10 世纪初的横穴式石室为结构的两座王陵，而是根据选址条件和营造方式以及护石等的存在，由横穴式石室墓组成的 7~8 世纪的古墓群，因为比当时王陵的规模相对较小，所以推定被葬者为王族或真骨贵族。

另一方面，阿达罗王像祇摩王、逸圣王一样，在《三国史记》和《三国遗事》中没有留下任何有关葬地或王陵位置的记载。《三国史记·新罗本纪》中记载在竹城举行神德王葬礼，但《三国遗事》"王历篇"却记载说是火葬后，在箴岘的南面埋葬了骨灰。另外，景明王在《三国史记·新罗本纪》中也记载为葬在月城以东的南山东北端的皇福寺北，《三国遗事》"王历篇"则说："火葬皇福寺，散骨于省等仍山西。"这两位国王的葬地或王陵所在地的相关记载中，值得注意的是，其一，两个王陵并没有在同一地点建造，尤其是仅从《三国史记·新罗本纪》的记录来看，竹城和皇福寺北绝不可能是同一地点。其二，景明王的情况是，如果有王陵的话，应该在皇福寺的北面，但是现在皇福寺的北面没有被推定为王陵的古墓。相反，如果相信《三国遗事》"王历篇"的记录，就不存在景明王陵。

尽管如此，位于西南山脚下的这三座古墓，仍然被朴氏一族在朝鲜英祖六年（1730）确定为阿达罗王陵、神德王陵、景明王陵并一直传承至今。王陵东南侧的陵标石与其他朴氏王陵一样，建于朝鲜高宗八年（1871），王陵南面则在 20 世纪 70 年代并排设置了 3 块和朝鲜王陵魂游石形态一样的床石。这在体现新罗王陵受到中国墓葬制度影响的同时，又体现了朝鲜时期对于中国墓葬制度的因袭传承。

【名称】（传）景哀王陵
【位置】庆尚北道庆州市拜洞
【年代】统一新罗（公元 10 世纪）
【解题】
史迹第 222 号。新罗第五十五代国王景哀王（924~927）的陵墓，距月城西南约 3.9 公里，营造于西南山末端的平地上。从西南山的"三陵"往西，在距离其 142 米的地点。外形为圆形封土坟，坟高 4.20 米，直径 18.32 米，墓葬形制为横穴式石室墓。封坟下端没有发现任何设施。

据《三国史记·新罗本纪》记载，景哀王在叛臣甄萱兵临城下之时，在王城南边的别宫被迫自尽。然后他的尸体被送到了城内的西堂，葬在了南山蟹目岭，这时高丽太祖王建派使臣前来吊唁。南山上的蟹目岭（海拔 281 米）是指南山新城内南面西侧的山峰，其下有蟹子眼睛一样形状的岩石，因而被赋予该名称。但在蟹目岭周围，还没有确认为王陵级的古墓。加之该陵和蟹目岭相隔 2.1 公里，而且至少可以推断出蟹目岭不是平地，而是山岭，所以很难将现王陵推定为景哀王陵。

朝鲜英祖六年（1730）朴氏一族之所以将与阿达罗王陵、神德王陵、景明王陵等三陵相邻之地指定为景哀王陵，是因为他既是神德王的儿子，又是景明王的弟弟。另外，朴氏王陵中距离月城最远的地方，是以当时朴氏一族推测王陵时以始祖朴赫居世的五陵为基准，离他近或远的地方与在位代数一致，所以在最远的地方为朴氏十王之中最后一位国王景哀王寻找坟墓。

【名称】天马冢（皇南洞 155 号坟）
【位置】庆尚北道庆州市皇南洞
【年代】公元 5 世纪末 6 世纪初
【解题】

大陵苑位于今庆州地区，是新罗王朝王室墓园，面积约 12 万平方米，迄今地上保留有 23 座巨大的古坟。天马冢是其中最负盛名的一座，它发掘于 1973 年，因所出的陪葬品中桦树皮制的障泥上绘有天马而得名。从陵墓的规模、出土金冠以及众多的陪葬品，可以确定其为新罗王室的墓葬，但墓主不详。天马冢共出土文物 11526 件，涉及种类极为丰富，包括王冠、饰品、武器、马具、生活用具等，展现出新罗对外交流

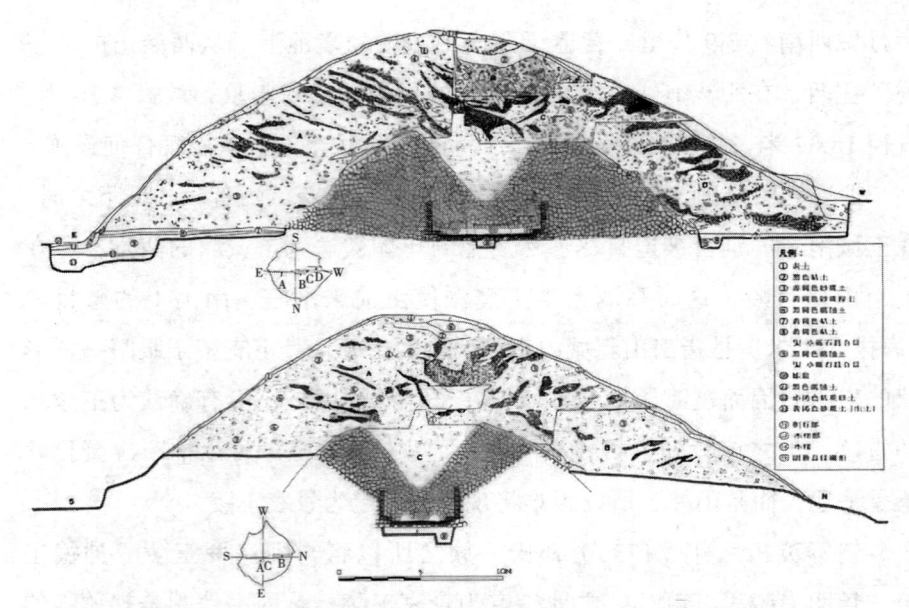

图一 天马冢土层断面图（上：东西断面，下：南北断面）

的活跃性。

　　天马冢为东西向的积石木椁墓，上有直径47米、高12.7米的封土坟丘，下设土圹，木椁周围堆积砾石，木椁内放置有长2.1米、宽0.8米的木棺，木棺头向东方；其东侧有一长1.8米、宽1米、高0.8米的陪葬柜。由于棺椁俱朽，全部遗物被压在坍塌的积石之下。根据棺内出土的金饰的位置，可判断死者为仰身直肢葬，头向东。棺的四周环有一圈高起的砾石台，上面放置有金冠、银铸带、玻璃珠、鎏金履饰、铁斧、环头铁刀、铁矛和铁镞等随葬品。

　　其中出土的金冠、金耳饰、胸饰、金腰带和腰佩等，应是墓主生前佩戴过的饰品。还出土有武器类、马具类、金属容器类、陶器类等陪葬品，以及重要的美术资料如天马图、骑马人物图、瑞鸟图，还有彩画版等。墓葬的建造时间为5世纪后半段至6世纪初。1973年发掘清理之后，经过一系列的复原整备，游客可进入墓道内观览这座著名墓葬的内

三 庆尚北道

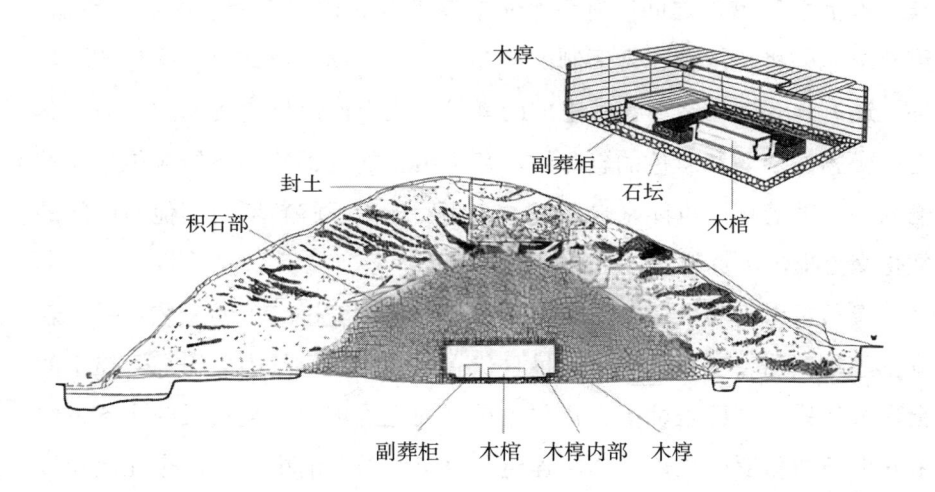

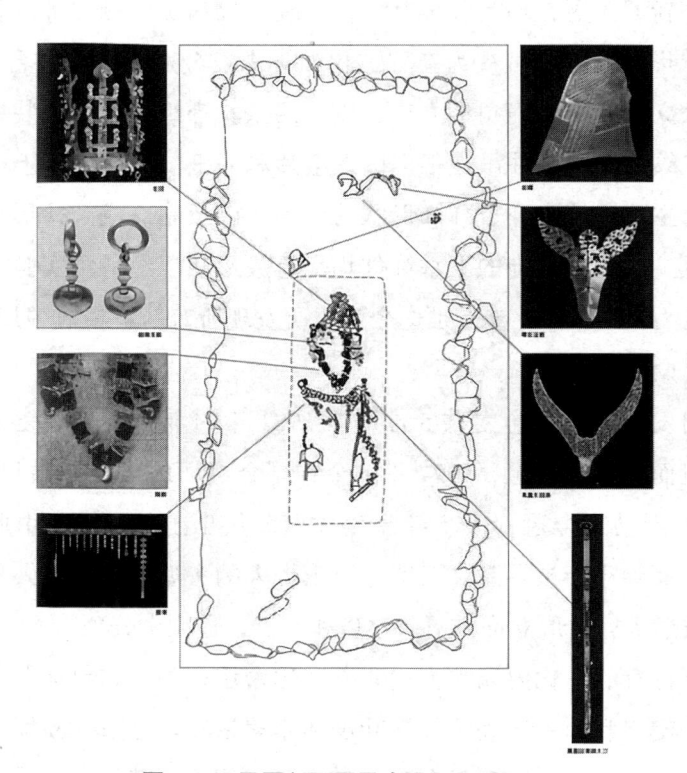

图二 天马冢剖面图及出土文物平面图

部构造。

木棺东侧棺椁之间，有一个木制陪葬柜，内置铁斧、陶器、漆器、绘有彩凤的桦树皮帽、青铜制的镰斗、熨斗、鼎以及蓝色、绿色的玻璃杯，还有4套鞍、镫、辔等组成的马具，最上面放桦树皮制的障泥，其上绘奔腾的白马和彩色的忍冬纹。墓中出土的青铜器和漆器应是中国的输入品，玻璃杯则可能来自西亚，这些发现为了解新罗与其他地区间的文化交流提供了资料。

天马冢出土的金冠制作精美，表现了当时金银细工的工艺水平。新罗王冠是庆州新罗王陵出土的最具代表性的文物，其中以天马冢出土的金冠最具盛名，已被韩国文化财委员会确定为国宝。金冠反映了5世纪末6世纪初新罗中央集权体制强化、手工业繁荣的史实。迄今在庆州发现的五件新罗王冠，均为黄金制成，分别配以鸟翼、蝴蝶等形状各异的装饰品，华贵富丽，可视为新罗文化的标志。金冠由底圈（台轮）、三个树枝状立饰和两个鹿角形立饰，以及两条垂饰组合而成，装饰有点列纹、波状纹和圆纹，并吊挂很多圆形金片和曲玉。冠帽底圈下面的两条垂饰，由主环连接细环、耳饰形状的副饰，以及制作成圆柱形状的金丝饰件构成。主饰和副饰的下垂饰件均呈笔簇形状。经科学实验分析，金冠的纯度为83.5%。此金冠是迄今为止所发现所有新罗金冠中规模最大、最华丽、设计最精巧者。

庆州发现的新罗金冠共5件，即1921年的金冠冢（该陵墓以最早发现金冠而得名）金冠、1924年的金铃冢金冠、1926年的瑞凤冢金冠、1973年的天马冢金冠、1975年皇南大冢北坟出土的金冠，由此新罗黄金文化的面纱逐渐被揭开。新罗金冠依据人的头型制作，在圆形带轮上固定树枝形、鹿角形立饰，下系璎珞和曲玉，造型十分独特。

金冠特有的文化内涵和古代北方文化密切相关，它象征着生命树和宇宙木，璎珞和曲玉代表着枝繁叶茂和累累果实。金冠是新罗王室的象征，按制度规定，金制品只有王和王族可以使用，其他身份分别使用银

三 庆尚北道

图三 天马冢出土金冠（国宝188号）

制、金铜、白桦皮制冠帽等。头戴金冠的国王头稍有晃动，上面的立饰品就随之做波浪式抖动，黄金和装饰的璎珞、翠色曲玉熠熠生辉，呈现出难以想象的神秘和令人眩目的华丽，就连国王的面容也难以看清，以此映衬出国王的权威和不可侵犯。

新罗时期衣冠及装饰物存在等级差异。新罗衣冠制度的最初记录见于第二十三代国王法兴王（514~540）在位期间，依据官等身份的高低，规定官服呈紫色、绯色、青色、黄色等。装饰品的使用及材质也有严格的等级差别。如耳饰有细环耳饰和太环耳饰之别，推测男性佩戴细环耳饰，女性佩戴太环耳饰。有金冠陪葬的陵墓，不仅有金制品，还有银制品和金铜制品。

多种样式、装饰华丽的大刀等兵器,是天马冢出土文物的重要类别之一。5世纪末6世纪初,新罗和周边的百济、高句丽时常发生战争,故而现今庆州一带的新罗墓葬中发现有大量的兵器。环头大刀在天马冢及庆州的其他古坟中多有出土,应当是当时高级将领佩带的重要兵器,也是这一时期朝鲜半岛较为先进、具有代表性的兵器之一。华丽的装饰大刀,充分显示出使用者的身份地位,是一种权力的象征。

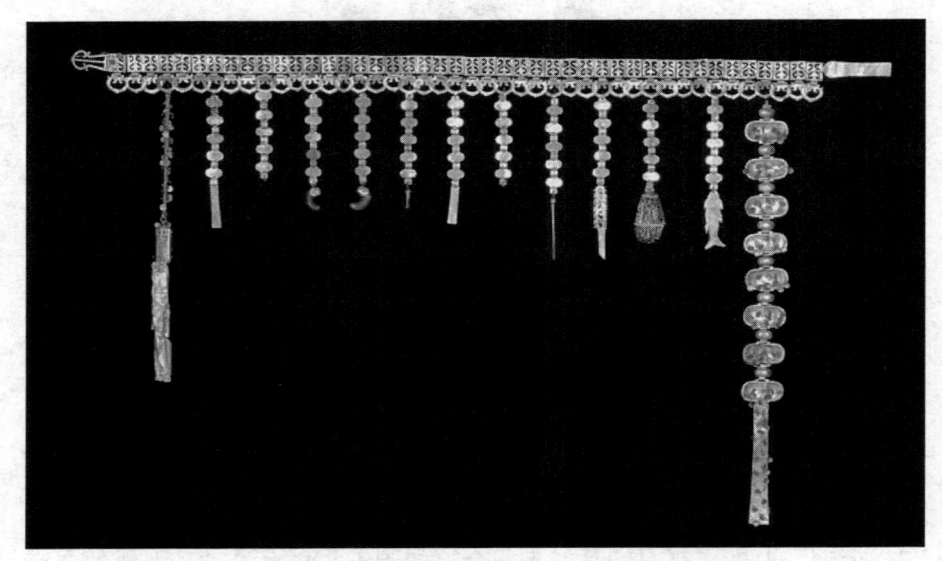

图四　金腰带（国宝190号）

图五　太环耳饰,两件

三 庆尚北道

　　5世纪末6世纪初，正是新罗照知麻里干、智证王、法兴王在位期间，新罗王廷积极和周边国家地区建立关系，智证王正式定"新罗"为国号，变更君主尊号"麻里干"为"王"，建立了真正的王权国家。同时，下令禁止殉葬。法兴王在位期间，颁布律令，规定百官公服，并遣使渡海到中国南朝梁，吸收佛教文化。天马冢以及庆州其他古坟出土的金质、玉质装饰品，反映出新罗上层社会的奢华生活状况，是这一时期新罗经济、文化蓬勃发展的缩影，也是新罗和周边国家地区频繁交流往来的重要成果。

　　这一时期，新罗与百济、高句丽频繁发生各种规模的战争，骑兵成为双方交战的重要列装兵种之一。天马冢中一系列与骑兵关联的文物，如鞍桥、马铎、马镫等马具装饰品，虽然多为金制品明器，但从中仍能看出新罗骑兵发展的基本状况，显示出在与百济、高句丽对阵过程中，骑兵在新罗国家武装力量中所占据的重要地位。

　　天马冢陪葬品柜出土马具有：金铜鞍桥、金铜马铎、马

图六　天马冢陪葬品柜出土马镫，两件

图七　天马冢陪葬品柜出土镜板，两件

图八　天马冢陪葬品柜出土杏叶，四件

镫。马镫为铜鎏金，长28.5厘米，木心包铜，鎏金，由圆环形镫环和方形细长的镫柄组合而成。镫环下端有三个箭镞，镫柄部凿有和鞍体连接的长方形孔。铜鎏金镜板，为马嚼附属具。心叶形铁板上面有29个小金铜钉固定的金铜装饰板。金铜板透雕有唐草纹，极具装饰性。考古发现表明，极具装饰性的新罗马具，在庆州一带常常出土。杏叶，可以挂在马胸或马臀，具有装饰效果。心叶形铁板上面用小金铜钉固定金铜装饰板。金铜板雕饰有忍冬纹。心叶形杏叶周边突出，金铜钉密集排列，呈现出连珠纹样。

　　天马图障泥，金铜，长75厘米。天马图障泥原物出土于天马冢陪葬品柜东边中间位置。障泥，系用于防尘而吊挂在鞍桥左右的挡板类物件，也有装饰功能。天马冢内所发现的天马图，是绘在一长方形的白桦树皮制成的障泥上，表现深邃的天空中奔腾的动物形象。其制法，是将数张白桦皮叠压后，以14条斜格交叉绗缝，其边缘用革板条加固。障泥周边绘制有纵向4个，横向6个忍冬唐草纹，中间部分表现为一匹

三 庆尚北道

图九 天马图障泥出土状况

奋力奔腾的白色天马，天马嘴中吐出团团瑞气，风吹马鬃形成自然的锯齿形造型。绘制技法纯熟，天马在天空中疾趋前行的形象极为生动。皇南洞155号坟之所以改名为天马冢，就是因为出土了这件弥足珍贵的古代绘画珍品。考古学家把该动物形象解释为天马，而新罗建国传说中就有天马和始祖赫居世王降生的内容，说明新罗立国之初已有天马思想观念存在。

朝鲜半岛初期的马具即有镳（衔）、辔等。4世纪时，受中国东北地区的影响，镳、辔的种类增加，并开始使用马镫和杏叶。5世纪时，与高句丽的战争，加速了新罗马具的更新改进，出现了铁制鞍具、心叶形杏叶、环形云珠、马面胄、马甲等。5世纪后半叶，新罗马具已具备了自己的特点，形成了极具装饰性的整套马具。至6世纪，马具形状趋于

图十　天马冢出土玻璃杯（宝物620号）

简单实用，出现了贝制云珠等。6世纪中叶以后，由于薄葬风气的风行，陪葬马具逐渐减少。

天马冢出土的生活用具类文物，如鼎、壶、缶、碗、杯、盒、熨斗等，十分丰富，其中有的是新罗与周边国家地区频繁交流的成果，有的是新罗金属、陶艺等手工业发展状况的真实写照。由于新罗中央专制集权的进一步加强，经济、文化发展水平的提高，王室、官僚集团奢侈品需求量增加，百姓生活必需品需求增强，使得各种生活用具的制作成为新罗王朝极为重视的问题，进而促进了当时手工业的快速发展。而频繁的对外交流，也使得手工业更加繁荣，并达到很高的水平。

【名称】金庾信墓

【位置】庆尚北道庆州市忠孝洞

【年代】公元673年（去世年份）后，统一新罗

【解题】

新罗著名大将金庾信的坟墓，同样位于庆尚北道庆州市新罗古都范围内，是韩国史迹第21号。金庾信，新罗王京人，生于新罗真平王十二年（595），卒于新罗文武王十三年（673）。其十二世祖首露是金官加

三 庆尚北道

图一 金庾信墓今貌（正面）

耶国王，祖父金武力为新罗新州道行军总管，在管山城战斗中击杀百济王（554），立有大功，其父金舒玄亦为执掌一方军政大权的实力派高官，官至苏判、大梁州都督、安抚大梁州诸军事。金庾信"年十五岁为花郎，时人洽然服从，号龙华香徒"。他在真平王对高句丽作战中屡立战功，在真德王时期平定毗昙之乱，后迎立太宗武烈王金春秋登基。辅佐金春秋，在与唐朝配合对百济、高句丽的作战中发挥重大作用。

  金庾信墓原本有陵碑或纪功碑，以彰显金庾信在新罗统一过程中辉煌的功业，可惜今已残破不存。关于葬地和树碑之事，史有明文："出葬于金山原，命有司立碑，以纪功名，又定入民户，以守墓焉。"①《金庾信碑》其中有句云："轩辕之裔，少昊之胤。"②这种书写表现出金庾信一族对中华文化的钦慕和向往。史载，金庾信还曾直接受到唐朝皇帝册封："麟德二年（665），唐高宗遣使梁冬碧、任智高等，来聘兼册庾信奉常正卿、平壤郡开国公，食邑二千户。"③这一方面凸显了金庾信在唐罗联

---

① 金富轼：《三国史记》卷43《金庾信传下》，杨军校勘，吉林大学出版社，2014，第619页。
② 金富轼：《三国史记》卷41《金庾信传上》，第601页。
③ 金富轼：《三国史记》卷43《金庾信传下》，第617页。

· 103 ·

军作战时期做出的贡献,也从侧面反映出当时新罗上层与唐朝在政治、军事、文化等方面的密切联系。

金庾信陵墓的周长为50米,直径约18米,高5.3米。封土坟丘为圆形,四周围有高1.2米的石板。在围绕圆形坟丘的一圈石板上,刻有十二支神像,即兽首人身的十二生肖浮雕像。这与唐朝墓葬中出土的十二生肖俑、墓志特别是墓志盖石上刻画的十二生肖图像非常相似。十二生肖图像在墓葬中的使用,在中国经历了一些变化,新罗这种兽首人身、身穿唐式衣服、手拿各种表示特定含义的器物的形象,其来有自。

中国古代文物中的十二辰(或十二时),常以俗称的十二生肖表现,至少在汉代已流行。最初十二生肖是写实动物形貌。在山西太原

图二 金庾信墓十二支神像浮雕拓本(鼠)　　图三 金庾信墓十二支神像浮雕拓本(猪)

北齐娄睿墓，墓室内上栏所绘十二辰壁画图像即是明证。隋朝时流行的十二生肖纹青铜镜，环绕镜钮外区的装饰纹带内分布着十二生肖的图像。隋唐时期，墓中放置的十二生肖俑，由写实的动物形貌转为富于浪漫色彩的拟人化造型——身穿袍服的人物躯体，生有动物的头颅。在日本正仓院宝物中，也有在麻布上绘制的十二辰图像，是圣武天皇葬仪所用的幕布，仿自唐朝的十二时帽额。新罗时期墓葬中出土不少兽首、袍服、人躯的十二时俑，有陶质的，也有石雕的，形貌模拟唐朝的十二时俑。新罗金庾信墓的子鼠像，曾在1983年被韩国选用作子年邮票的图案。十二生肖图像的传播，反映出古代中国和日本、朝鲜半岛诸古国间密切的文化交往。

金庾信在文武王时期获封太大角干，死后在兴德王时期被追封为兴武大王。学者根据金庾信墓的构造和样式与兴德王陵相像，推测金庾信墓可能是在兴德王时期追封为兴武大王的同时修建。现在坟墓前的石碑是李朝时代所立，文石人、武石人等都是后世维修时添加。因为没有进行科学的考古发掘，也有学者认为这座坟墓可能是新罗神武王的陵墓。

【名称】庆州月山里古墓群
【位置】庆尚北道庆州市内南面月山里
【年代】公元5~8世纪
【解题】

位于庆尚北道庆州市内南面月山里山117-1号一带。古墓分布在位于庆州市西南的峻珠峰东北面斜坡上。遗址所在的地区是海拔100~150米的平缓丘陵斜面，沿着周边溪谷形成的每个丘陵都有古墓群。由于建设京釜高速公路货物停车场专用休息站，对古墓群进行了发掘调查，同时确认了青铜器时代前期的46座居住址和2处竖穴遗迹、29座新罗时代的白炭窑、2座高丽时代的瓦窑、李朝时代的黑炭窑、陶罐窑和坟墓等。

月山里古墓群发掘出列国时期至统一新罗时期的各种古墓。古墓分布以丘陵为界，A区共调查了木椁墓2座、瓮棺墓7座、竖穴式石椁墓134座、横口式石椁墓14座共157座古墓，祭祀遗迹区10处。B区调查了竖穴式石椁墓15座、横口式石椁墓2座、横穴式石室墓11座、瓮棺墓1座，共29座古墓，祭祀遗迹区3处，其中。A区的中心是竖穴式石椁墓，B地区的中心是横口式石椁墓和横穴式石室墓。由此可见，在狭窄的丘陵斜面A区建造了诸多古墓，此后墓地逐步转移到B区。大部分古墓都是平行于等高线建造的，考虑到2~5座古墓以大型墓葬为中心聚集在一起的情况，可以划分为若干单位的群聚，这种布局结果让人猜想埋葬在各个古墓中的被葬者彼此保持着亲缘关系。竖穴式石椁墓的短墙最上部砌成圆形，还用一两块石头堵住短墙。

陪葬器物主要埋在两侧短墙处，埋葬大壶的地方还可以发现挖掘地面的痕迹。出土文物包括有盖高杯、大腹碗、大腹长颈壶、把杯、盖杯、软质陶器有盖小瓮等，还有直口壶、长颈壶、大腹直口壶、附加口缘长颈壶、把手附壶等。陪葬的铁器一般是铁刀、铁镰、铁簇，铁斧的陪葬存在差别。而且，A-18号出土的冶具（锤子、钳子）表明被葬者的身份有可能是铁匠。

月山里古墓群竖穴式石椁墓的墓地设施——主区在部分古墓（A-73号、A-126号）中得以确认。主区形态为眉毛状半圆形，内部出土了灯盏形陶器、角杯、钵型器台、大壶等文物。据推测，这些遗物都与祭祀行为有关。横穴式石室墓主要以B区丘陵为中心分布，根据石室内部重复设置尸床，可以确认为追加葬。部分尸床上有瓦片，推测是安放尸体时使用的。

根据A-127号竖穴式石椁墓出土的一段长方形透窗高杯与皇南大冢南坟的随葬品相同，判断古墓群的上限年代为5世纪中叶。B-11号横穴式石室墓出土的大腹直口壶表明印花纹陶器出现的时间，B-4号竖穴式石椁墓出土的有盖高杯作为印花纹陶器盖子使用，从杯身正面的双重愿文来看，推测其时代是在8世纪上半叶。另外，B-1号横穴式石室墓出土的银制铰具是初唐样式，可以判断为7世纪中叶。

月山里古墓群是位于庆州市外围的大型古墓群，清晰地展现出一个地区的墓制竖穴式石椁墓向横口式石椁墓、横穴式石室墓的变化过程，作为与新罗故都庆州市内分布的古墓群的比较研究资料，在新罗古墓群的研究中非常重要。

四　庆尚南道

【名称】古衙洞壁画古墓群

【位置】庆尚北道高灵郡高灵邑古衙里

【年代】公元 6 世纪

【解题】

新罗时期的墓葬主要分布在庆州、安东、大邱等地。后来并入新罗的原加耶国的坟墓主要集中在高灵、星州、昌宁、咸安一带。上述这些墓葬的形制基本相同，地面为馒头形的封土，内部基本上是比较原始的积石木椁坟，或者石椁坟，仅出现过极少量的石室坟。积石木椁或石椁坟的墓室一般设置在地面以下，先掘出墓坑，然后在坑底铺石块，其上安放棺椁，再以石块填充，其上封土。有时候同一封土下会葬有数个棺椁，称为多椁式墓。

高灵古衙洞的壁画古墓群，是新罗墓葬比较重要的资料，发现于 1963 年。其中一座的内部结构和高句丽平壤一带的壁画古坟很相似，为横穴式石室坟。这是目前在原加耶地区发现的唯一壁画古坟。其封土呈馒头形，直径东西 25 米，南北 20 米，规模较大，据推测是加耶末期的王陵。加耶最终在 6 世纪下半叶被新罗吞并。

由于封土堆建造在倾斜的坡地上，因此封土前面高出地面7米，后面则为2.5米，从玄室地板到封土最高点的距离为5.5米。封土低处设有两层护石，以防止封土流失。封土之内为长方形平面的玄室，设有两处棺床，据推测为夫妇合葬墓。玄室南北长3.75米，东西宽2.82米，高3.12米。玄室的南侧有向东倾斜的羡道，南北长4.82米，东西宽1.48米，高1.64米。

玄室和羡道内残存有少量壁画，大部分为莲花纹。羡道天花板上绘有11朵莲花，直径为26~30厘米，大部分莲花纹为8瓣2重，在莲花周边用绿色绘出树叶、树干的形象以及用褐色、粉色、绿色绘出水波或彩云纹样。从这些壁画中可见，佛教已经从中原汉地传入，同时这些纹样与百济陵山里古坟有相似之处，说明加耶不仅与百济、新罗之间有文化交流，同时也源源不断输入中国文化要素。

【名称】松岘洞古墓群

【位置】庆尚南道昌宁郡宁邑县

【年代】公元5~6世纪，加耶时期

【解题】

史迹第81号。松岘洞古墓群和校洞古墓群、桂城古墓群、灵山古墓群，都是非火加耶的故都——昌宁地区的代表性古墓群。在23座大中型古墓中，最近发掘的6、7号墓是由直径达到21米的两座封土墓组成，彼此连接为一座葫芦形墓葬。就其修筑过程而言，应是首先修筑6号墓，然后修筑7号墓。它们是在5世纪末至6世纪初建成的横口式石室墓，其特征是以石室为中心，封土在其四周呈放射状堆积。

石室长约8.5米，底部宽1.4~1.8米，墓室顶部宽约1米，平面形态呈长方形，剖面为梯形。在石室内部有一石棺台，长3.3米，宽1.5~1.6米，有一大型木棺置于其上，棺台与横口之间的地面上，按对角线方向，铺着一层方材。

在6、7号墓石室内，出土了各种陶器和金属遗物、木质遗物。在超过500件的陶器中，有豆形器之类的小型陶器，特别之处在于，它们是装在筐里出土的。金属类遗物出土有鞍桥包片、云珠、杏叶、金耳环、银质腰带装饰、三叶纹环头大刀和箭镞等，共有100多件。木器类既有大型木棺，也有各种漆器和异型木制品、马鞍、箩筐等遗物。其中7号墓中的木棺呈独木舟状，用樟木制成，这种树木生长于韩国、日本、中国和印度尼西亚等地。

【名称】内山里古墓群

【位置】庆尚南道固城郡东海面内山里

【年代】公元5~6世纪，加耶时期

【解题】

史迹第120号。内山里古墓群，是三国时代小加耶统治阶级的中心墓地之一，65座大中型墓葬密集地分布在朝鲜海峡沿岸赤浦湾一带低矮的丘陵地区。

墓葬的中央以竖穴式石椁或横穴式石室作为主椁，在其周围排列数个小型石椁和瓮棺，形成多椁式结构。多椁墓既具有多次追加葬的特点，又反映了血缘共同体的社会面貌，内山里古墓群公认具有代表性。固城的松鹤洞古墓群、粟岱里古墓群、莲塘里古墓群也反映了这一墓制特点。

曾经以荣山江流域为中心广泛流行的坟丘墓，在固城这一遥远的南部沿海地区出现，证明了两地在当时有过频繁的文化交流，从而受到学术界关注。

在出土遗物中，既有三角形透雕高脚杯、折沿壶等代表庆尚南道西部加耶后期风格的陶器，也有璎珞装饰高脚壶等新罗风格陶器和广口带孔小壶等百济陶器，此外还发现了倭系陶器、马镫。据此可知，6世纪上半叶，曾经筑造了内山里古墓的人群以近海的地理优势为基础，从多个角度实施了极其活跃的对外交流活动。

四　庆尚南道

【名称】梁山北亭里古墓群
【位置】庆尚南道梁山市北亭洞
【年代】公元 5 世纪后半期或 6 世纪上半期（新罗）
【解题】

史迹第 93 号。梁山北亭里古墓群是位于以五峰山为中心的山脊一带的古墓。大型坟墓散布在山的上部，小型坟墓坐落在斜坡处或山的下方，这样的坟墓位置表明，坟墓的位置随着时间的不同而变化。1920 年考古队调查了这些墓葬中的夫妻冢和金鸟冢，1990 年进行了发掘，以确认其内部结构。调查结果显示，该地区的坟墓都是在保存棺材的石室正前方的前开式洞窟墓，即横口式石室墓。

夫妻冢和金鸟冢是横口式石室墓。夫妻冢是坐落在山上方的大型坟墓，石室内部墙面和天花板粉刷成白色以进行装饰。金鸟冢是坐落在山的斜坡上的小型坟墓，坟墓所处的位置和形态不同，与墓主人的身份有着深刻的关系。

图一　金制鸟足

金鸟冢的尸床台中央出土有银制铐带,旁边出土一对太环耳饰,东南出土的陪葬品是金铜冠、青铜镰斗、一对金制鸟足。石室的西南角附近有盖高杯、大腹碗、长颈壶、大腹长颈壶、一对金制手镯。几乎整个尸床台上都铺着金制璎珞、青玉、曲玉等玻璃珠,在其下方出土了一对金制太环耳饰。

两座坟墓出土的金铜冠、金制装饰品等华丽的遗物与庆州地区大型坟墓出土的遗物相似。从出土文物来看,坟墓的主人可能是与新罗中央政府有着深厚关系的人,或者是其亲属。

【名称】梁山新基里古墓群
【位置】庆尚南道梁山市新基里
【年代】公元6世纪(新罗时代)
【解题】

史迹第94号。分布在庆尚南道梁山市新基里山307号一带。梁山市东北方向1公里的城隍山向西侧京釜高速公路方向延伸的山脊顶部和山脚下,分别是新基里古墓群和北亭里古墓群。

1990年,部分古墓群被排除在史迹之外,被开发为宅地,因此东亚大学博物馆进行了发掘调查。新基里古墓群发掘调查的区域为海拔60~80米处和海拔30~40米处,其上方也密集分布着许多古墓。相邻的北亭里古墓群大型墓葬较多,而新基里古墓群除1号墓外,多为小型墓葬。埋葬方式虽以北亭里古墓群等横口式石室墓为主,但也采用多椁式等多种方式。墓葬为圆形,除大型墓葬一号墓外,似乎并没有设置护石。

石室平面形态以长方形居多。在封土中央布置石室时,将长轴设置为等高线方向的南北轴。横口利用的是北面墙的上部,墓道呈短椭圆形。石室中央设置了类似夫妇冢的尸床台,尸床台和地面铺上了碎石。多椁式的情况是按照地形,先在地形较低的一侧修建主墓室,然后在其上方

四　庆尚南道

图一　梁山新基里古墓群出土文物

配置瓮棺、石棺、石室等。

出土遗物有大刀、马具、带金具、铁斧、铁镰。陶器等由于遭到盗掘，所存数量不多。据推测，古墓群的建造中心年代为6世纪，海拔较低的古墓群比海拔较高的古墓群建造时间稍早。新基里古墓群作为6世纪梁山中间阶层的墓葬，是与北亭里古墓群的中型墓性质类似的古墓群。

【名称】梁山中部洞古墓群
【位置】庆尚南道梁山市中部洞
【年代】公元5~6世纪（新罗）
【解题】

史迹第95号。古墓群分布在庆尚南道梁山市中部洞山1号一带。位于北部东山城（史迹第98号）的东山（海拔276.8米）西侧，分布着大型封土坟。大型古墓建在山脊上,四面密集分布着规模较小的封土坟。古墓群的范围从半山腰一直到山顶的城墙。大量古墓被日本帝国主义强占时期以后的盗墓活动持续破坏。由于没有进行发掘调查,埋藏设施的确切结构尚不得而知,但从被盗掘破坏的残迹来看,推测是横口式石室墓。在古墓群中间位置修建体育设施和步道,部分古墓被毁。在步道周围,收集到带有波状纹的陶器残片。据推测,这些陶器主要制作于6世纪,与北亭里、新基里古墓群相似。

5~6世纪,朝鲜半岛列国鼎峙时期,陆路交通并不发达,海上贸易相当活跃,从南海岸回溯洛东江的起点可能是梁山。梁山川作为洛东江支流,扼守海上贸易的咽喉要道。特别是从加耶或百济前往新罗时,梁山川的贸易中转作用非常大。据推测,这种地理环境是中部洞古墓群、周边北亭里、新基里古墓群得以形成的背景。

【名称】旌善松溪里山城古墓群
【位置】江原道旌善郡临溪面松溪里
【年代】不详
【解题】

1995年3月9日被指定为江原道纪念物。旌善松溪里山城在狭窄陡峭的丘陵东侧斜坡上筑成,城墙由宽约0.5米的扁平石砌成,高4~7米,随地形变化,山城周长约400米。

在南侧城墙尽头,丘陵急剧下降,重新形成山脊,沿着该山脊每隔约10米就有4座古墓。其中,只有1座大型古墓可以看到石椁的内部结构,其他古墓被盗掘一空。城侧第二座古墓为大型古墓,封土直径约10米,石椁长5.6米,天顶宽1.15米,高1.5米。该古墓的形式,是首先砌好三面墙,盖上4块厚约25厘米的板石,然后安放遗体,最终封住南面墙的横口式石椁墓。在山城和古墓的西侧丘陵上发现了一些列国鼎峙时期的陶器碎片。

四 庆尚南道

图一 旌善松溪里山城

五　全罗北道

【名称】栗村里古墓群
【位置】全罗北道益山市黄登面栗村里
【年代】公元 3~4 世纪
【解题】

栗村里古墓群位于全罗北道益山市黄登面栗村里山 41 号。遗址位于海拔 25~30 米左右的低丘陵上，遗址周围形成了大片的谷底平原。确认了 5 座坟丘墓，对除 4 号墓外的 4 座进行了发掘调查。坟丘墓沿南北方向呈一列分布，1 号墓与其他 4 座墓相距较远，其他 4 座相邻分布。

1 号墓发现大型瓮棺残片和少量的无纹陶器残片。3 号墓从旧地表开始依次为黑褐色腐殖土和红褐色腐殖土，出土无纹陶器片、大型瓮棺具残片等。包含瓮棺墓、陶棺墓、石棺墓，其下出土铁斧、铁刀、铁镰等。5 号墓内调查了一座大型合口瓮棺墓和两座小型瓮棺墓，还有四座青铜器时代石室墓、一座青铜器时代瓮棺墓等。

湖南地区方型系的低坟丘墓出现的时间被定年为 4 世纪前后，栗村里分区墓的情况也可能与此类似。但在 5 号墓中确认的 1 号瓮棺墓被定年到更早的 3 世纪，因此整个坟丘墓的建造也有可能是在 3~4 世纪进行的。

【名称】益山笠店里古墓
【位置】全罗北道益山市熊浦面笠店里
【年代】公元 5 世纪中叶（百济时期）
【解题】

史迹第 347 号。位于全罗北道益山市熊浦面笠店里山 174 号一带。1986 年，根据埋藏文物财的发现申报，韩国国家文化财研究所紧急发掘调查了 8 座百济石室墓。特别是在 1 号墓出土了金铜冠帽、金铜鞋、中国制青瓷壶等重要文物，1991 年被指定为史迹。1998 年，圆光大学马韩百济文化研究所在对古墓群的调查中，又确认了 13 座古墓。2000 年，对 1998 年调查的 1 号墓的封土进行了重新调查。

古墓群所在的地理位置，是群山市罗浦面和益山市熊浦面的交界处，周边的御来山城和都青山城与之呈南北方向，距离相当近。从锦江口到论山市江景邑的一系列山脉中坐落着众多的百济古墓，笠店里古墓就是其中之一。笠店里古墓群所处的周边地形，是后有高约 120 米的小山，西有锦江环绕流淌，前方是谷底平原，古墓群分布在山的顶端和东斜面上。

1986 年、1998 年分别调查了 8 座、13 座古墓，确认百济古墓 19 座。除一座破坏严重外，按类型划分为竖穴式石椁墓 11 座、横口式石椁墓 1 座、横穴式石室墓 7 座。

横穴式石室墓 86-1 号封土的规模约 8.5 米左右，利用自然坡面，"ㄴ"形掘进，修筑石室。石室长 2.68 米，宽 2.42 米，高 2.40 米，天井呈穹隆状。墙壁用打磨过的割石砌成，羡道开在石室的右侧。羡道长 1.58 米，宽 0.85 米，高 1.16 米。沿着羡道的中央，确认了长 3.4 米的排水设施。石室内部的地面，系由牡蛎壳、贝壳碎片与黏土混合后整体铺设。出土遗物包括金铜冠残件、金铜冠帽、金铜鞋、金铜鞋、中国制作的陶瓷壶以及陶器类、马具类。

以98-1号墓为代表的竖穴式石椁墓，长轴为与等高线方向平行的南北方向。墓圹是将生土面挖成长方形，在墓内横竖混砌割石，长墙与短墙交错修筑。石椁长3.18米，宽1.44米，深约1.30米，长短比例约为2∶1。地面除中央位置放长约2.3米，宽约0.7米的尸体外，周围用割石敷设。遗物方面，出土了大腹直口壶、直口小壶和短颈壶各1件。据推测是被葬者头部方向的地面南侧，出土了600多片玉。

从整体结构和出土文物来看，古墓群建造的中心年代推测为5世纪中叶，98-5号横穴式石室墓为6世纪中叶以后，其与笠店里古墓群相邻的群山罗浦面将相里助村洞遗址等分布在锦江口附近古墓的建造方法和时期相同。

笠店里古墓群与相邻的熊浦面古墓群一样，以竖穴式石椁墓为主要墓制，但出土的高杯、直口壶等与汉江流域随葬品相似度较高，表明这些墓葬是在汉城百济的影响下建造的，在5世纪中叶以前该地区的在地势力与百济的中央势力有着密切的联系。这些事实可以从86-1

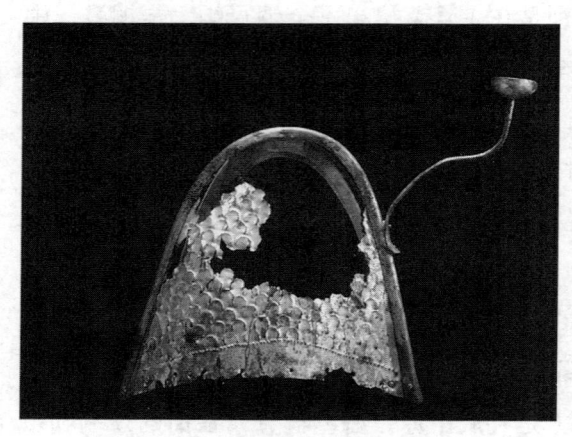

图一 笠店里古墓出土金铜冠帽

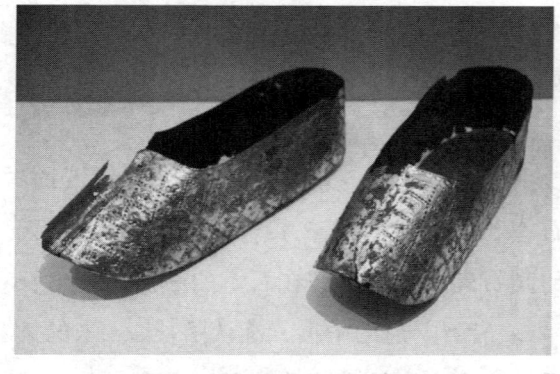

图二 笠店里古墓出土金铜鞋

号横穴式石室墓的结构和出土遗物中得到确认。笠店里古墓群是研究使用锦江下游一带竖穴式石椁墓的在地势力与使用横穴式石室墓的百济中央势力之间关系的重要遗迹,为研究百济后期的墓葬形制与服饰提供了重要的资料。

【名称】益山双陵
【位置】全罗北道益山市石王洞
【年代】公元6世纪中叶至7世纪前半期(百济)
【解题】

益山双陵位于全罗北道益山市石王洞,在名为"王墓"所在地的丘陵上有两座圆形封土坟。据《高丽史》卷11《地理志》"金马郡"条记载:"金马郡,本马韩国。百济始祖温祚王并之,自后号金马渚,新罗景德王改今名。……又有后朝鲜武康王及妃陵(原注:俗号末通大王陵,一云百济武王,小名薯童)。"《东国舆地胜览》卷33《益山郡》"古迹"条亦有类似关于百济武王陵的记载。可见,在高丽李朝时期就存在将益山双陵认定为百济王陵的传说。

1917年,谷井济一对双陵进行正式调查,当时的报告只有寥寥13行,只简单记录了"封土周围有圆形护石"、"古墓建筑石材"、玄室内木棺的残存状态等事实,断定其性质是在石室结构上堪与扶余陵山里的王陵相比较的王族陵墓。梅原末治在扶余陵山里东古墓的调查报告书"追记"中,收录了双陵出土木棺材是与陵山里出土相同的金松(高野槙)的分析结果,以及发现大王陵时的木棺复原图。此后,有教光一援引谷井济一的报告,详细说明了结构特点和测量数据。他们的论著多是在考察公州或扶余的王陵时,对双陵顺带提及,没有进行深入探讨,韩国光复以后也没有进行具体考察。

双陵,即大王陵、小王陵。两座陵丘的圆形封土都有较好的保存。大王陵直径30米,高5米,小王陵直径24米,高3.5米,封土底部设有比陵山里王陵更为高大的护石。双陵的结构是泗沘2式,是延续泗沘1式的6世纪中期以后最为普遍的类型,与陵山里王陵相比,晚于泗沘1式,早于泗沘5式,在时间上相当于7世纪前半期。双陵的内部,有上面用一块板石搭建的棺台,高2.7米,宽0.85米。百济横穴式石室中设置棺台的例子,可以举出陵山里古墓群的东上冢和东下冢,由此可推测古墓被葬者的身份。

大王陵出土的文物有木棺、陶制碗、玉制首饰、三颗牙齿等,小王陵出土有镀金棺饰金铰具片、棺钉、金铜镂刻金具等。其中木棺保存相对良好,可以修复。木棺为割竹形盖板形式,盖板长2.4米,宽0.76米,全高0.7米,莲板上有线刻座金具和金铜铩头装饰。特别是用于制作木棺的木材是金松,与陵山里出土的木棺和武宁王陵的棺木相同,制作王棺使用的是从日本带来的木材,这一点备受关注。大王陵出土棺木上面的棺钉为镀金而成,这与陵山里使用的类似。

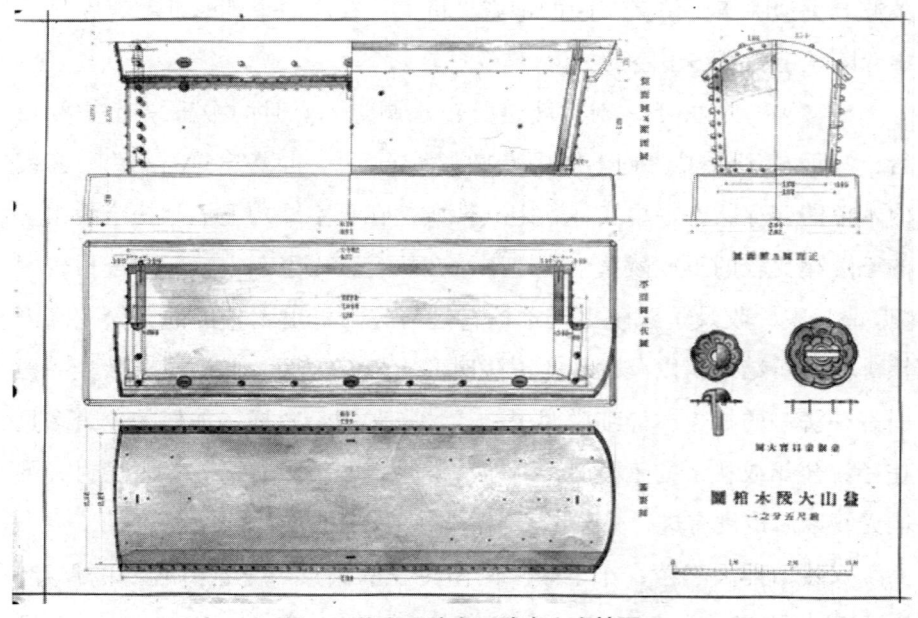

图一　益山双陵大王陵出土木棺图

五　全罗北道

小王陵出土的镀金冠饰金铰具与其说是铰具，不如看做是陵山里中上冢出土的宝冠饰的金具，这些金具与日本法隆寺的玉虫厨子的飞鸟时代装饰佛像的饰金具的透雕纹样一致，显示出百济和日本的文化交流关系。

因此，双陵在结构和出土文物上与扶余陵山里的王陵相比，规模更大，其年代大致相当于7世纪上半叶，各种情况表明其可能是百济武王和他的王妃陵。

【名称】南原沙石里古墓群

【位置】全罗北道南原市金池面沙石里

【年代】加耶时期

【解题】

位于全罗北道南原市金池面和带江面交界地带。这里蟾津江干流呈"U"字形大幅盘绕，两侧冲积地开阔，拥有优越的自然环境，并且是重要的交通中心。目前，在带江面西北偏南的杨氏宗山南麓，蟾津江东西方向延伸的支流附近，有8座封土坟。

虽然这些封土的保存状况比较好，但几年前对这些古墓进行了移葬工作，封土的南侧大部分被挖出。封土平面形态为圆形，大小不一，呈现自下而上封土直径逐渐增大的趋势，最大的在10米左

图一　南原沙石里古墓群

右。据说，日本帝国主义强占时期，最大的古墓被盗掘，人们可以进入其中，石块垂直砌成墙面，并在上面放置大石，据此推测封土坟的内部结构是竖穴式石椁墓或石室墓。在附近田埂上收集到的文物，包括绳纹心形陶器残片等。

此外，在封土坟所在地东南400米左右的地方，有古墓密集分布。这一带到处散落着被推测为古墓壁石的石块，阶梯式截面暴露着被推测为壁石的筑石。板石型的割石连在一起铺成地面，上面用长方形的石块斜砌。因农村建设，不少古墓可能被损毁。收集到的文物有格纹与绳纹红褐色软质陶器片和颈部有密集波状纹的加耶陶器片。从确认的遗迹区域特征和收集的遗物来看，这一带的古墓有可能是加耶系竖穴石椁墓。

【名称】长水三峰里加耶古墓群
【位置】全罗北道长水郡长溪面三峰里
【年代】公元5世纪后半期
【解题】

百济的伯海郡治所位于白头大干山脉以西的锦江上游地区——长溪盆地。长溪盆地东南的白华山向长溪川延伸，三峰里加耶古墓群就坐落在这里。这里位于白头大干的大型山道六十岭以东，自古以来一直是一处交通枢纽。目前，山上只剩下2座封土直径在20米以上的加耶系中大型古墓。2004年，为了研究该遗址的性质和遗迹保存对策，对其中1座封土已经流失的古墓进行了学术发掘。

封土已流失的1号墓，封土平面形态为东西长椭圆形，东西长21米，南北长13米。与北侧相邻的古墓相距1.07米左右，封土边缘没有发现护石的痕迹。墓圹是将生泥岩半层挖成长方形，封土的中央是主石椁，南面是2座殉葬椁。主石椁由自然石和割石混合，垂直砌成墙面，上面的天井石，只剩下中央部分的一块。殉葬椁之间用长卵形陶器连接，内部收集到起了高杯形器台的残片。遗物是在主石椁的西侧，口缘部受损的有盖长颈壶和铰具、钢盔、铁簇、陶瓷、锅子等，在主石椁底部发现了陪葬有环头大刀的痕迹。主石椁的东西长4.62米，南北宽0.96米，高1.42米。

据推测，该遗址是以锦江上游地区长溪盆地和长水盆地为基础发展起来的加耶势力首领阶层的墓葬遗址。迄今为止的地表调查，揭示出属于长溪盆地的长水三峰里、月岗里、长溪里、好德里一带分布的60多座加耶系中大型古墓。以石椁出土的有盖长颈壶为依据，1号墓的营建时间推定为5世纪后半期。

【名称】长水三顾里古墓群
【位置】全罗北道长水郡天川面三顾里
【年代】公元5~6世纪
【解题】

从圣水山向东延伸到长水川的山脉顶部，有部分封土残留的封土坟，除了北面之外的所有坡面上都密集分布着封土流失的竖穴式石椁墓。封土均为圆形，直径由东向西逐渐变大，最西侧的大约8米。

通过1995年进行的两次研究性发掘，共发现19座古墓，其中第一区9座，第二区1座，第三区9座。这些古墓是将风化岩反冲或堆积土开掘为长方形土圹，并将四壁埋入地下而建造的加耶系竖穴式石椁墓。遗迹区域的分布状态是主石室位于封土的中央，其周围有小型石室环绕，呈多椁式结构。长轴方向即东西方向，大致与等高线平行，出土小型石椁或三足陶器的古墓则是南北向。

石椁的大小和地面设施因古墓位置的不同而有很大差异。例如，位于相当于南侧斜坡的第一区下端的古墓，石椁长度不到2米，全部采用杂石、小型石块、陶器片等铺设。位于上方的其他古墓都对风化岩层进行了整齐的打磨，并将其原封不动地加以利用。而且，这些古墓以长4米多的石椁为中心，周围有2米左右的小型石椁环绕。

出土的遗物包括高杯形器、各种器型的陶器、铁器、纺锤车、金制耳饰、珠子等。除三足陶器、短颈壶、两耳附壶、敞口长颈壶等百济陶器和本地特色器物外，高灵样式（大加耶样式）的陶器类所占比例较大。铁器有钢盔、铁镞、箭筒装饰等武器和铁刀、铁镰、铁斧等农具。

自马韩以来属于百济文化圈的锦江上游地区，存在以加耶文化为基础发展起来的加耶势力，三顾里古墓群遗址为这一认知提供了考古学的实证线索，因此备受关注。根据遗存及遗物的特征，推测其是在5~6世纪相当长的时间内建造完成的。

【名称】南原月山里加耶古墓群

【位置】全罗北道南原市阿英面月山里

【年代】加耶时期

【解题】

2018年6月15日，被指定为全罗北道纪念物第138号。遗址位于从南原市和长水郡交界的西里峰向东北延伸至阿英面所在地的山脊东侧斜坡的末端。古墓群沿斜坡东西方向绵延分布。周边紧邻光州—大邱高速公路。1983年，因光州—大邱高速公路建设，圆光大学马韩百济文化研究所进行了发掘调查。调查结果共确认十多座古墓。古墓群在规模和结构上呈现出多样的面貌，包括小型石椁墓、坑式石椁墓、大型古冢古墓等加耶系的代表性墓葬。1987年，全北大学博物馆进行的地表调查结果显示，只有3座坟被保存下来。

古墓根据石椁的规模和建造方法分为三种类型。第一类是石椁长2米以下的小型石椁墓，共4座。先在地面上用板石型割石交错垒砌，再在上面用较小的割石砌筑成墙体。地面铺设板石型割石或杂石。天井石也不止一块。第二类是石椁长3.7~4.7米左右的坑式石椁墓，经确认有4座。墙体由大小不同的割石和自然石垂直混砌而成。上部全部不存，天井石是否存在尚不清楚。地面是船形平面，直接利用了生土面。第三类是石椁长 8 米以上的大型古墓，经确认有 2 座。墙体由自然石和割石混合砌筑。墙石之间涂以黏土，墙石上放置天井石，地面铺以扁平自然石。

遗物因古墓类型有所差异。在第一类中，以有盖长颈壶为主，出土了短颈壶和盖碟等陶器以及铁刀、铁镰等铁器。在第二类中，以无盖长颈壶为主，出土了广口长颈壶、大腹长颈壶、碗托等。在第三类中，出土的器型之广、数量之多，第一、二类无法与之相比。包括用以炫耀的环头长刀在内的马具、武器、棺钉、铁镰、农具以及各种陶器。

该遗址出土的陶器类以南原本地系统陶器为主，夹杂着部分高灵式陶器。缩小的模型化铁器，曾在高灵池山洞和陕川磻溪堤出土，与高灵大加耶系的遗物形态关系密切。值得一提的是，古冢古墓群及长刀被视为在全罗北道南江水系圈拥有独立势力集团的考古资料。南原月山里遗址被评价为与相邻的南原斗乐里古墓群一起揭开高灵大加耶政治体真相的宝贵资料。

【名称】伏岩里古墓群
【位置】全罗南道罗州市多侍面伏岩里
【年代】公元 3~7 世纪，百济时期
【解题】

史迹第 404 号。伏岩里古墓群是分布在荣山江支流——文平川一带的平地古墓群。多种形态的墓葬长时间内集中建造在同一坟丘之内，形成了具有"共同墓葬"性质的 3 号墓。通过发掘，找到了研究荣山江流域独特古墓特征以及当地土著势力与迁入的百济势力之间关系的切入点。

伏岩里 3 号古墓由 1 座木棺墓、22 座瓮棺墓、3 座竖穴式石椁墓、11 座横穴式石室墓、1 座石椁瓮棺墓、1 座横口式石椁墓、2 座横口式石室墓等合计共 41 座墓葬组成。从修建方台形坟丘以前的大型瓮棺墓时期开始，经过将大型石室墓修建在坟丘中心，形成高冢化阶段，再进入先在方台形坟丘中挖出墓坑后再增加瓮棺或石室的扩大化阶段。

从 3 世纪专用瓮棺出现时开始，到 7 世纪百济泗沘期石室墓为止，经过同一集团 400 年的经营，形成的伏岩里 3 号古墓，反映了荣山江流域墓葬的多人葬、复合葬的重要特点。

另外，在各种遗址中，出土了数量较多的铜鎏金饰履、银鎏金冠饰等饰物以及三叶纹环首大刀等武器。此外，在这里也出土了各种陶器，这些出土文物为研究百济中央政府如何扩大地方统治，以及如何频繁地与东亚各国交流，提供了重要的资料。

六　开城市、仁川市等

【名称】高丽显陵（太祖王建陵）

【位置】朝鲜开城市开丰郡海仙里

【年代】公元943年

【解题】

国宝遗迹179号。显陵是高丽第一代国王太祖王建和神惠王后柳氏的陵墓。高丽时期，每当有外来侵略的时候，就把太祖的玄宫搬迁到安全的地方。显宗时期，契丹进攻高丽，转移到负儿山香林寺，高宗时期，蒙古入侵时，迁到江华岛，忠烈王时期，再次迁葬回开京。

太祖显陵位于开城市西面的万寿山脉向南平缓分布的山脊上，该山脊的东面、北面被从万寿山顶延伸下来的低矮山丘所包围，南面是一片不宽的平地。显陵西边发源的溪水横穿平地向东流淌，陵墓周围坐落着诸如恭愍王玄陵·正陵等众多高丽王陵。

朝鲜王朝时代的英祖时期，通过开城留守对高丽太祖的陵寝石物和丁字阁进行了修缮，此后历经多次修缮，与高丽时期的原貌有所不同，在日本帝国主义殖民时期又多次遭到盗墓，受到严重破坏。显陵保持了高丽王陵的一般形式，修筑成三层。1992年7月，在发掘显陵墓室时，出土青铜壶1个,玉装饰品2个,青瓷镶嵌花纹酒杯1个,金铜装饰品1个,金铜环1个,金铜钉2个,铁环1个,铁锁1个,还出现了鬼面等各种装饰。在陵北约500米处,出现了王建的肖像雕塑、玉带装饰、贴板、金铜带环和多种遗物。

太祖王建的肖像雕刻是略小于真人的坐像,整体上采取像佛像一样的外形(公元951年制作,时为高丽光宗二年)。坐于椅上的身体本来披着金色绸缎衣服,但现在是赤身裸体,头上戴象征国王的二十四梁通天冠,用犀角簪固定。铜像的通天冠上端有日月相合的圆形板,前后左右之间共有六个。冠上有镀金的痕迹,脸上或手背上有肉色的彩绘痕迹。日月图案和镀金的处理等与中国皇权政治表达有紧密的内在联系。

显陵的封坟配置有各种石材组成的十二角屏风石,其外还有石柱、

图一 显陵出土王建肖像石刻

六 开城市、仁川市等

童子石柱及由筑石构成的栏杆石。在坟墓的四角布置了四只面朝外侧的石虎。屏风石和栏杆石上刻有莲花纹和云纹等纤细而华丽的各种雕刻，在面石上站立着一位头戴象征十二支神的动物型冠帽的人物，手执笏板，是对十二支神的形象化塑造。

墓前是方柱状的床石，其中一面刻的是树下有一对鸟，嘴上刻着花枝形状的形象，这种图案在统一新罗时代很流行，可以推测该石像是营造显陵时的原件。两边摆着一对望柱石，中间竖着一盏四角长明灯。这虽然是高丽王陵中的先驱样式，但由于其又具有高丽后期石灯的样式，一般认为是高丽王朝后期进行修缮时的遗物。

长明灯两旁相对站立着梁冠朝服的石人，此外还立着一对石虎。这些石物究竟是不是高丽时代最早建立王陵时的原件，尚不能肯定，但从石人和石虎的保存状态来看，石虎很有可能原属于王建陵。倘若

图二　显陵床石图像

图三　显陵玄室壁画（北壁，梅树）

如此，这将是韩国最早的陵墓主题石虎，因为高丽以前的陵墓雕刻中还没有出现老虎，例如统一新罗时期陵墓石兽用的是狮子。王建陵石兽外形似虎似狮，具有从统一新罗时代的狮子向高丽时代的老虎过渡的特点。

　　原本太祖显陵的墓内有内道、墓门、玄室，墓内自日本帝国主义时期开始遭到多次盗掘，破坏严重，墙壁脱落，门侧地面积满泥土，北壁角留存有盗掘时凿出的缺口。内道是进入玄室的通道，长30米。现在内道两边放置着改建前太祖显陵的十二支神像的面石共12块，分别放置在两侧墙壁上，保持原状。

　　墓葬共设四门，第一门为石门，其余三门为铁门，玄室东西长3.2米，南北长3.4米，高2.17米，玄室用原石铺设，墙上涂灰泥。棺台靠近北墙居中，长29.8米，宽0.80米，厚0.34米。在棺台的两旁墙下设置了掩埋台。壁画因盗掘而部分受损，但在西壁留下了老松树和白虎的痕迹，东壁上画着竹子、梅花和青龙，北壁上可以看到有玄武图的痕迹。

六　开城市、仁川市等

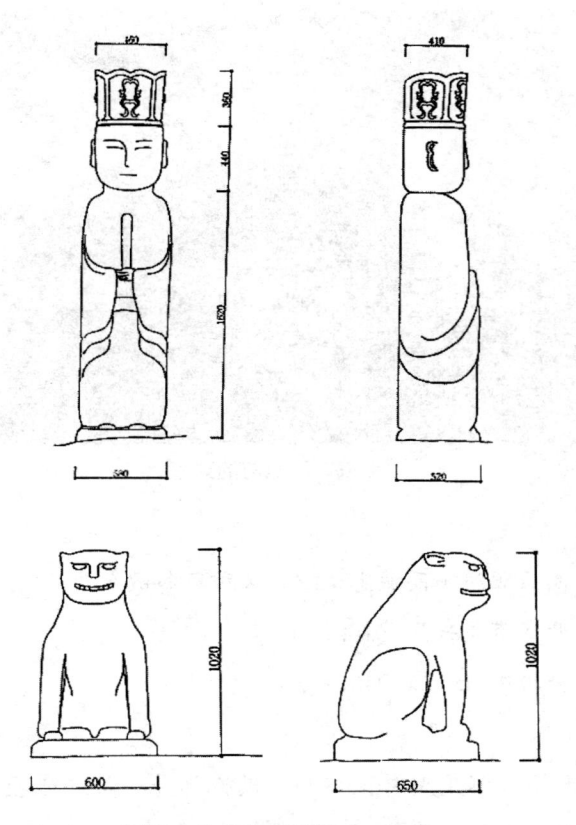

图四　改建前显陵石人、石虎

　　1994年改建的王建王陵按照高丽王陵的形式建造成三层，第一层坟高8米，直径19米，围有十二角屏风石和栏杆石，屏风石上以具有现代变形的莲花纹和云纹以及十二支神像作为装饰。在坟墓四角设置四只石虎，与传统石雕美感不同。坟前立床石和石灯，在两旁立望柱石，在第二层、第三层左右各设立高丽建国时辅佐王建的重要文臣和武将共8人的石像。新建祭堂东面新立的碑刻上，有朝鲜高宗四年（1867）重修高丽太祖显陵时立的《神道碑》和1994年改建王陵时金日成亲笔题写的《高丽太祖王建王陵改建碑》。

图五　改建前的显陵

【名称】高丽顺陵（高丽惠宗陵，又称花谷陵）

【位置】开城市龙兴里花谷洞

【年代】公元10世纪（946年）

【解题】

顺陵位于开城市龙兴里花谷洞，被称为花谷陵。顺陵是高丽第二代国王惠宗与义和王后的陵墓。据《高丽史》记载，惠宗是太祖的长子，王规之乱爆发后因病去世。946年，惠宗葬于松岳东麓的顺陵。据《东国舆地胜览》记载，顺陵位于炭岘门外景德祠北侧。今陵前有朝鲜高宗四年（1867）建立的高丽惠宗陵标石，但现在的位置并不在炭岘门外，很难断定是惠宗的顺陵。

顺陵的面积约为2850平方米，目前这一区域已成为保护区，陵域广阔，在坡面上建为4层，面向南方。因为从后山和封坟流下来的泥土，根本看不到屏风石，栏杆的柱子大部分都被掩埋或断裂，栏杆石柱一根也没有完好地保存下来，现在栏杆石柱和童子石柱的残件共剩下12根，其高度大致在40厘米。

封坟的直径为11米，离地面约3.30米，是高丽王陵中最简单、规

六 开城市、仁川市等

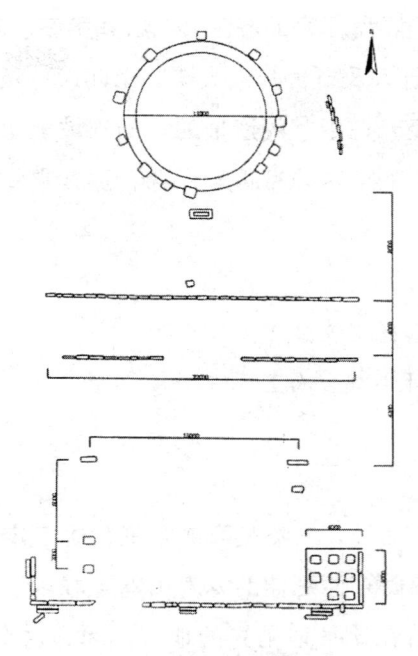

图一 顺陵平面分布图

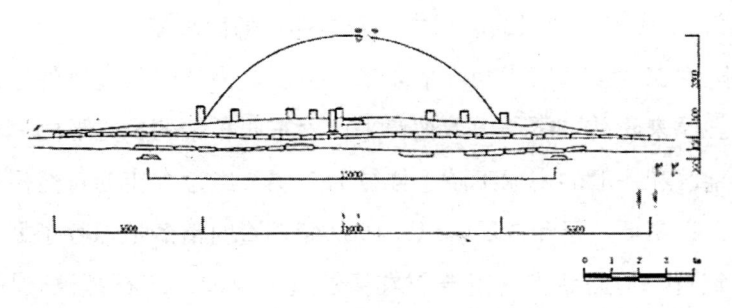

图二 顺陵正面图

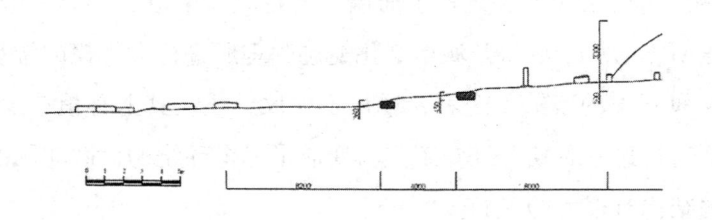

图三 顺陵侧面图

模最小的。两层石护墙高度为1米,第二层和第三层的护墙间距为7米。1963年时望柱石、石人及石兽都丢失了。第四层保留了丁字阁基址的础石,表明这里是王陵。在丁字阁遗址的正面斜坡上留下了设置石阶的痕迹。如果顺陵作为高丽王陵原型得以保存,那么它将是研究高丽初期陵制的重要遗迹。

【名称】高丽安陵(定宗陵)

【位置】开城市开丰郡古南里

【年代】公元949年

【解题】

保存级遗迹第552号。安陵是高丽第三代国王定宗和文恭王后的陵墓。位于开城市区南面东西延伸的龙寿山七宝峰东端朝向南方的一处僻静山脚下,坟墓坐落在比平地稍高的地方。因为这个地区有一座安陵,所以叫作安陵洞。墓葬向西约3公里处,越过一座丘陵还有一座阳陵(高丽第二十代国王神宗的陵,位于开丰郡青郊面阳陵里)。

安陵现在的陵域约为900平方米,被设置为朝鲜的遗迹保存区和保护区域。原来陵前平缓的山麓被铲平,由东西长轴的长方形的三层阶坛组成。墓区和一般的高丽王陵一样分为三层,经过多年的自然侵蚀和人为破坏,只剩下一层和二层阶坛,1963年调查时清楚地保存了划分到三层坛的筑石。但此后在古南合作农场建造了果园,筑石都被破坏殆尽,现在第三层坛下的坡面大部分被开垦成了玉米地。位于第一层坛上的封坟严重脱落,后来为封坟设置了曲墙,现在只留下痕迹。第一阶坛的封坟朝向正南方向。1995年开城市文化遗迹管理所进行大规模的维护工程,整治了屏风石中的残缺不全者,增加了封坟,还在其上种植草皮,十二角屏风石通过这一时期的维修工程,变成了一个环绕的似圆非圆的格局,与原来的结构有很大的差异。

现有封坟总高度是3.80米,直径为11.50米。在屏风石的外围,间

六　开城市、仁川市等

图一　安陵

图二　石柱

隔一定的距离，围绕着栏杆石。方形杀生石加工的柱子，沿着屏风石在十二角环绕，其间设置过栏杆横梁，但现在没有留下，10个栏杆石柱剩下5个，而10个童子石柱中剩下3个。栏杆石柱的高度大约1.58米，童子石柱约为0.63米，栏杆柱的末端都是用尖尖的莲花钣装饰，童子柱是方柱。

屏风石的面石和棱石用的是粗略打磨过的花岗石，只有墓门南侧的面石上微微凸起地雕刻着十二支神像。原来在修缮之前与其说是屏风石的一部分，不如说是与墓门装饰有关的部分。封坟周围的石雕在1963年的调查当时虽然失去了自己的位置，但一共剩下了四具，其中西边的石兽只露出上面一部分。

墓葬的玄室部分，根据1978年7月朝鲜社会科学院考古研究所的发掘调查，完全位于地下，与坟顶垂直，玄室平面呈方形，方向略偏东，朝南向。墓室的大小为南北长3.47米，东西长3.43米，高2.4米。墓葬的天井用厚40厘米的长石砌成。墓壁采用粗凿的石头，西面2枚，东面3枚，北面3枚，南面2枚，形成高1.6米的墙面。

立石壁面上涂上灰泥，绘有壁画，现在灰泥几乎都已经脱落，虽然无法详细了解壁画的内容，但壁画是绘制在东西南北四壁和天井上的，现在可以看到的是东壁的青竹和南壁的建筑画，天井上画着南斗六星，这表明从高丽初期开始王陵中就绘制有壁画。

在墓室的南边，立有两块兼有门框的大石板。地面中央长26.3米，

图三　安陵出土青瓷钵盂、盏台

宽10.1米。内有棺台,东西两侧各有4个风穴,南北两侧各有2个风穴。墓中有很多遗物,但屡遭盗掘,现在遗存的不多,出土遗物有高丽青瓷钵盂、盘子盖,金铜锁、银装饰品、青铜制品、铁制品等。

【名称】高丽宪陵(光宗陵)
【位置】开城市开丰郡
【年代】公元975年
【解题】

保存级遗迹第555号。宪陵是高丽第四代国王光宗(949~975年在位)和大穆王后的陵墓。光宗王昭是太祖的第三子。光宗在位26年后的975年五月毫无预兆地以51岁之龄去世,葬于此处。虽然《东国舆地胜览》中有人说宪陵在狄逾岘,但在朝鲜显宗三年(1662)调查时并未确认该地为宪陵。

图一 日帝殖民统治时期宪陵前面的石物

图二　光宗宪陵平面图

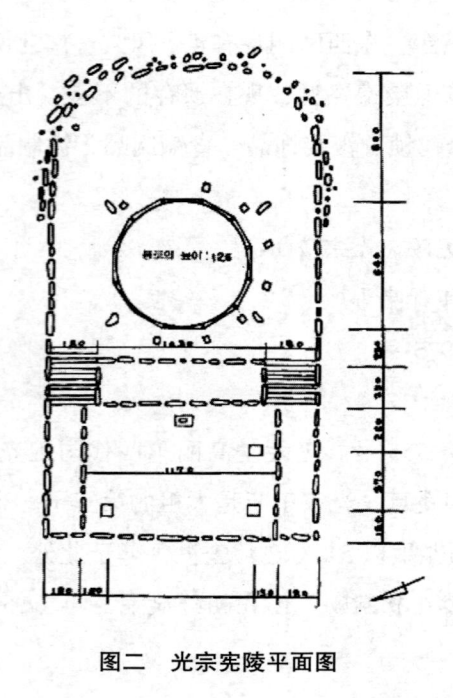

　　宪陵位于开城市三岔路口所在地去往朴渊瀑布方向的途中，位于梅峰后面东侧不高的山坡上，坟墓在半山腰坡面上朝向西北，修建为三层。陵域呈宽约144米，长约390米的长方形，后方有在东面、西面及后面筑起曲墙的痕迹。封坟高1.26米，直径6.40米，围有十二角屏风石，屏风石的原石倒塌的地方用杂石修补上了，屏风石基座上还残留着几根望柱形石栏柱，墓周围四角摆放着4只面朝向外的石兽。

　　在第一层到1.50米的中阶之间，两边将1.80米的石栏杆左右两端相连接，通过第二层的左右，直接进入第三层。第二层的长度为2.50米。望柱石和石像长明灯已经不存，在第三层南边的森林里发现了一个戴着梁冠的精致石人的头部。第三层有朝鲜高宗四年（1867）树立的标石，在它的前面1.2米的地方，还保存下来建造丁字阁的柱基石，可知确为原址。石物遭到破坏，但陵墓的筑台或础石保存得比较好，由此而展示出陵域的原貌。这座陵墓也在日本帝国主义殖民统治时期遭到多次盗掘。

六　开城市、仁川市等

【名称】高丽荣陵（景宗陵）

【位置】开城市板门郡进凤里王陵谷

【年代】公元981年

【解题】

保存级遗迹第569号。荣陵是高丽第五代国王景宗和献肃王后金氏的陵墓。据《高丽史》记载，景宗在位六年，在26岁时薨逝，葬在南山脚下的荣陵。荣陵陵域面积3880平方米左右，目前该区域为保存级保护区域。陵区在坡面上修筑为四层，占据较为宽广的位置。荣陵原位于京畿道开丰郡上道面枫川里王陵谷，现在其地名改为开城市板门郡进凤里王陵谷，位于开城市西南6公里处的板门郡所在地板门邑。在扶苏山山脉向西4公里处。

封坟位于第一层的中心部位，东南向，原东、西、北面有曲墙，现

图一　依山而建的荣陵

仅存痕迹。第一层上的封坟被修筑成十二角。但是由于封土流失，从后面山上流移下来的土埋没了许多屏风石，只在前半部分留下了屏风石的一部分。屏风石的面石上雕刻着十二支神像，在漫长岁月的自然风化作用下，已经磨灭不清了。屏风石的部分地段在后期修缮中用杂石填补。

在封坟的周围残存有推测为石狮的石兽3具。其中，坟前蜷曲着的两具雕刻得比较精细，胸前有凸起的铃铛痕迹，背后还有尾巴的痕迹。北侧的石狮子处于摔倒状态，破损不堪。

在第二层，东西两边各站着一对文石人，文石人被削成一块圆石，全都站在同一块大石上，外貌是头戴梁冠，身穿朝服，手执笏板，其大体呈现得较为真实自然。西边的文石人高1.61米，脸宽0.33米，肩宽0.48米，厚0.28米。东边的文石人高1.62米，肩宽0.47米，厚度为0.28米。长明灯、石像、望柱石何时消失，没有留下痕迹。据说，朝鲜

图二　荣陵墓前头戴梁冠的石人像

高宗四年（1867）在陵前树立了标石。第一层的正面是石碑的台座和板石。第四层还残留几块柱石，说明那里是丁字阁。在离陵下东南10米处发现了一个缺少头部的龟趺基石。高丽王陵没有发现过石碑的先例，一般认为石碑是在某个时候丢失了。

1983年7月，根据对墓内的调查，玄室是略微开挖地面建造而成，南北长3.55米，东西宽2.9米，到天顶2.25米，天顶用东西向的3块大花岗石铺盖，墙面和天花板上虽然抹了薄灰，但很多地方都剥落了。在玄室内，三分之一被大块石头无序堆积。地面被严重盗掘扰乱。南面有宽1.26米的墓门，陵墓在日帝时期曾两次被盗掘，墓室西北角和墓门东侧遭破坏，坟墓调查得到的遗物只有几块高丽瓷器的碎片。

【名称】高丽泰陵（高丽戴宗陵）
【位置】开城市开丰郡海仙里
【年代】公元969年
【解题】

保护级遗迹546号。泰陵是追尊为戴宗（王旭）的成宗生父和宣义王后的陵墓，在朝鲜显宗三年（1662）的记载中，有很多石物存在，封

图一　泰陵

坟也完好无缺。泰陵位于天摩山脉向西南延伸尾端411米高的凤鸣山南麓海岸洞的低矮山脚下，在泰陵西侧约2公里处有恭愍王的玄陵·正陵，东侧约2公里处有高丽太祖显陵。

泰陵也和其他高丽王陵一样，设置了十二角形的屏风石，上面的封坟高2.4米，直径8.6米，坟上的十二角屏风石由于封土流失，屏风石被埋没。屏风石的面石是用大花岗岩板石雕刻的十二支神像，大部分已磨灭。

在屏风石的前面0.9米处，与屏风石并行、沿着陵墓四周设置了十二角形的栏杆石，同样也用杀生石方形的石头做柱子，在十二角的每一角立起柱子，中间放上童子石柱，穿过栏杆横杆，现在栏杆石柱还剩下7根，童子石柱剩下9根，地面上的栏杆石柱高0.6米左右，童子石柱高0.23米左右。

图二 文石人

石兽据形态推断为狮子，石狮大部分下端埋在土里，露出地面的身高只有 0.32 米左右，脸的宽度在 0.23 米左右。西面站着一块四角的望柱石，高 1.81 米，基座埋在土里。

泰陵第二层和第三层东西两侧的同一位置各有一对文石人，共四具，这些文石人都是用一整块的石头雕刻出来的，戴着梁冠，双手向前合抱笏板，高 1.77 米左右。

【名称】高丽宣陵（高丽显宗陵）和宣陵群

【位置】开城市开丰郡海仙里

【年代】公元 1031 年

【解题】

宣陵是高丽第八代国王显宗（992~1031，1010~1031 年在位）的陵墓，在位二十二年后的 1031 年五月埋葬在这里。朝鲜显宗三年（1662）即发现已遭盗墓。《东国舆地胜览》和朝鲜显宗三年的记载中有高丽显宗的宣陵位于开城府松岳山西南麓鹰峰的月老洞的说法，调查发现当时的陵墓已经全部损毁，四面石物大多被掩埋，不清楚哪个是显宗的陵墓。这里现存朝鲜高宗四年（1867）所立标石，虽然不清楚确切的陵号，但从三座陵墓的规模和配置来看，宣陵群 1 号陵很可能是显宗宣陵。

以显宗宣陵为代表的宣陵群位于开城市开丰郡海仙里，与天摩山脉的大峰山相连的万寿山向西延伸至礼成江沿岸，形成了沿江里的五峰山等较高的山峦。宣陵群在万寿山向西南延伸的不高的山坡上，有三座坟墓向南排开。向南越过一个低缓的山坡，就是七陵群，从宣陵群所在的陵岘洞一直向东到松岳山脚下，发源于海仙里的锦上川，沿着开城—朴渊的大路向南流去。从七陵洞向南翻过低矮的山坡，就是高丽的太祖显陵，宣陵群距离开城市约 4 公里，与七陵群直线距离约 600~700 米。

宣陵群 1 陵

保存级遗迹 547 号。宣陵群 1 陵位于低缓丘陵的半山腰，南向，面积仅为大约 980 平方米，陵区在陵前缓缓延伸的山脚下修筑成长轴东西向长方形四层样式。

封坟位于第一层的中心部位。先把屏风石砌成十二角，然后在上面营造封坟。封土高 2.25 米，直径 9 米；由于封土的流失和后山上的土壤流移等自然灾害，目前屏风石要么被埋在土里，要么破损不堪，特别是后半部屏风石被严重掩埋，仅前半部露出屏风石。屏风石较为齐备，有址台石、面石、隅石、印石等，址台石已被埋没。南面的屏风石第七面石上雕刻着十二支神像，头脸雕刻成鸟兽形象，身穿朝服，拿着笏板。印石上雕刻着花纹。

1963 年调查时尚有三只石兽，东侧后面的只露出脊背，其余部分被埋没，石刻据其形态或姿势推断为石狮。坟前的床石虽然宽敞，但放置

图一　宣陵群1陵

了一块粗糙的杂石，床石前立着一根栏杆石柱，是在1963年之前修复时被错误放置的。在东西两侧，面对面立着一对八角石柱状的望柱石。朝鲜高宗四年（1867）立有石碑。

第一层的东西两旁是一对戴着梁冠、手执笏板的石人像，整体损毁严重，到处可见人为损坏的部分，高度为2.12米。1963年调查时，西边的文石人向后倒在地上。第三层与第二层的石人像在一条直线上，站着一对石人，东边的文石人高1.99米。1963年调查时，这对石人不是位于第三层，而是在第四层，所以第三层空了出来。另外，还有一对石

图二 印石上的花纹　　　图三 屏风石面石上的十二支神像

图四 望柱石　　　图五 石人　　　图六 石人（日帝时期照片）

人互不相对，东面的文石人向南。除此之外，还有很多偏离高丽王陵基本结构的现象，现在已经纠正了。下面第四层有丁字阁，在1963年时尚有2块基石和残瓦片。

从现存王陵的规模、石物的配置及细节的雕刻手法等方面来看，宣陵群三座陵墓中，宣陵群1陵最为出色。

宣陵群2陵

保存级遗迹548号。宣陵群2陵位于1陵以南约500米左右低矮山坡的对面，2陵的面积约为1040平方米。陵墓保存有屏风石、栏杆石柱等遗迹。

屏风石由址台石、面石、隅石、石人等组成。面石上原本浮雕有十二支神像，在对应各个方位的动物头部雕刻有冠，由于长期的风化作

图七　四角石柱型望柱石　　　　图八　戴梁冠执笏石人

用，现在这些雕塑已经很难看清楚。

目前栏杆石柱被掩埋或遗失，只剩下9根，而且下端几乎被埋没，露出地面的高度只有约0.7米左右，童子石柱都被埋没找不到了。

坟的四角原来有四只石兽，现在西北的石兽已经没有了，在1963年调查的时候，石兽只有三只，其中西侧后面的石兽只能看到脊背，几乎全部被埋没。宣陵群2陵的石兽虽然磨损严重，但据形态或姿势可推断为狮子。

在屏风石前1.75米处有一座床石，1963年调查时评价说，床石不过是铺了一块宽大的杂石。

第二层东西两侧立有一对文石人。文石人在自然风化作用下损毁严重，东边的文石人高1.95米，在1963年时，第二层只有一个文石人，第三层也有和第二层的文石人处于一条直线上的一对文石人，西边的文石人高1.92米。

宣陵群3陵

保存级遗迹549号。宣陵群3陵坐落在距1陵以南约200米的山坡下方。3陵的面积为1200平方米。陵墓在山丘上修筑成三层。屏风石正面保存较好。屏风石有址台石、面石、隅石、印石等，印石有6块。面石为花岗石板石，上有十二支神像浮雕，岁月久远，面貌难辨。栏杆石在离屏风石1米的地方环绕着封坟，围成十二角，栏杆柱被埋没或丢失。

床石位于封坟前面的正中央，与陵正面的屏风石的间距为1.41米，是在一块基座上面放一块板石制作而成，基座和板石都用花岗岩打磨而成，没有任何装饰，基座高0.35米，板石长1.78米，宽1.1米，厚0.46米。

原来坟的四角有四只石兽，现在西南角的遗失，只剩三只。石兽自然风化严重，坐高0.71米，脸宽0.39米，下端宽0.45米，下端长0.69

米。第一层东西两侧立着八角石柱状的望柱石。

1963年调查时，原来第二层和第三层的东西两侧各有一对石人站在原地。两对石人为巨大的石柱状石头雕刻而成，头戴梁冠，身着朝服，雕刻技艺粗糙。目前只剩下一个了，摔倒在地上。石人的高度约为20米。

【名称】高丽景陵（高丽文宗陵）
【位置】开城市板门郡仙桃里景陵洞
【年代】公元1083年
【解题】

保护级遗迹570号。景陵是高丽第十一代国王文宗的陵墓，文宗是第八代国王显宗的第三个儿子，在位37年，在1083年65岁时因病被葬于此。朝鲜时代，高丽的文宗与太祖、元宗一起被认为是高丽功德很高的国王，特别配享崇义殿得到祭祀，陵墓也受到特别的管理。景陵原位于京畿道长湍郡津西面法昌洞，因改名，现址是开城市板门郡仙桃里景陵洞。

景陵以屏风一样环绕的华藏山为背景，坐落在山腰向阳之地，距佛日寺址1公里。在陵的南部，在距大德山5公里处耸立着盘龙山，更远的南边，可以看到三角山的一部分。

陵墓沿东西向筑造为三层，在离坟墓稍微远一点的后面，1963年调查发现三面残存的曲墙，高达1.3米。现在留下了一些垒砌曲墙的石块遗迹。封坟为十二角形，铺上了基坛石，在上面竖起了屏风石，重新形成了半圆形的封坟。围绕封坟的屏风石高度大体为0.7米，1963年调查时，封坟的高度为2.3米，宽度为8米。

陵墓的屏风石由印石、面石、隅石、址台石等组成。址台石是完全埋在土里的，面石是用大板石建造而成的，上面雕刻着十二支神像，由于年月久远风化严重，现在完全无法辨认。

六 开城市、仁川市等

图一 文宗的景陵全貌

图二 横杆完整的栏杆石

景陵封坟环绕着一圈栏杆石柱,使用方形整石雕凿而成,现存栏杆石柱、童子石柱各12根。栏杆竹石原保存有24根,现残存17根。

沿着陵墓周围布置了四只石兽,原封土流失,使其埋没,只露出一点脊背,整修后高度在0.74米左右,脸的宽度在0.36米左右。1963年调查时,第一段两端有两根望柱石,现在只剩下一根,尖头四角,高

· 149 ·

0.85 米，边长 0.23 米。

在第一层的面石中，有一个用长条石砌成的筑石，与第二层相区别；在第三层筑石 3 米前有石柱，以和第二层有所区别。第二层和第三层有一对雕琢粗糙的石人，都被打碎损坏，并且摔落在地。最下端原本有丁字阁的地方，现在变成了一片田地，什么都没有了。

1982 年 6 月，经朝鲜社会科学院考古研究所发掘，确认景陵墓室大小为横向 3.63 米，纵向 2.9 米，高 2.25 米。在墓室内部绘制了壁画，残存有模糊遗迹。天井上画着星星。墓室的中心部分十分宽敞。景陵在日帝殖民时期被盗过两次。在发掘调查过程中，出土了镀金箭镞、镀金装饰品 1 件、玉装饰品 1 件、支石 10 多块，以及棺钉、高丽青瓷碎片等。

【名称】高丽成陵（高丽顺宗陵）
【位置】开城市板门郡进凤里王陵谷
【年代】公元 1083 年
【解题】

保护级遗迹 568 号。成陵是高丽第十二代国王顺宗和宣禧王后的陵墓，顺宗在位仅 4 个月后去世，葬在这里。在开城市板门郡进凤里，现在坟墓所在的地方被称为"王陵谷"，位于低矮的山脊上。朝鲜显宗三年（1662）时，四面的石物大半留存，但陵墓已夷为平地，上面开了一个大洞，似乎已遭盗掘。

成陵陵域狭小，封坟高 1.6 米，直径 8 米，屏风石由 8 角围成，经过修缮，由剩下的石头拼凑而成，墓周有石兽 4 只，石人 1 对，头部残损，倒塌。丁字阁的基石还有残存。

六　开城市、仁川市等

图一　成陵石兽

【名称】高丽英陵（高丽肃宗陵）

【位置】朝鲜开城市仙迹里

【年代】公元1105年

【解题】

朝鲜国宝遗迹第36号。经考古发掘认定为高丽第十五代国王肃宗（1054~1105，1095~1105年在位）的陵墓——英陵。位于开城市仙迹里以西3公里处的低矮半山腰。2017年，朝鲜对该遗址进行了调查发掘。陵域南北长29米、东西宽13米。英陵可划分为3层区域。北边的第一层有墓室、墓底座、曲墙，第二、三层分别有东西对称分立的文石人、武石人，相距6米。墓室由经过打磨的整块花岗岩砌成，南北长3米，东西宽1.2米，高1.6米，呈半地下结构。这与日本帝国主义强占时期的发掘报告书基本一致。

图一 英陵出土龙纹、凤纹瓦当

发掘过程中出土了一批可体现王陵性质和时代特征的物件，如贴金木棺碎片、高丽时期的青铜勺柄、龙纹和凤纹瓦当等。朝鲜考古学会在发掘现场考证了该遗址是高丽第十五代国王肃宗的陵墓。英陵遗址调查发掘队认为，该遗址出土的龙凤纹瓦当等与高丽王宫遗址满月台出土的完全一样。韩国学者认为高丽王陵最大的特点之一是用十二块石块围成的屏风石，该陵墓缺乏屏风石遗迹，难以断定是王陵。

【名称】高丽裕陵（高丽睿宗陵）

【位置】开城市开丰郡裕陵里陵谷

【年代】公元1122年

【解题】

保护级遗迹568号。裕陵是高丽第十六代国王睿宗（1079~1122，1105~1122年在位）的陵墓，睿宗1122年去世，葬在这里。裕陵原位于京畿道开丰郡清郊面裕陵里，随着地名的变更，现址是开城市开丰郡裕陵里陵谷。从开城市经过古南里，第一座山叫作天良山，坟墓位于岭西丘陵的中腹，面朝南方。位于裕陵东面，直线距离100米处为聪陵（高丽第三十代国王忠定王陵墓）。

裕陵的面积为5890平方米左右，目前该地被指定为保护区。1963年调查时是非常荒芜的地方，由于封土和后山的泥土几乎掩埋了屏风石和栏杆石,当时无法辨认其存在。当时的石物一个也没留下,仅存各层的筑石,丁字阁也无法确认。裕陵于1990年通过维修保护,恢复了今天的面貌。陵域比较狭小,由三层组成,维护时更换了屏风石的面石等。

目前已露出印石、面石,址台石埋在地下。从地面到屏风石的高度大致为0.8米,其中面石的高度为0.5米,目前还不清楚屏风石的高度。封坟的高度为2.5米,直径为8.4米。屏风石的外围只露出几根栏杆柱。除此之外没有别的石物。

1978年11月,朝鲜社会科学院考古研究所进行了发掘调查。墓室完全埋在地下,天顶石的内侧面与外部地面等高,墓室的方向与屏风石的对角线方向相同,南向稍微偏西。墓室为平顶棚,南北长3.05米,东西宽1.85米,高1.9米,墙壁用石块砌成后在上面再抹上灰泥,灰泥部分已经脱落。

在墓室的地面上铺着33厘米×32厘米大小的砖石,在棺台周围铺上一条长长的线,其余的部分铺上半块长的砖石。墓室的中心南北向铺着长长的棺台,南北长1.8米,东西宽0.8米。棺台石由3块石头拼接而成,石头的厚度为0.25米。

墓门开向南面,1978年11月调查发掘时,木板门全部腐烂,只有挂在木板门上的文饰和镀金青铜锁残留,锁长26厘米,宽8厘米,属于稀有文物。还发现了长11厘米、宽1.5厘米的青铜制手刀和以开元通宝为主的几枚货币。

【名称】高丽禧陵(高丽毅宗陵)
【位置】黄海北道长丰郡古邑里
【年代】公元1127~1273年
【解题】
高丽毅宗与庄敬王后的合葬陵墓。禧陵的位置未知。朝鲜学界在2000年发表报告称,位于黄海北道长丰郡古邑里的"古邑里1陵"是高

图一 肃宗七年（1102）铸造的"海东通宝"

丽禧陵。

1994年朝鲜学界的发掘报告书载，该墓保存着屏风石，其上雕刻有十二支神像，还出土了肃宗时期流通的"海东通宝"钱币，由此推测这座陵墓是12世纪或之后的王陵。

【名称】高丽阳陵（高丽神宗陵）
【位置】开城市板门郡进凤里
【年代】1204年
【解题】

保护级遗迹553号。阳陵是高丽第二十代国王神宗（1144~1204，1197~1204年在位）的陵墓，熙宗于1206年九月将安陵旁边的彰信寺改为孝信寺，以为神宗祈求冥福，但目前为止孝信寺的位置还没有得到确认。

阳陵位于开城市区南面东西延伸的龙首山七宝峰东端。阳陵的陵域为1000平方米左右，由三层组成，但现在很难区分其层段。封坟偏西，南向，1963年调查时，由于封土流失严重，呈椭圆形，当时陵高1.8米，

六 开城市、仁川市等

直径 6.6 米。1995 年开城市文化遗址管理所进行修缮工程，在坟上补土，在陵区铺草坪。原来保存的屏风石和栏杆石都很难找到，现在道路上栏杆柱石的碎片到处散落，未按原样修缮。阳陵总体上显得破烂不堪。封坟的北面一角留有垒砌曲墙的石堆痕迹。

1963 年时，栏杆石柱在封坟中处处可见，在 1995 年修缮时，位于第一层的东西两侧还留有一对石人，两个石人的距离为 9.3 米左右。石人由一块圆石雕刻而成，都是穿着朝服、双手执笏的样子。西边的石人高 1.58 米，大石部分几乎埋在地下，埋在地下的部分高 0.22 米，东边的石人高 1.58 米。

图一 阳陵石人

朝鲜高宗四年（1867）立的标石已经倒在地上，没有其他石物留存。

1978 年 8 月，朝鲜社会科学院考古研究所对阳陵进行了发掘调查。墓室完全位于地下，其方位与地上的封坟几乎垂直，稍偏西，南向，墓室大小南北长 3.67 米，东西宽 2.95 米，高 2.77 米。墓室是用 0.5 米厚的石头垒成 6 层，墙上涂上了灰泥。但灰泥全部脱落了，在天井上也涂有灰泥。

天井为平天井，直径约 1.23 米的圆形，在圆形内画出了包括北斗七星在内的星座，在圆形外面绘制了星群和月亮。天体图的北面部分脱落，剩下的星星有 158 颗，星星用红色绘制，星与星之间用红色线连接。墓室的墙壁和天顶有涂灰，残存模糊的壁画痕迹，北壁的东面和西壁的北面有能分辨出人物的壁画。

图二　仁宗谥册

　　在墓室南墙上竖起两块大石板，形成门框。墓底铺了方砖，棺台在底部的中心用多块石头垒砌。棺台长2.67米，宽1.4米，似用40厘米×31厘米大小的石头铺装。棺台平铺在墓室的地面上，和地板上铺的石头高度一样。

　　收集到各种遗物，包括高丽瓷器，长28厘米、宽22厘米的镀金青铜制锁，白铜镜，直径约2厘米左右的金铜铃铛1个，挂钉，几种铁钉和钱币。其中值得特别关注的是神宗的大理石谥册和各种高丽青瓷。谥册是刻有为皇帝、皇后、国王、王后等上谥诏书的简册，多为玉制，楷书汉字，极为精美。谥册在仁宗的长陵也曾出土过。还出土了直径为13.5厘米的镶嵌青瓷菊花纹粉盒盖1个，牡丹纹碗、花形盘、白瓷盘等，可以作为高丽瓷器编年标准的遗物。

【名称】东龟陵、西龟陵

【位置】开城市开丰郡烟陵里、龙兴里

【年代】公元1204年

六 开城市、仁川市等

【解题】

东龟陵，保护级遗迹553号。东龟陵之得名是因为此处有龟趺和石碑，所以推测是高丽王陵，现在石碑已不存，而且关于东龟陵的沿革，流传的文献也非常有限，除此之外更详细的内容不得而知。东龟陵位于炭岘门外向北约1公里处的松岳山东麓。

东龟陵的陵区比较狭窄，约3000平方米。将陵前的山坡削平后，修筑成长方形的三层。封坟朝向正南，呈椭圆形，原本以十二角形围成屏风石，与此并行设置了栏杆石，但现在因封土流失，屏风石被掩盖而根本看不到。栏杆石已不存，只剩下一部分残迹。

封坟周围放置的石物现在还剩2只石兽，石兽的头部被砍掉丢失了，在整修的过程中还离开了原来的位置。

1997年5月，朝鲜社会科学院考古研究所对东龟陵进行了发掘调查，结果发现，玄室的北面和东面的墙上都画了莲花，西面墙上画上了竹子和莲花，天顶也绘有壁画，现在难以确认其内容。日本殖民时期被盗掘，最近发掘调查出土的文物只有瓷器碎片和几个棺钉而已。

图一 西龟陵

西龟陵,保护级遗迹 548 号。西龟陵是不知道墓主人的高丽王陵,西龟陵这个名字和炭岘门外的东龟陵一样,因为有龟趺石碑而得名。西龟陵位于开丰郡烟陵里。

在西龟陵的西侧丘陵外,矗立着祭祀高丽儒臣 72 人的祠堂遗址和《杜门洞纪实碑》,位于距离烟陵里所在地向北约 1 公里的地方。西龟陵在高出平地约 10 米的山麓上,朝向正南。

屏风石、栏杆石等被掩埋,残缺不全。封坟东南仅存 1 只石兽,1963 年调查时尚有 3 只。在第二层东西两侧竖立着一对石人,石人身穿长袍,双手放在前面,手里握着笏板,高 1.56 米,肩宽 0.47 米,头宽 0.26 米。离第一层筑石 1.4 公里的地方,还剩下 3 块丁字阁的基石,由此可以推断,这里确实是高丽王陵。

【名称】江华高丽王陵

【位置】仁川广域市江华郡良道面

【年代】公元 13 世纪

【解题】

高丽(918~1392)王陵,除大部分在开城一带外,在江华岛有 2 座,此外还有 3 座位置不明。开城高丽王陵位于朝鲜境内,江华高丽王陵位于韩国境内。朝鲜政府已经将恭愍王玄陵、太祖显陵和高丽七陵群指定为国家文化遗产。高丽王陵大体是有着平顶结构的单间石室墓。在石室地面中央设置棺台,其上放置木棺,四壁和天井画有壁画。

江华高丽王陵位于仁川广域市江华郡良道面,包括硕陵(史迹第 369 号)、坤陵(史迹第 371 号)、嘉陵(史迹第 370 号)、陵内里石室墓(纪念物第 28 号)等高丽时代墓葬陵寝。高丽王朝在高宗十九年(1232)从开京迁都江华岛,到元宗十一年(1270)还都之时,江华岛作为临时首都历经 39 年。2001 年对硕陵,2004 年对坤陵和嘉陵,2006 年对陵内里石室墓进行发掘与调查,使我们对江华岛高丽王陵的面貌有

六 开城市、仁川市等

图一 坤陵发掘后全景

了很大程度的了解。

上述王陵均为横口式石室墓，在石室入口处使用整齐的长条石构筑了门柱和门槛，在石室地面中央安置了棺台，并在周围垫以砖块。同时以三块长条石构筑墓室顶部，其上盖以8~12块护石并堆出封土，再在护石外层围以雕栏，其间配以石兽，是这一类墓葬的特征。最近调查了陵内里石室墓，已经确认了护石围起的封土、外围的雕栏及石兽以及曲墙式的围墙，墓室上部结构的完全复原因此成为可能。

另一方面，在坤陵和陵内里石室墓中，找到了位于陵前的应是举行祭祀仪式的建筑遗址。其中，坤陵的建筑遗址为三间，位于正中的御间前方连接着带有石阶的突起部分，使得建筑整体呈"丁"字形。

虽然墓葬都曾遭到多次盗掘，但是仍然出土了金属、玉器装饰、青瓷和瓦件等大量遗物。其中，陵内里石室墓中发现的镇坛具、嘉陵的中国唐宋时期铜钱和玉器颇受瞩目，在坤陵和硕陵中也大量出土了三足香炉和使用反镶嵌技法的唐草纹瓶盖等青瓷精品。

坤陵是高丽王朝江都时期于1239年去世的康宗妃元德太后的陵墓，

图二　陵内里石室墓上部建筑物和石兽

图三　坤陵出土青瓷

其中发掘出土了6件青瓷，有3件为花边折沿青瓷盘，1件兽形三足香炉，还有1件是在上面和侧面采用阴刻技法装饰花草纹样的瓶盖，最后1件是白地青釉花的以反镶嵌技法画入简单唐草纹的瓶盖。这些青瓷在窑中烧制的时候，采用了高级用品专用的硅石垫具，胎土和釉色的选用也比较讲究，均是高丽时代不可多得的精品。

坤陵出土青瓷和1237年埋葬在江华岛的熙宗硕陵中出土的青瓷一起，向世人展示了高丽王室迁都江华岛之后的青瓷消费情况，同时这些遗物也是充分展示13世纪中叶高丽青瓷发展水平的珍贵资料。

【名称】高丽韶陵与韶陵群

【位置】开城市龙兴里

【年代】公元13世纪

【解题】

高丽在元朝干涉期所造的王陵和王侯陵共有10座，包括第二十四代国王元宗的韶陵，第二十五代国王忠烈王的庆陵和齐国大长公主的高陵，第二十六代国王忠宣国王的德陵，第二十七代国王忠肃王的毅陵和明德太后的令陵，第二十八代国王忠惠王的永陵和德宁公主的顷陵，第二十九代国王忠穆王的明陵，第三十代国王忠定王的聪陵。不过，10座陵中除韶陵、高陵、明陵、聪陵之外的6座，在朝鲜王朝以后就找不到确切位置了。

韶陵是高丽第二十四代国王元宗（1219~1274，1259~1274年在位）的陵墓，元宗在位第15年即1274年六月时以56岁去世，九月葬于韶陵。朝鲜显宗三年（1662），曾根据《东国舆地胜览》记载认定，韶陵位于开城府北15里，但由于没有碑石，所以不清楚韶陵群中的哪一座陵是韶陵。当时韶陵四面有石物，但陵土一般都损毁了。

松岳山后面龙兴里的梅峰是439米的低山，从那里向南延伸的山坡上，自北向南坐落着韶陵群。韶陵群的5座坟墓间隔一定的距离，并排分布。从昭陵群5座坟墓的石刻样式上看，韶陵群4陵被认为是元宗的韶陵。

韶陵群 1 陵

韶陵群最西北的一座是韶陵群 1 陵，依次向东分别为 2 陵、3 陵、4 陵、5 陵，不清楚 5 座陵墓中哪一个是元宗的韶陵。

与其他陵墓相比，该陵墓位于一个小小的冈丘上，左右没有可以认定为青龙和白虎的山脉，这一点很特别。第一段中央的封坟朝向是正南，地面上铺了十二角的基座，上面立有屏风石。1954 年和 1963 年调查时，封坟的高度为 3.3 米，直径为 10 米，现在封坟的高度缩小了。屏风石在 1954 年修缮以前，是将粗糙的长条石砌成两层，部分用废石补充。屏风石的面石上雕刻着十二支神像，但因磨损而漫漶不清。

屏风石外侧 0.5 米，是与其平行环绕的栏杆石。现在栏杆柱还留有 21 根，栏杆石上的圆柱形栏杆横杆目前都已不存。

直到 1963 年，坟的四角都还有一对石兽。现在一共只剩下 7 只。石虎高 0.54 米左右，脸宽 0.29 米左右，下端纵长 0.41 米左右。

在离屏风石 1.8 米的前方，有三条筑石将第一层与第二层隔开，其高度为 1.3 米。在第一层筑石中间配置两列台阶，从第三层到第二层的结构是其他陵墓所看不到的奇特景象。在第一层筑石两端也布置了台阶，可以由此从第二层通向第一层。第一层东西角放置的大板石被认为是床石。

第二层东西两侧相距 9.8 米，一对石人相向而立，石人头戴梁冠，身着朝服，双手向前合捧笏板。大致是圆柱形的样子。石人的高度约为 1.78 米，脸宽 0.3 米，肩宽 0.59 米，下端宽 0.6 米，厚度为 0.4 米左右。

在第三层筑石的东西两侧，与第二层的石人在一条直线上，同样站着一对石人。1954 年和 1963 年调查时一样，东边的石人颈部折断。西边的石人高 1.8 米，脸宽 0.3 米，肩宽 0.59 米，下端宽 0.6 米，厚 0.4 米。这些石人也和第二层的石人一样，体型偏胖，雕刻手法粗糙。

第三层本来有石灯，但不知什么时候被损毁，现在只剩灯盖石放在地上。距第二层 21 米处，为第四层的丁字阁遗址。

六　开城市、仁川市等

朝鲜社会科学院考古研究所发掘调查的结果是墓室朝南，南北长3.42米，东西长2.86米，高2.37米。南面有宽1.7米的墓门，用一块大板石封闭，地面铺40厘米×70厘米的小石块，用灰泥抹平。墓室中央有棺台，用石头砌成约20厘米高，抹灰泥。棺台长2.7米，宽1.31米。

北壁用大块的花岗石砌成7层，在涂上灰泥的墙壁上绘制有壁画。壁画在离地面约1米高的地方，用墨画了头上戴着十二生肖冠、身穿朝服、手执笏板的十二支神像侧面像。但是灰泥脱落，壁画几乎没有留下来。

天顶由三块大花岗石构成，在上面涂上灰泥，用红色标出星宿。灰泥脱落后只留下一些痕迹。

今西龙1916年出版的《古迹调查报告》说："本陵45年前被盗墓，当时向墓圹内看，石壁上的灰泥都掉了，墓圹内有马鞍之类的东西，然后原封不动地进行了覆土。之后又被盗墓，（遗物）好像被盗贼拿走了。"因此，朝鲜社会科学院考古研究所发掘时，没有发现任何遗物。

图一　第二层和第三层的石人

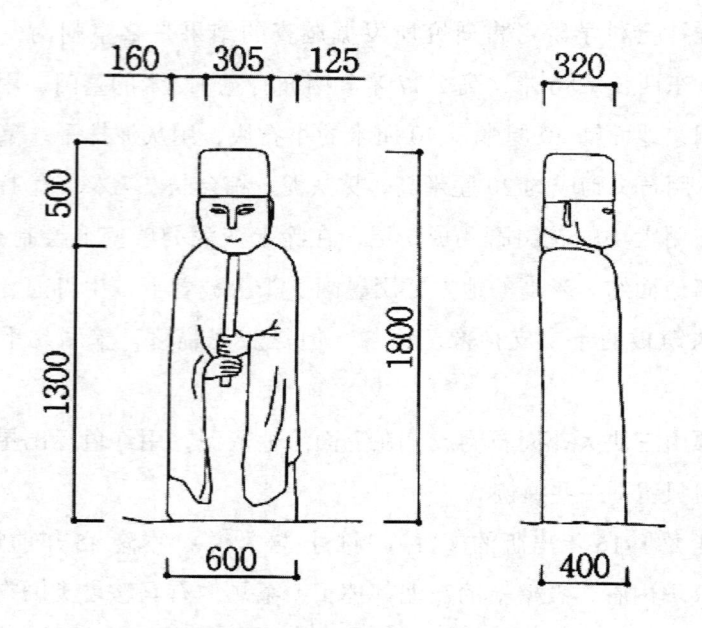

图二 韶陵群1陵石人实测图（单位：毫米）

韶陵群2陵

保存级563号。陵墓筑造为四层，第一层中间为封坟，有十二角形屏风石，环绕栏杆石柱。栏杆石柱留存十二根，损毁严重。封坟正面左右有四角形石柱的望柱石，西侧的高2.3米，东侧的高2.32米。20世纪60年代调查时陵墓四角有四只石兽，目前仅剩前面东西两侧的两只。石兽风化严重，据其形态姿势推测为狮子。

第二层东西两侧各有一对石人。这些石人分别都是用一整块原石雕凿而成，身穿朝服，手执笏板。西侧北面的石人高1.78米，下端宽0.43米，脸宽0.39米，厚0.33米。

韶陵群3陵

保存级564号。同样保存有栏杆石柱、望柱石、石兽、石人。第二

图三 韶陵群2陵封坟以及正面的望柱石、石人、石兽

层正面中央有朝鲜高宗四年（1867）竖立的石碑。东西两侧相距3.9米面对面站着一对石人。他们都戴着梁冠，穿着朝服，双手向前合十执笏。质感鲜活，雕刻技艺高超。西面的石人高1.72米，肩宽0.5米，脸宽0.29米，脸厚0.26米。

韶陵群4陵

保存级565号。同样保存有栏杆石、望柱石、石兽、石人。以前，第三层的石人中有一个倒在地上，另一个摔断了腰部。近来，重新竖立起的石人身高1.61米，脸宽0.21米，头戴幞头。两个石人的面容都不一样。这座陵墓上特别引人注目的就是头戴幞头的石人。这是韶陵群的5座陵墓中唯一的一个，由此可以看出陵墓的制作时间比其他几座要晚，因此其他4座可能是高丽前期或中期的陵墓，可以将韶陵群4陵定为元宗的韶陵。

韶陵群5陵

保存级566号。朝鲜显宗三年（1662）5陵的封坟虽然遭到一定损毁，但是石物尚完全保存，是韶陵群中保存比较好的一座。从墓葬的形式和丁字阁等设施来看，该陵无疑也是一座高丽王陵。陵区是在山的倾斜面上筑造了三层，正面朝南。

封坟位于第一层的中心部位，基坛石铺成十二角，立成屏风石。1954年和1963年调查时，封坟高3.2米，直径12米。封坟周围留下了一些围着曲墙的石块的痕迹。十二角屏风石上没有印石，面石上立有花岗石板石，石上雕刻的十二支神像已磨损无遗。

屏风石外侧1.7米处，与之平行环绕有栏杆石，现在栏杆石柱和童子石柱共剩下24根，但栏杆横杆没有留下。栏杆石柱高1.4米左右，方形的一边长0.36米，童子石柱高0.67米。坟墓的四角各有一只石兽朝外蹲坐，保存相对完整。石兽据其形态和姿势应为石狮无疑。其坐高0.71米，脸宽0.31米，大石横0.6米，竖1.3米，厚0.18米。封坟正面，在

图四 韶陵群3陵石人

六 开城市、仁川市等

图五 头戴幞头的石人

图六 韶陵群4陵正面

　　屏风石前方1.88米处的床石，是由长1.72米，宽0.82米，厚0.21米的宽板石组成的。床石前面只剩下一块标石，望柱石也没有了。

　　第二层中央台阶的东西两旁，1963年调查时有一对石人倒在地上，现在只剩下东边的石人。石人戴着梁冠，穿着较宽的朝服，双手拿着笏板，磨损严重，但雕刻技艺精湛。石人高2.2米，肩宽0.8米，脸宽0.32米。

　　墓室的东西壁上画有松与鹤，其两旁画竹，北壁上画有鸟和花，藻井处画有飞天和花。因灰泥脱落，无法确认壁画的内容。

图七 梁冠执笏石人

图八 石兽

· 167 ·

韶陵群5陵虽然在元宗的韶陵区域，但根据墓室内部曾有壁画和各种石物的形态、样式等特征，一般认为是在较早的时期建成的。最重要的是，床石的情况与高丽太祖显陵类似，石狮的尾巴缠绕在狮背上的这种形象，也可以说是高丽前期王陵的要素。

【名称】齐国大长公主高陵

【位置】开城市开丰郡海仙里

【年代】公元1297年

【解题】

保护级遗迹545号。高陵是高丽第二十五代国王忠烈王的王妃齐国大长公主的陵墓。该陵墓距离太祖显陵500~700米。陵区分为4层，封坟在1963年调查时高3.55米，直径10米，当时栏杆石柱还剩7个。石雕残存2个，其他石物也大都齐全，尺寸很大。

第一层长16米，宽16.5米，相当宽敞，中央是封土坟，周围配置有栏杆石柱和石兽。屏风石由面石、整块大石、隅石、印石等组成，为十二角形。面石上的十二支神像为动物形的兽面，身着朝服，手执笏板。

第二层东西两侧相距约7.5米有一对石人，西侧石人高3.3米。第三层东西宽9.8米，南北长6米左右，东西南北各有一个石人，但现存只有东侧石人。

高陵因为是元朝公主的陵墓，

图一　日帝时期高陵石人

应有价值不菲的陪葬品，所以从忠烈王开始就曾被盗掘。据1979年发掘调查，墓室为正方形，半地下，南北长3.85米，东西长3.3米，高2.35米。墓室的墙壁是用约0.4米厚的花岗石垒砌成6层，墙壁涂有灰泥，但是几乎全部脱落，其上原有的壁画内容不明。天井是覆盖了3块大花岗石的平天井。墓室地板上放置长2.75米，宽1.28米的棺台。墓室南边有墓门，门宽1.9米，高2.12米。

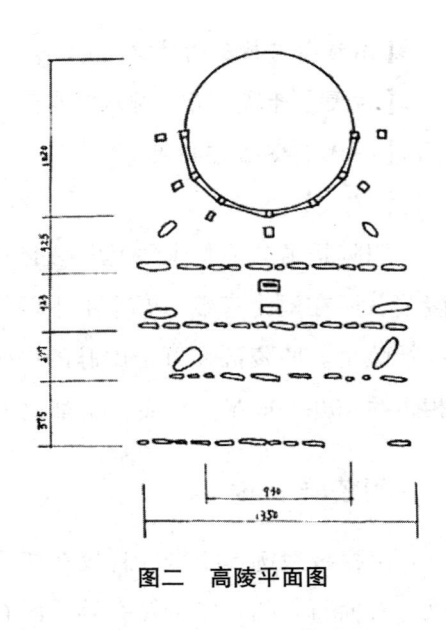

图二　高陵平面图

由于高陵屡遭盗掘，陪葬品中遗物大多已不存，1979年的发掘结果显示有青瓷、金属工艺品。青瓷是无花纹青瓷盖碗残片和菊花纹镶嵌青瓷盖碗残片。出土青铜币20多枚（表一），棺钉20多个，挂钉3个，5.7厘米×1.9厘米的菊花纹装饰板，宽1.8厘米的金铜装饰带3条。还有用白色大理石制作的石简，宽3厘米，长27厘米，厚2.7厘米，4块残片上可以确认有"大行安平"字样。

表一　高陵出土的中国钱币类别及数量

货币名称	流通年代	大小（厘米）	数量（枚）
祥符通宝	宋1008~1016年	2.6	1
天禧通宝	宋1017~1021年	3.6	1
皇宋通宝	宋1039年	2.5	3
元丰通宝	宋1078~1085年	2.4	2
元祐通宝	宋1086~1094年	2.5	2
绍圣元宝	宋1094~1097年	2.4	1
太平通宝	辽1021~1031年	2.5	1

【名称】忠穆王明陵群

【位置】开城市开丰郡烟陵里

【年代】公元1348年

【解题】

明陵是第二十九代国王忠穆王（1337~1348，1344~1348年在位）的陵墓。所在地为京畿道开丰郡中西面丽陵里明陵洞，今改为开城市开丰郡烟陵里。明陵群在万寿山脉的中腹，连续分布着3个陵墓，每座陵墓相距约400~500米。明陵群全都比平地略高出10米左右。

明陵群1陵

保存级遗迹549号。封坟在李氏朝鲜时期就已损毁严重。封坟的屏风石有面石、隅石、址台石等。面石上雕刻有十二支神像，因岁月侵蚀而面目模糊。屏风石外侧设置有栏杆石，分布在十二角上。留存有栏杆石柱和童子石柱各十二根。原有石兽和石人目前全部无存。封坟正面竖

图一　明陵群1陵（俯视山下）

六 开城市、仁川市等

立着朝鲜高宗四年（1867）镌刻的标石。

1963 年，陵东侧盗洞暴露，由朝鲜社会科学院考古研究所进行调查发掘。墓室朝南，位于半地下。墓室南北长 2.65 米，东西宽 2.4 米，高 1.7 米。天井是平天井，地面中心是棺台。棺台是修整得很漂亮的花岗石，长 2.3 米，高 0.87 米，厚 0.31 米。棺台两侧有遗物底座，为花岗石加工而成。墓室南边有墓门，用厚约 0.4 米的大石头挡住墓室。

墙壁上绘有壁画，北壁绘莲花，并有飞蝶。天井上依稀可见画着星宿图。

明陵群 2 陵

保存级遗迹 550 号。位于 1 陵东侧，在朝鲜显宗三年（1662）时封土的一半已经损坏。

封坟屏风石的第七块面石放在正南向的方位线上。屏风石的面石上留有浅浅的线刻浮雕十二支神像。十二支神像兽首，执笏站立，身穿宽大朝服，衣服褶皱的表现也很鲜明。栏杆石在屏风石外相隔 0.8 米，与之平行环绕成十二角，方形石头削成石柱。现有栏杆石柱十二根，童子

图二　明陵群2陵正面

图三 石人

石柱十二根,栏杆横杆原有二十四根,剩余十根。

封坟的左右是一对笔直的八角形望柱石,西望柱石高 2.1 米,东望柱石高 2.09 米。第二层东西两侧,有一对石人相距 7.7 米,面对面站着,这些石人都是各由一整块石头凿成的,身穿长袍,双手合十,手执笏板。西面石人高 1.8 米,下端宽 0.34 米,脸宽 0.3 米,脸厚 0.23 米。在第三层的东西两侧,也有一对石人,和第二层的石人在一条直线上,高 2.44 米。

明陵群 3 陵

保存级遗迹 551 号。位于 2 陵东南约 70 米处。封坟由十二角的屏风石环绕而成,上面呈半圆形,封土高 2.7 米,直径 8.4 米。

六 开城市、仁川市等

图四 明陵群3陵石人

　　封坟的屏风石的第七块面石放在南北向的方位线上。屏风石有面石、隅石等。封坟周围有栏杆石柱、童子石柱。石兽已不存，望柱石和石像亦不存。

　　封坟第二层东西两侧亦有一对石人对望，相距7.4米，身穿朝服，手执笏板。东侧的石人高1.72米。

　　第三层面对面站着的一对石人都被埋在地里，现在西边的石人高2.8米，东边的石人为2.1米，西边的石人身体细长，东边的石人又矮又胖。

【名称】忠定王聪陵
【位置】开城市开丰郡梧山里
【年代】公元1352年

· 173 ·

【解题】

保存级遗迹552号。聪陵是高丽第三十代国王忠定王（1337~1352，1349~1351年在位）的陵墓。聪陵以西约10公里处为裕陵所在。

陵域筑造为三层。第一层中央为封坟所在。封坟屏风石外侧环绕有十二角形的栏杆石，树立在十二个方位上。一只石兽朝向外侧。封坟左右有一对望柱石。西侧的高2.7米，东侧的高2.72米。

在第二层的东西两旁，相距4.9米，有一对石人。这些文石人穿着长袍，头戴幞头，双手执笏，雕刻技艺高超。西面石人高2米，下端宽0.59米，脸宽0.26米，脸厚0.25米。第三层也有一对石人面对面站着。

该墓日帝时代已被盗，1978年11月开始发掘调查。墓室为半地下石室封土墓，南向，略偏东，无抹灰痕迹。墓室南北长3.88米，东西宽

图一　戴幞头的石人　　　　图二　保存完好的望柱石

六 开城市、仁川市等

图三 封坟前面的石人、石柱等

2.2米，高1.88米左右。

墓室内设置了宽20厘米，深5厘米左右的沟渠，被认为是排水设施。

墓葬内遗物有长约5.5厘米的金铜花1件、深5.5厘米的青铜盒1件、直径12厘米的青铜镜1件、装在铜碗里的货币9枚（大观通宝，1107~1110年使用）、高12厘米的铜碗1个、直径45厘米的铜盆、圆板状装饰品6个、长27厘米的铁制锁和2个门环、铁钉、棺钉、琥珀珠等。

【名称】玄陵・正陵（恭愍王玄陵、鲁国大长公主正陵）

【位置】开城市开丰郡海仙里

【年代】公元1365~1374年

【解题】

国宝遗迹123号。玄陵是高丽第三十一代国王恭愍王王颛（1330~1374，1351~1374年在位，蒙古名为伯颜帖木儿）的陵墓，正陵是恭愍王的王妃元朝魏王之女鲁国大长公主宝塔失里的陵墓。这座陵墓是高丽王陵中最完备、保存状态最好、最能代表高丽末期王陵形式的王陵，也是朝鲜王陵制度的典范。

据《高丽史》卷89《后妃传》记载，恭愍王十四年（1365）王妃鲁国大长公主因难产去世，国王悲痛欲绝，丧葬礼仪极尽奢华："设殡殿、国葬、造墓、斋四都监，各置判事、使、副使、判官、录事。又设山所、灵饭法、威仪、丧帷、辒车、祭器、丧服、返魂、服玩小造、棺椁、墓室、铺陈、真影等十三色，各置别监，以供丧事。令诸司设奠，赏其丰洁者，于是，争务华侈。"四月，"葬正陵，群臣上号……将葬，王命画仪卫次第、山陵制度，观之不觉涕泗。丧事依齐国大长公主例，穷奢极侈，以此府库虚竭"。

恭愍王十五年（1366），与正陵并肩打造恭愍王自己的陵墓寿陵（死前预先建造的陵墓），这就是玄陵。玄陵·正陵位于开城市西郊凤鸣山向南延伸的山峰的低矮山腰上。陵域呈东西宽约50米，南北长45米范

图一　玄陵·正陵正面远眺

六　开城市、仁川市等

图二　文武石人正面

围的长方形。在山的倾斜面中央安置台阶，可逐级上下山，在中央台阶的左右也建有筑石。在其斜面下的平地上立有一个丁字阁，丁字阁西北筑台下有一个带有装饰着仰覆莲大石的四角小篆台。

陵区上端东、北、西方向，用3米高的曲墙围成⊏字形，玄陵·正陵的两座封坟并排紧挨着成为双陵，封坟高约6.5米，直径1.37米。封坟的下端由址台石、隅石、面石、印石等围成的十二角的屏风石环绕。

一般而言，栏杆石平行于屏风石，也形成十二角，但是相比之下，玄陵、正陵两陵以双陵形式联结在一起，省去了重叠部分的栏杆，分别只有十角。石栏的外边交替地布置着四只石虎和四只石羊，羊和虎都面朝外侧。石羊呈四条腿站立姿势，石虎仰着脸，前腿伸直，后腿弯曲，长长的尾巴朝向前方。

在玄陵和正陵的封土前方，分别安放有一块床石，床石的下端用五块打磨好的鼓石垫起。鼓石四周刻有鬼脸状的花纹。第一层东西两侧相向立有一对望柱石，由八角双重基坛上的八角石柱和其上的柱头组成，八角石柱的上半部有穿孔。两座陵墓的正面建造一座带护栏的台阶，两旁各设一个小台阶，两座陵墓的正面各设一盏长明灯，长明灯与其下面

· 177 ·

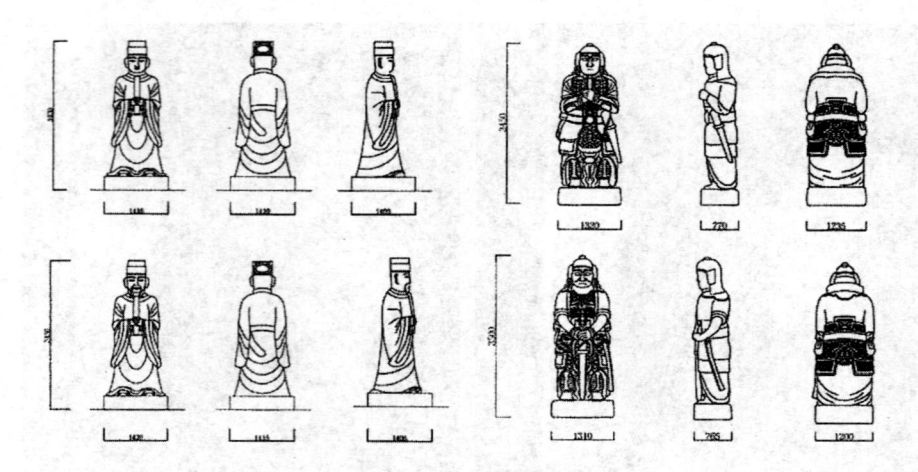

图三 文武石人侧视图

的大石基座用仰覆莲装饰，中间大石四面刻有眼状纹，其中刻有三个宝珠。中心的宝珠上刻有太极。

第二层的长明灯左右和第三层共有文、武石人2对，一共8尊。站在第二层的文石人2对，身穿官服，双手执笏板，站在离陵较近处的一位文石人，画着胡须，是上了年纪的样子，远处的文石人显得很年轻。

第三层比第二层低1.4米，中央有一个台阶，两边有两个台阶，与第二层相连，第三层各有两对戴头盔、身穿盔甲的武石人站在一起，上面的年轻武石人双手放在胸前，下面的年老武石人双手握剑站立。高丽王陵中，玄陵·正陵是第一个配置有穿着铠甲、与文石人明显不同的武石人的王陵。玄陵·正陵建立文武石人的传统，成为朝鲜王朝时期只有王陵才能全部建立文武石人的陵墓制度的基础。

文石人和武石人的身高分别为3.3米。第四层中间、两侧有石阶，从这里到丁字阁的高度差为10米。另外，距玄陵·正陵最下面的筑石西侧223米处有云岩寺遗址。恭愍王和鲁国大长公主的玄陵·正陵，在朝鲜时代一直管理得很完善，保存得很好。

1905年，日本帝国主义殖民者屡次试图进行盗掘，但遭到当地人民的抵制，未能推进。后来，趁着大雨，宪兵队进行了十三次盗墓活动，1920 年亦是如此。经此劫难，玄陵·正陵荒废了几十年。直至 1956 年才得以修缮，此后对墓室内部进行了调查，收集到壁画，现陈列在开城市内的高丽博物馆。

　　恭愍王陵是韩国王陵史上划时代的作品，是我们经常看到的朝鲜王陵中双陵的源头和典范。最重要的是，恭愍王陵是一座革新了 400 多年来高丽王陵传统的革命性王陵，它首先设置了从封坟下到丁字阁的陡峭台阶，丁字阁不在正面而是稍微设置在右侧。最重要的创新是对于各种石物的使用，石灯、床石、望柱石坐落在坟前，下面共有 8 个文武石人，都是两两相对的形象。另外，四只蹲踞的石虎和四只站立的石羊交替围绕在坟墓周围。更为重要的是，出现了一尊完美的甲胄武人像，这一点可以视为受到了宋朝的影响，不过相比而言，与近来在同时代元朝皇族或高官墓葬中出土的甲胄武人像亲缘性更大。而且石兽中出现虎和羊，就像宋、

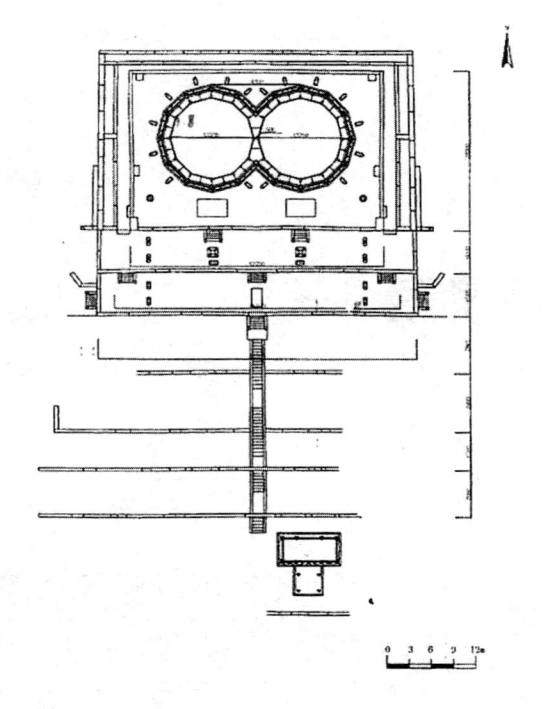

图四　玄陵·正陵平面图

图五　陵前石兽和栏杆石

图六 玄陵·正陵侧面图

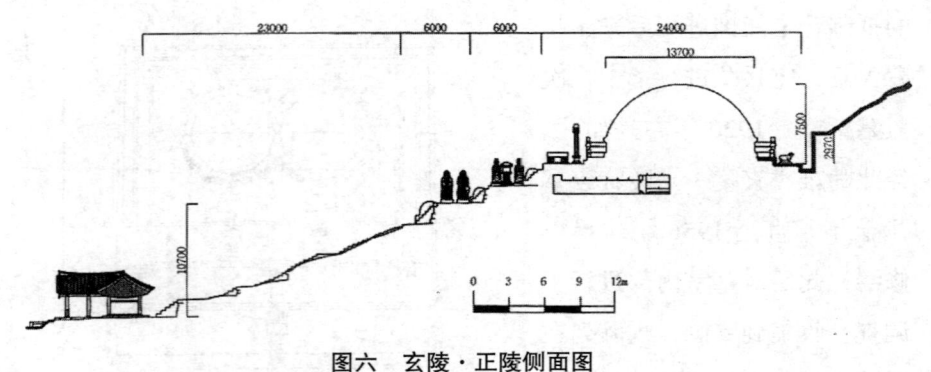

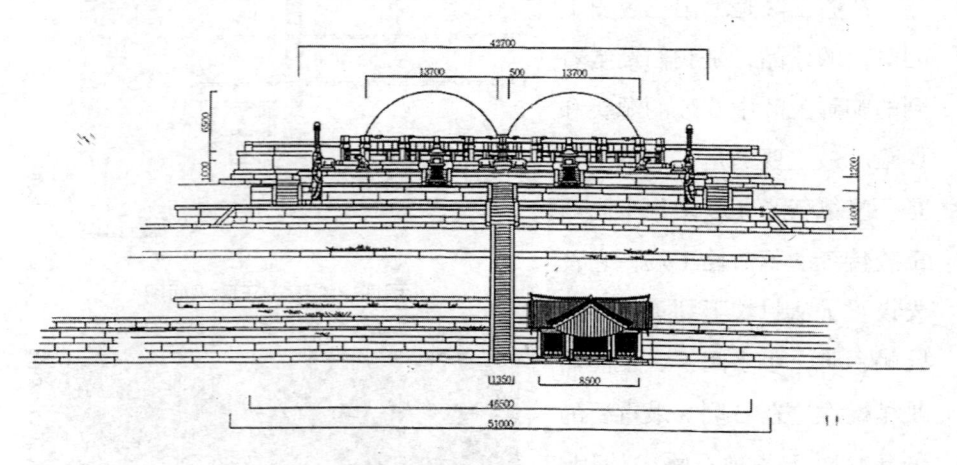

图七 玄陵·正陵正面图

辽、金、元的皇陵及高官墓一样。到了李氏朝鲜时代，站在文武人像后面的石马开始登场。

与迄今为止发现的其他高丽王陵相比，恭愍王陵规模更为庞大，文武石人也接近真人比例，石羊和石虎完备，其雕刻技艺高超，表现力也更为突出。因此，恭愍王玄陵·正陵完成了韩国王陵的定型，成为此后600多年朝鲜王陵营造的里程碑，具有划时代意义。玄陵·正陵可以说是倾注高丽国力的艺术丰碑。

六 开城市、仁川市等

图八 丁字阁

图九 屏风石花纹

图十 印石花纹

七 京畿道、首尔市

【名称】健元陵

【位置】京畿道九里市仁仓洞

【年代】公元 1408 年

【解题】

  健元陵是建立朝鲜王朝的太祖李成桂（1335~1408）的陵墓。健元陵位于东九陵最深处。高丽杰出的武将李成桂于1392年在开京（现在的开城）登上王位，开创了新王朝。太祖在位7年，将都城迁至汉阳，将国家命名为朝鲜，形成了朝鲜王朝的框架。太祖的妃是神懿王后韩氏（齐陵），继妃是神德王后康氏（贞陵）。太宗八年驾崩，庙号太祖。太祖生前希望与继妃神德王后安葬在一起，因此在神德王后的陵墓，即贞陵上为自己修建了自己死后的安葬位置。但是，太宗并没有遵照父王的遗言，而是将神德王后的陵墓移出都城，将太祖的陵墓建在了现在的位置上。一般来说，陵号是单字，而健元陵却是两个字。

  健元陵以高丽王陵中最完善的恭愍王和鲁国公主的玄陵·正陵制度为基础建造而成，之后成为朝鲜王陵制度的标本。基本陵墓制度遵循玄陵·正陵制度，但石雕的布局和长明灯石的造型等细节上采用新样式，突出一定的变化，暗示着新王朝的开始。坟头周围的曲墙是朝鲜王朝时代陵墓制度的新增部分，石雕的造型沿袭了南宋末期的中国风格。

东九陵是韩国规模最大的王陵群，健元陵等诸多王陵都被包括在内。1408年，建立朝鲜王朝的太祖李成桂驾崩后，在太宗的命令下，在坡州、高阳等地寻找风水佳地，指定为陵地。东九陵的建造贯穿了朝鲜王朝的各个时期。自1855年（哲宗六年）以后开始称东九陵。

东区陵以太祖李成桂的健元陵为中心，它的东侧山坡上有第十四代国王宣祖和他的妃懿仁王后、继妃仁穆王后的陵墓穆陵，南边向下是第五代国王文宗和他的妃显德王后的陵墓显陵，然后是第二十三代国王纯祖的世子追尊翼宗及神贞王后的陵绥陵。健元陵西侧，是第十六代国王仁祖的继妃壮烈王后的陵墓徽陵，其次是第二十四代国王宪宗及宋孝显王后、孝定王后的景陵，下面是第二十一代国王景宗端懿王后的惠陵，最左边是第十八代国王显宗及明圣王后的崇陵。东九陵可以一目了然地看到朝鲜王朝陵寝制度的变化。

【名称】英陵
【位置】京畿道骊州郡陵西面（英宁陵）
【年代】公元1450年
【解题】

英陵是朝鲜第四代国王世宗（1397~1450）和昭宪王后（1395~1446）沈氏的合葬陵。世宗大王在位32年，直到54岁驾崩，他是朝鲜历代君王中留下最灿烂业绩的王。世宗是太宗的第三个儿子，1418年被册封为王世子。原来，英陵在1446年昭宪王后去世后，被建在广州献陵西侧，并把右室作为世宗的寿陵供奉。1450年世宗驾崩后合葬。这一陵墓依据《国朝五礼仪》形成了朝鲜王朝前期陵墓制的基础。陵墓的屏风石只雕刻有白云纹样和十二支神像，确定了朝鲜屏风石的基础，魂游石从5个减到4个，可以看到制度上有了变化。世祖时期有过英陵不吉利的讨论,但是因徐居正的反对,英陵没有搬迁,直到1469年(睿宗元年)才搬迁到现址。当时,按照世祖的遗言废除了屏风石和石室制度,进行合葬。

英陵是朝鲜王朝建造最好的陵寝之一。根据风水地理说,主山在后,中腰树立坟头,左右侧形成青龙、白虎,向南可以遥望安山、北城山。陵域入口有红箭门,沿着道路到达丁字阁。丁字阁东侧有守仆房和碑阁,西侧有御膳房。坟头周围用12根石头栏杆围起来,在支撑栏杆石的童子石柱上用汉字刻上十二支表示方位,前面摆放了表明是合葬陵的两块魂游石和长明灯石,左右立起望柱石。在坟头陵寝周围,石羊和石虎互相交叉,左右各2对,共8只,向外布置成守护陵的形状,并在坟头的东、西、北三个方向设置曲墙。坟头前低一层的台阶(中阶)上树立一对文石人,在最下面一层(下阶)立有一对武石人,文武石人后面分别设有石马。

【名称】显陵

【位置】京畿道九里市仁仓洞

【年代】公元1452年

【解题】

显陵是朝鲜第五代国王文宗(1414~1452)和显德王后(1418~1441)权氏的陵墓。文宗是世宗的长子,在位仅2年零4个月之后去世,年仅39岁。文宗的谥号为恭顺。文宗对父王非常孝顺,生前将宁陵右侧山坡(原来世宗的宁陵在现在的献仁陵右侧)定为墓地,但在挖到此处后发现有水和岩石,于是将其安葬在健元陵东侧(即今显陵),显陵是遵照《国朝五礼》样式的最为古老的陵墓。

显德王后在即位前的1441年生下元孙(端宗)后因产后病去世,被安葬在京畿道安山郡。1450年文宗即位,被追封为显德王后,陵号为昭陵。1452年端宗即位后,将显德王后与文宗合葬,将陵号改为显陵,并与文宗的牌位一起供奉在宗庙。但是1457年(世祖三年)显德王后之

七　京畿道、首尔市

子端宗的复辟计谋败露，显德王后的封号被废除，神位撤出宗庙，陵墓被移到江边。显德王后的名分恢复后，在显陵东边的山坡上用天棚覆盖，形成"同园异岗"的形式。神位重新供奉在宗庙。

【名称】恭陵
【位置】京畿道坡州市条里邑
【年代】公元1461年
【解题】

恭陵是朝鲜第八代国王睿宗的王妃章顺王后（1445~1461）韩氏的陵墓。

由于恭陵最初是世子嫔的陵墓，因此在陵墓中并未发现栏杆石和屏风石，只有石羊和石虎各2座，用以保护陵墓。墓葬前面有魂游石和长明灯石，两侧的最内侧有石马和石人。

石人的造型，如拿着笏板的手、比身体大的脸、衣服的褶皱等均保持了朝鲜王朝初期的样式。

【名称】顺陵
【位置】京畿道坡州市条里邑
【年代】公元1474年
【解题】

顺陵是朝鲜第九代国王成宗的王妃恭惠王后（1456~1474）韩氏的陵墓。恭惠王后与章顺皇后是姐妹关系。顺陵与恭陵正好相对。恭惠王后被册封为王妃后的第五年便驾崩，没有留下子嗣。但因她王妃的身份，在死后陵墓的建制上，比以世子嫔身份去世的姐姐章顺王后的恭陵，使用的配置更多。顺陵除了没有设立屏风石以外，常设制度都遵循朝鲜王朝初期的制度。陵墓内使用的栏杆石上的小柱子效仿了太祖的健元陵和太宗的献陵。

【名称】燕山君墓

【位置】首尔市道峰区

【年代】公元1513年

【解题】

燕山君（1476~1506）是成宗之后在1494年继承王位的朝鲜第十代国王。

1506年因中宗反正被废黜，安置在江华岛西北方向的乔桐岛，之后病逝。燕山君被葬在流放地乔桐岛，后来燕山君的废妃慎氏向中宗提出移葬请求，中宗准许了移葬，并下令按照王子君的礼仪改葬，1513年被移葬到现在的位置。因此，燕山君的墓地上有曲墙3面和床石2个，长明灯石2个，望柱石1对，文石人2对和香炉石等陈设。

【名称】怀墓（怀陵）

【位置】京畿道高阳市元堂里

【年代】公元1504年

【解题】

怀墓是朝鲜第十代国王燕山君的母亲被废位的妃尹氏（1445~1482）的坟墓。成宗于1494年驾崩，在国葬期间，燕山君知道了自己是废妃尹氏的嫡子。1504年，燕山君将尹氏的坟墓提升为陵墓，庙号由怀墓改为怀陵。尹氏陵墓的石雕也按照王陵的形式建造，祭祀也按照在宗庙供奉的历代国王的祭祀仪式进行。1506年，燕山君因中宗反正而被废黜后，怀陵又被降格为怀墓，但其外观依然保持着燕山君建造的怀陵的模样不变。怀墓的石雕采用了朝鲜王朝前期的样式，雄伟的武石人和文石人，石虎和石羊的雕塑也非常出色。怀墓起初在首尔东大门回基洞，1969年庆熙大学竣工的时候搬迁到现址。

七 京畿道、首尔市

【名称】禧陵

【位置】京畿道高阳市德阳区元堂洞

【年代】公元 1562 年

【解题】

西三陵之一。西三陵指位于都城西边的三个陵，即禧陵、孝陵和睿陵。1537 年（中宗三十二年），朝鲜第十一代国王中宗的继妃章敬王后尹氏的陵墓禧陵迁来此地，形成了王陵群。但是西三陵的陵墓经历了很多曲折。一开始禧陵原本建在第三代国王太宗的献陵旁边，但因权力斗争被移至此，中宗的靖陵也一度建造在禧陵旁边，但明宗十七年在中宗的继妃文定王后的坚持下搬迁至现在的首尔江南区三成洞（宣陵）。随后，16 世纪第十二代国王仁宗和仁圣王后朴氏的孝陵、高宗时期第二十五代国王哲宗和哲仁王后金氏的睿陵先后出现，"西三陵"的名称就开始被使用。

陵园中，除了禧陵、孝陵、睿陵之外，还包括昭显世子的昭庆园、庄祖儿子懿昭世孙的懿宁园、正祖儿子文孝世子的孝昌园等三个园，成宗被废的妃尹氏的怀墓，一直到朝鲜王朝末期为止的后宫、大君、公主、翁主等众多墓葬。西三陵是朝鲜王室墓葬数量最多的地方，可以说是王室的集葬墓。

禧陵，朝鲜第十一代国王中宗第一继妃章敬王后（1491~1515）允氏之陵。最初，禧陵建造在宪陵（太宗王陵）西侧的山坡上。金安老宣称禧陵底部堆放着巨石，是不祥之兆。因此，于 1537 年（中宗三十二年），被移至现在的位置。1544 年，中宗的正陵在禧陵旁边建造，丁字阁移到王陵和王妃陵中间，使用了王的陵号。1562 年，中宗王陵移到现在的三成洞（宣陵）旁边，重新被称为"禧陵"。

【名称】穆陵

【位置】京畿道九里市仁仓洞

【年代】公元 1608 年

【解题】

穆陵是朝鲜第十四代国王宣祖（1552~1608）和他的元妃懿仁王后（1555~1600）朴氏、继妃仁穆王后（1584~1632）金氏的陵墓。穆陵在丁字阁后面可以看到三个山坡，是"同园异岗"形态的变体。最左边是宣祖的陵墓，中间是懿仁王后的陵墓，右边是仁穆王后的陵墓。宣祖起初葬于健元陵西五山涧，因水气不吉，移至今处。懿仁王后朴氏被安葬在健元陵东侧第三山脊。仁穆王后金氏虽然生下了宣祖唯一的嫡统永昌大君，但永昌大君被光海君杀害，仁穆王后自己则被幽禁在西宫。因仁祖反正而复位的仁穆王后，被安葬在健元陵东侧的第五山脉。

【名称】章陵

【位置】京畿道金浦市丰舞洞

【年代】公元 1627 年

【解题】

这是供奉朝鲜第十六代国王仁祖的父母元宗（1580~1619）和仁献王后（1578~1626）具氏的陵。元宗是宣祖的第五个儿子定远君，起初，定远君被葬在扬州郡谷村里。仁祖将其葬地追升为园，命名为兴庆园。1627 年，仁祖将定远君的墓供奉在金浦的城山山坡上，1632 年再次追尊为王，将庙号定为元宗，将陵号定为章陵。

仁献王后于 1626 年去世，在金浦城山的山坡上举行礼葬，将园号设为毓庆园。元宗被重新迁葬于这里，并且园号被合称为兴庆园，从而成为朝鲜王陵使用园号的肇始。

【名称】长陵

【位置】京畿道坡州市炭岘面

【年代】公元 1731 年

【解题】

长陵是朝鲜第十六代国王仁祖（1595~1649）和仁烈王后（1594~1635）韩氏的合葬陵。仁祖将仁烈王后安葬在坡州北部的云泉里（今汶山邑云泉里），并在其右侧提前备好自己的长陵，去世后葬于此处。此后 1731 年，为避免蛇蝎侵扰，搬到了现在的位置并合葬在了一起。长陵最初仿造健元陵的石物制度，设置雕有十二支神像和云纹的屏风石、长明灯石、石兽等，迁葬后新造屏风石、魂游石、栏杆石、长明灯石。其余的石物都是原物照搬过来，因此长陵有 17 世纪和 18 世纪的石物共存。

【名称】宁陵

【位置】京畿道骊州郡陵西面

【年代】公元 1673 年

【解题】

宁陵是朝鲜第十七代国王孝宗（1619~1659）和仁宣王后（1618~1674）张氏的双陵。孝宗的陵墓开始位于健元陵西侧山坡（元陵座）上，是有屏风石的王陵。1673 年，显宗时期发现石雕有裂痕，且担心会有雨水渗入，便将其移至骊州英陵处。次年，仁宣王后的陵墓被选定在同址，前后形成双陵。

【名称】元陵

【位置】京畿道九里市仁仓洞

【年代】公元 1776 年

【解题】

元陵是朝鲜第二十一代国王英祖（1694~1776）和继妃贞纯王后（1745~1805）金氏的陵墓。1724 年即位的英祖是朝鲜历代国王中，在位时间最长（52 年）的，英祖想在西五陵的弘陵（元妃贞圣王后）旁为自己准备陵墓，建造成双陵，但其孙子正祖却将其安葬在现在的健元陵西面的第二个山脉上，起名为元陵。贞纯王后死后葬在英祖的元陵旁边。作为在位时间最长的国王，英祖生前对山陵园进行了多次改造或祭祀，可见其对陵祭的关心。根据肃宗的命令，朝鲜王朝整顿丧葬制度，出版了《国朝丧礼补编》。因此，元陵的石物制度与新制定的《国朝丧礼补编》的范例相同。

【名称】永陵

【位置】京畿道坡州市条里邑

【年代】公元1728年

【解题】

永陵是英祖的长子真宗（1719~1728）和孝纯王后（1715~1751）的陵墓。由于永陵是为世子和世子嫔建造的陵墓，因此与其他陵墓相比，装饰显得较为简朴。位于东原二峰的双陵，坟头周围的屏风石和栏杆石被全部省略。为陵护驾的有石羊和石虎各一对，坟丘前各设魂游石，有望柱石一对。此外，明陵式的四角长明灯石和文石人制作得很雅致，但不见武石人。上面的碑阁上放置着构筑陵墓时，以世子身份立的陵碑。下面的碑阁放置有正祖和纯宗时建立的两座碑。

【名称】洪陵

【位置】京畿道南杨州市金谷洞

【年代】公元1919年

【解题】

洪陵是朝鲜第二十六代国王高宗（1852~1919）和明成王后（1851~1895）闵氏的陵墓。1895年，日本发动乙未事变，袭击王宫，明成王后惨遭日本人杀害。

明成王后的陵墓被安置在崇陵右边，陵号为肃陵且进行了国葬。

七　京畿道、首尔市

1897年高宗宣布大韩帝国成立，年号为光武，成为皇帝。封闵氏为明成皇后，陵号重新定为洪陵，两年后国葬结束。这里就是如今被称为清凉里洪陵之地。1919年高宗驾崩，陵墓在现在的南杨州市金谷洞，之后将曾经引起"迁葬论"的明成皇后的陵墓也移到这里，建造成合葬陵。

下巻　日本

一　北海道

【名称】江别古坟群

【位置】江别市元江别

【年代】公元 8~9 世纪（古坟时代后期）

【解题】

国家指定史迹，古坟群（圆坟）。北海道地区唯一现存的古坟群。由 21 座（现存 18 座）小型圆坟组成。四周环绕环形或马蹄形周沟。出土了土师器、须惠器、铁箭镞、刀和锄等物。古坟被整理复原，于江别市乡土资料馆展出立体模型。古坟为小学教师后藤寿一于昭和 6 年（1931）发现，因独特的形式也被称作北海道式古坟。

【名称】卡林巴遗迹（合葬墓）

【位置】惠庭市黄金南、黄金中央外

【年代】绳文时代后期（古坟时代前期）

【解题】

国家指定史迹，合葬墓、古坟群。绳文时代后期至晚期的大规模墓地，发现了许多土坑和人类生活的遗迹。从 3 座合葬墓中出土了漆涂装身具等陪葬品约 400 件（国重文）。惠庭市乡土资料馆展出了部分出土文物，其中有涂了红漆的梳子。

【名称】柏木东遗迹（茂渔古坟群）

【位置】惠庭市柏木町等

【年代】公元 8~9 世纪（古坟时代后期）

【解题】

　　古坟群。被称作北海道式古坟的末期古坟。被指出与本州地区的古坟有关联。发掘出土了蕨手刀、刀、带金具、须惠器及"和同开珎"等物。墓主人不明。惠庭市乡土资料馆展出了北海道式古坟的模型。

二　东北地方

【名称】丹后平古坟群

【位置】青森县八户市南白山台

【年代】公元7世纪下半叶至9世纪（古坟时代后期）

【解题】

国家指定史迹，古坟群。飞鸟至奈良、平安时代建造，推测有100座以上圆坟的古坟群。出土了以刀把装饰品"狮啮式三垒环头大刀把头"为首的蕨手刀等陪葬品及许多陶器。出土文物于八户市博物馆展出。

【名称】阿光坊古坟群

【位置】青森县上北郡奥入濑町阿光坊

【年代】公元7~9世纪（古坟时代后期）

【解题】

国家指定史迹，古坟群。在300年间建造的约120座古坟组成的古坟群。据推测是虾夷首领的墓葬。残存古坟保存状况良好，有16座复原古坟。出土了刀、勾玉、土师器和须惠器等物，展出于附近的阿光坊的古坟馆。

【名称】鹿岛泽古坟群

【位置】青森县八户市泽里鹿岛泽、根城大久保

【年代】公元 7 世纪下半叶至 8 世纪初期（古坟时代后期）

【解题】

古坟群。别名根城古坟群。青森县首次发现的古坟时代末期古坟。发现的十几座小型圆坟中出土了玉石、马具、土师器和须惠器等物。出土文物（县重宝）于八户市博物馆展出。

【名称】岩野山古坟群

【位置】秋田县南秋田郡五城目町上樋口

【年代】公元 8 世纪下半叶至 9 世纪上半叶（古坟时代后期）

【解题】

秋田县指定史迹，古坟群。奈良至平安时代的古坟群。发现了 30 座以上建造于 8 世纪下半叶至 9 世纪上半叶的土圹墓。出土了许多刀剑、玉石、马具、须惠器和铁制品等遗物。出土文物在附近的秋田县展出。系日本海沿岸最北部的古坟群。

【名称】浮岛古坟群

【位置】岩手县岩手郡岩手町土川

【年代】公元 7~8 世纪（古坟时代后期）

【解题】

岩手县指定史迹，古坟群。奈良时代下半叶至平安时代初期建造的小型圆坟群。对 14 座古坟中的 4 座进行发掘调查发现，为屈葬形式的土葬坟，内部构造是长 4 米，宽 1 米的船底形。有直刀、刀、铁箭镞、玻璃球、铁轮和青铜环等陪葬品。

二　东北地方

【名称】江钓子古坟群

【位置】岩手县北上市江钓子、和贺町外

【年代】公元7世纪下半叶至8世纪上半叶（古坟时代后期）

【解题】

国家指定史迹，古坟群。和贺川流域分布的五条丸、猫谷地、八幡、长沼各古坟群的总称，有东北地区屈指可数的横穴式石室墓。已发现直径6~15米的小型圆坟120座以上，出土了稀有的包金玻璃球、勾玉、武器和马具等物。

【名称】熊堂古坟群

【位置】岩手县花卷市上根子熊堂

【年代】公元8世纪（古坟时代后期）

【解题】

古坟群（圆坟）。古时被称作虾夷冢和四十八冢，由以熊野神社内为中心的16座有周沟的小型圆坟组成。出土了许多玛瑙等玉石以及刀剑、和同开珎、銙带金具和陶器等物。部分出土文物于花卷市博物馆展出。坟丘呈小山状，有用河原石建成的石室。熊野神社内发现了11座古坟。与古坟建造为同时期的聚落遗迹散布在周边。墓主人被认为是聚落的领导者及其家族。

【名称】藤泽狄森古坟群

【位置】岩手县紫波郡矢斤町藤泽

【年代】公元7世纪下半叶（古坟时代后期）

【解题】

岩手县指定史迹，古坟群。由超过100座古坟组成，1号古坟是岩手县指定史迹。出土的玉石、铁制武器和土器等合计1390件文物被指定为岩手县有形文化财，其中部分于矢斤町历史民俗资料馆展出。

【名称】稻荷森古坟

【位置】山形县南阳市长冈稻荷森

【年代】公元4世纪下半叶至5世纪初期（古坟时代前、中期）

【解题】

国家指定史迹，前方后圆坟。全长约96米。后圆部分分为三层，直径62米，高约10米，前方部分长34米，高约5米，是山形县最大的古坟。出土了部分葺石以及土师器、陶器片和人骨等，据推定是当时的首领的墓葬。现在已经被整理为史迹公园。

【名称】下小松古坟群

【位置】山形县东置赐郡川西町下小松

【年代】公元4世纪初期至6世纪（古坟时代全期）

【解题】

国家指定史迹，古坟群（前方后圆坟、圆坟等）。东日本最大的古坟群。前方后圆坟、前方后方坟、圆坟和方坟等总数202座古坟，分布在阵峰、永松寺、药师泽、鹰待场、小森山、尼泽。出土了许多铜镜、装身具、武器和农具等陪葬品。发掘调查仍在进行。

【名称】菅泽山古坟群

【位置】山形县山形市菅泽山崎外

【年代】公元5~6世纪（古坟时代中、后期）

【解题】

山形县指定史迹，古坟群（圆坟）。由建造在丘陵上的三座古坟组成的古坟群是市史迹。最大的是2号古坟，其北边是1号古坟，西边是3号古坟。建造于5世纪下半叶的2号古坟分为两层，直径约52米，高约5米，环绕有周濠，作为东北地区最大的圆坟被指定为山形县史迹。这里发现了圆筒形及朝颜形埴轮、房屋形、甲胄形等的形象埴轮和马形等的动物埴轮，其中八件被指定为山形县有形文化财。虽然内部主体尚未发掘，但是木棺直葬的可能性很高。

【名称】大之越古坟
【位置】山形县山形市门传
【年代】公元5世纪下半叶（古坟时代中期）
【解题】

圆坟。为直径约15米的圆坟，环绕2米宽的周沟，推定是大豪族的墓葬。发现的两个组合式箱式石棺，出土了单凤环头大刀、直刀、铁剑、工具和土师器等。出土文物于山形县立博物馆展出。

【名称】天神森古坟
【位置】山形县东置赐郡川西町上小松
【年代】公元4世纪上半叶（古坟时代前期）
【解题】

山形县指定史迹，前方后方坟。前方部分是三味线的拨子形状的古老形态。全长75.5米，后方部分宽51米，高约4米，前方部分宽约32米，高约3米，是东北地区最大的古坟。出土了底部开孔的仪式用的壶，据推定是4世纪上半叶建造。

【名称】饭野坂古坟群
【位置】宫城县名取市饭野坂、名取丘
【年代】公元4世纪下半叶至5世纪上半叶（古坟时代前、中期）
【解题】

国家指定史迹，古坟群（前方后方坟、方坟）。由5座前方后方坟（山居北古坟、山居古坟、宫山古坟、观音冢古坟、药师堂古坟）和2座方坟（观音冢北 1 号古坟、2 号古坟）组成。药师堂古坟的中间连接部分出土了壶形埴轮。

【名称】追户、中野横穴墓群
【位置】宫城县远田郡涌谷町小冢追户泽
【年代】公元 7 世纪下半叶~9 世纪（古坟时代后期）
【解题】

横穴墓群。由 100 座以上的横穴墓组成的古坟群，A 地区的 9 座被整理成追户横穴历史公园。最大的 1 号墓深约 10 米，高约 2 米。出土的玉石在天平浪漫馆展出，陶器在町立史料馆展出。

【名称】山畑横穴群
【位置】宫城县大崎市三本目蚁袋
【级别】国家指定史迹
【解题】

公元 6~7 世纪（古坟时代后期），横穴墓群。约 25 座横穴墓组成的横穴墓群。6 号、10 号、15 号有用红色颜料画的圆纹和同心圆纹的壁画，是装饰古坟的本州北方界线。出土了土师器和须惠器等物。

【名称】远见冢古坟
【位置】宫城县仙台市若林区
【年代】公元 4 世纪末期至 5 世纪初期（古坟时代前期）
【解题】

国家指定史迹，前方后圆坟。全长 110 米，后圆部分直径 63 米，高 6.5 米，前方部分宽 37 米，高 2.5 米，古坟环绕周濠。后圆部分出土了两个木棺以及碧玉玉管、玻璃珠和涂黑漆的竖式梳子等。出土文物于仙台市博物馆展出。

二　东北地方

【名称】雷神山古坟

【位置】宫城县名取市植松山、爱岛小豆岛片平山

【年代】公元4世纪末期至5世纪初期（古坟时代前期）

【解题】

　　国家指定史迹，前方后圆坟。全长168米，后圆部分直径96米，高12米，前方部分分成三层，宽96米，高6米，设置葺石、周濠，是东北地区最大的前方后圆坟。从出土的壶形埴轮和底部穿孔壶形陶器推定古坟建造于4世纪末期。

【名称】大代横穴墓群

【位置】宫城县多贺城市大代5丁目

【年代】公元7~8世纪（古坟时代后期）

【解题】

　　国家指定史迹，横穴墓群。虽然现在发现了27座墓葬，但崖面已被削去，原形没能保存。横穴墓由墓室、墓门、墓道构成。出土了金铜装头椎大刀（出土分布的北方界线）、直刀、玉石和土器等，展出于多贺城史游馆。

【名称】上野山古坟群

【位置】宫城县柴田郡村田町、柴田町

【年代】公元7世纪下半叶至8世纪初期（古坟时代后期）

【解题】

　　国家指定史迹，古坟群。位于上野山丘陵。目前发现了寺后墓群分支A—B群50座，立石墓群分支14座，日当山墓群分支A—G群121座，长洼山墓群分支B—E群64座（A群已消失），鹿野山墓群分支A—D群65座，共计314座古坟。是东北地区规模最大的古坟群。

· 203 ·

【名称】泉崎横穴

【位置】福岛县西白河郡泉崎村泉崎白石山

【年代】公元6世纪末期至7世纪初期（古坟时代后期）

【解题】

国家指定史迹，横穴墓。在宽约1.95米，深约2米，高约1.1米的墓室中，三面墙壁和顶棚有用红色颜料绘制的人物、马、旋涡和珠文等。出土了直刀、刀和铜环等物。泉崎资料馆展出了壁画的原比例照片展板。

【名称】大安场古坟群·大安场古坟

【位置】福岛县郡山市田村町大善寺大安场

【年代】公元4世纪下半叶（古坟时代前期）

【解题】

国家指定史迹，前方后方坟。东北地区最大的前方后方坟。全长约83米，后方部分分为三层，前方部分分为两层。以大刀为首的武器和壶形陶器等出土文物被指定为福岛县重要文化财。古坟被整理复原为了大安场史迹公园。大安场古坟和周边的4座圆坟（2~5号古坟）组成了大安场古坟群。

【名称】一箕古坟群·会津大冢山古坟

【位置】福岛县会津若松市一箕町八幡北泷泽

【年代】公元4世纪中期至下半叶（古坟时代前期）

【解题】

国家指定史迹，前方后圆坟。以全长114米傲然屹立的一箕古坟群是东北地区最大的大型古坟。后圆部分发现了两个木棺。三角缘神兽镜、素环头大刀和碧玉制纺锤车等出土文物被指定为国家重要文化财，一部分于福岛县立博物馆展出。

二　东北地方

【名称】樱井古坟群·樱井古坟
【位置】福岛县南相马市原町区上涩佐原畑
【年代】公元 4 世纪下半叶（古坟时代前期）
【解题】
　　国家指定史迹，前方后方坟。东北地区最大的前方后方坟。全长 74.5 米，后方部分分为三层，环绕周濠，并排安置了两个割竹形木棺。据推测墓主人是有权势的豪族。出土了二重口缘壶等文物。同附近的古坟一起构成了樱井古坟群。

【名称】真野古坟群
【位置】福岛县南相马市鹿岛区寺内、小池等
【年代】公元 5~6 世纪中期（古坟时代中、后期）
【解题】
　　国家指定史迹，古坟群（圆坟等）。由包含寺内地区的全长约 25 米的 2 座前方后圆坟和 2 座大型圆坟在内的 100 座圆坟和小池地区的 19 座圆坟构成的古坟群。出土了铠甲、马具、玉石和青铜马铃。镀金铜制双鱼袋金具被指定为福岛县重要文化财，于福岛县立博物馆展出。

【名称】正直古坟群
【位置】福岛县郡山市田村町正直
【年代】公元 5 世纪中期（古坟时代前、中期）
【解题】
　　古坟群（前方后方坟、圆坟、方坟）。古坟时代前期至中期的古坟群。由古坟群内最大的一座全长约 37 米的前方后方坟和总数 40 座以上的圆坟及方坟组成，现存约 20 座古坟。发现了木棺和箱式石棺，出土了许多人骨、玉石、武器和石制模造品等物。

【名称】十九坛古坟群

【位置】福岛县喜多方市盐川町中屋泽、金桥

【年代】公元 4 世纪末期至 5 世纪初期（古坟时代前期）

【解题】

古坟群（前方后方坟等）。分布于会津盆地东北部的丘陵上。因为由 19 座坛（冢）组成而得名。现存有古坟群内最大的一座全长 23.8 米的前方后方坟（3 号古坟）和 3 座方坟。从 3 号古坟中出土了土师器、铁剑，还发现了有木棺直葬痕迹的土层。

【名称】冢野目古坟群·八幡冢古坟（1 号古坟）

【位置】福岛县伊达郡国见町冢野目前畑

【年代】公元 5 世纪中期（古坟时代中期）

【解题】

福岛县指定史迹，帆立贝形。冢野目古坟群由 34 座以上古坟构成，最大的 1 号古坟号称是县内中通地区最大的古坟。作为冢野目古坟群的主坟，是环绕周濠的帆立贝型前方后圆坟。全长 76 米，坟长 66~68 米，后圆部分直径 52.4 米，高 6 米。表面有葺石，除了大型朝颜型圆筒埴轮外，还在坟丘东侧下部出土了土师器高座盘脚部和小型壶等文物。

【名称】田村山古坟

【位置】福岛县会津若松市北会津町田村山冢越

【年代】公元 4 世纪（古坟时代前期）

【解题】

前方后圆坟（全部为帆立贝形）。全长 24.8 米，后圆部分直径 17.4 米，高 2.15 米的前方后圆坟。据推定建造于 4 世纪，墓主人是有权势的人。除东北地区少见的中国制造的 2 面内行花纹镜外，还出土了直刀、

玉管和土器等文物，被指定为福岛县重要文化财。

【名称】中田横穴
【位置】福岛县岩城市平沼之内中田
【年代】公元6世纪下半叶（古坟时代后期）
【解题】
　　国家指定史迹，横穴墓。5座横穴墓列为三层。最下层的1号横穴有羡道、前室、后室组成的复式横造结构，后室的墙壁有用红色和白色颜料绘制的连续三角文。出土的玉石、金环、直刀、马具和铜制品等于岩城市考古资料馆展出。

【名称】羽山横穴
【位置】福岛县南相马市原町区中太田
【年代】公元6世纪末期（古坟时代后期）
【解题】
　　国家指定史迹，横穴墓。由前庭部分、墓门和墓室组成，墓室内有用红色和白色颜料绘制的人物、马和旋涡文等图案。据推定是豪族的墓葬。镀金铜太刀、马具和装身具等出土文物的一部分及墓葬的复原模型于南相马市博物馆展出。

【名称】宇内青津古坟群
【位置】福岛县河沼郡会津坂下町青津、宇内、稻荷冢等
【年代】公元4世纪以后（古坟时代前期、中期、后期全期）
【解题】
　　国家指定史迹、福岛县指定史迹，古坟群（前方后圆坟、前方后方坟、圆坟、方坟）。以龟森古坟和镇守森古坟为中心，分布于会津丘陵（宇内）和丘陵东侧下面的平原部分（青津）的古坟群。包括6座前方后

· 207 ·

圆坟、4座前方后方坟和各种圆坟及方坟。雷神山1号古坟、森北1号古坟、出崎山3号古坟和7号古坟被认为属于古坟时代前期，锻冶山4号古坟被认为属于古坟时代后期。

龟森古坟：位于河沼郡会津坂下町青津。福岛县内最大的前方后圆坟（国史迹），全长约127米，时期为4世纪下半叶。后圆部分建成三层，有葺石和涂赤彩的埴轮，周围有残留了发掘遗迹的水田。前方部分被作为墓地，后圆部分建造了稻荷神社和观音堂，中世时期被作为贵族的宅邸使用。

镇守森古坟：位于河沼郡会津坂下町青津。平行建造于龟森古坟向南100米处，全长约56米，时期为4世纪中期的前方后方坟。已经发现了周濠，现在仍有部分残留。从出土的二重口缘壶推定古坟建造时间为4世纪中期。与龟森古坟一起被指定为国家指定史迹。

杵森古坟：位于河沼郡会津坂下町稻荷冢。与宇内青津古坟群的龟森古坟稍有距离，被认为是邻接臼森古坟的其他古坟群。建造时间为3世纪末期至4世纪初期的福岛县内最古老的前方后圆坟（县史迹）。全长45.6米，后圆部分分为两层，直径25.6米，高约2米，前方部分宽约19米，长20米，环绕周濠。出土有土师器。和周边的周沟墓和竖穴住居遗迹一同被整理保存为公园。

三　关东地方

【名称】丸山古坟群·丸山古坟（1号坟）、二子冢古坟（4号坟）

【位置】茨城县石冈市柿冈

【年代】公元4世纪后半期（古坟时代前期、后期）

【解题】

茨城县指定史迹，古坟群（前方后方坟）。丸山古坟群是由丸山古坟和二子冢古坟等约30座古坟构成的古坟群。丸山古坟，是位于高友丘陵中央的茨城县境内最古老的古坟，全长55米，高6米，是罕见的前方后方坟。发现有内行花纹镜、武器、玉器等众多陪葬品。根据遗骸头部位置等信息推定，墓葬埋葬者可能是有权力的统治者，且与邪马台王权有密切关系。也传说是第10代崇神天皇的第一皇子丰城入彦命的坟墓。二子冢古坟，位于丸山古坟以东30米处，并设有横穴式石室。丸山古墓出土了剑、箭镞（县重文），二子冢古坟出土了圆筒埴轮和人、马等形象的埴轮。

【名称】富士见冢古坟群

【位置】茨城县霞浦市柏崎

【年代】公元5世纪末至6世纪下半叶（古坟时代后期）

【解题】

茨城县指定史迹，古坟群（前方后圆坟、圆坟等）。由 1 座前方后圆坟（1 号古坟）和 3、4 座圆坟组成的古坟群。1~3 号古坟为茨城县指定史迹。从出土文物推定，1 号、2 号古坟建造于 5 世纪末至 6 世纪初，3 号古坟建造于 6 世纪下半叶。以富士见冢古坟为中心修建了公园和陈列馆，陈列馆可以参观出土文物等。

1 号古坟（富士见冢古坟）：5 世纪末至 6 世纪初的前方后圆坟，坟丘全长约 80 米，前方部分朝东，环绕了宽 16~26 米的盾形周壕。前方部分和后圆部分之间细腰部分的西南侧有造出。后圆部分发现了 2 个黏土椁，前方部分发现了内壁涂红、埋葬复数遗体的箱式石棺 1 个。除直刀、铁镞、镀金铜马具、玉管、玻璃球等陪葬品外，周濠和坟丘下摆、细腰部的造出等处还出土了圆筒埴轮和形象埴轮。富士见冢古坟出土的形象埴轮中有人物和房屋，以及全国都少见的鹿等形象。

2 号古坟、3 号古坟：2 号古坟直径 34 米，出土了须惠器瓮和镀金铜剪具。3 号古坟是直径 27 米的圆坟，顶部中心位置的箱型石棺中发现了被认为是女性的部分人骨和陪葬品，从顶部周边出土了许多埴轮。四周环绕周堀。

【名称】十五郎穴横穴墓群

【位置】茨城县常陆那珂市中根

【年代】公元 8 世纪（古坟时代后期）

【解题】

茨城县指定史迹，横穴墓群。古坟时代末期至奈良、平安时代的日本规模最大的横穴墓群。推测超过 300 座的横穴墓分为三个支群，其中 34 座为茨城县指定史迹。出土了人骨、玉器和须惠器等许多文物。在近年的发掘调查中也出土了类似正仓院宝物的带金属零件的刀子。

三 关东地方

【名称】三昧冢古坟

【位置】茨城县行方市冲州

【年代】公元5世纪下半叶（古坟时代中期）

【解题】

前方后圆坟。全长约85米。被修整为古坟公园。在后圆部分发现了组合式箱式石棺和储藏陪葬品的设施。埴轮、玉器、武器等出土文物中，镀金铜制马形装饰冠及其他物品于茨城县立历史馆保管陈列。

【名称】舟冢山古坟群·舟冢山古坟

【位置】茨城县石冈市北根本

【年代】公元5世纪下半叶（古坟时代中期）

【解题】

国家指定史迹，前方后圆坟。舟冢山古坟群由6座前方后圆坟、20座圆坟、1座方坟、14座形式不明的古坟共计41座（现存25座）古坟组成。舟冢山古坟群的主坟，以茨城县内最大、东日本地区排名第二的规模而著称。全长186米，后圆部分建成3层，直径90米，高11米，前方部分宽100米，高10米。从周濠出土了圆筒埴轮。从被认为是陪冢的圆坟中发现了木棺，出土了直刀、短甲和盾等文物。同后圆部分相比，前方部分很长，和大山古坟（大阪）样式相同。权威的观点认为这是茨城国造筑紫刀祢尊的墓葬。后圆部分供奉着鹿岛神社，与府中爱宕山古坟的"出船"相对，被称作"入船"。出土文物于常陆风土记之丘陈列。

【名称】月田古坟群

【位置】群马县前桥市粕川町月田

【年代】公元6世纪中期至7世纪（古坟时代后期）

【解题】

群马县指定史迹，古坟群（前方后圆坟、圆坟等）。月田古坟群由超过 50 座古坟组成。镜手冢古坟为其中核心的古坟，全长约 28 米，设置葺石、周堀。后圆部分的乱石积片袖型横穴式石室全长约 6 米。从坟丘出土了形象埴轮（人物、马、屋形等），从石室出土了人骨、直刀、耳环等物。据推定是有权势的氏族的墓葬。坛冢古坟直径约 25 米，高约 4 米，建成 2 层，设置了葺石、埴轮。周堀距离较远，在石室前设置了渡口。全长约 7.4 米的片袖型横穴式石室中出土了直刀和铁镞等文物。

【名称】绵贯古坟群·观音山古坟（绵贯观音山古坟）等

【位置】群马县高崎市绵贯町

【年代】公元 5 世纪中期至 6 世纪下半叶（古坟时代中、后期）

【解题】

　　国家指定史迹，古坟群（前方后圆坟、圆坟）。由 4 座前方后圆坟（观音山古坟、不动山古坟、岩鼻二子山古坟、普贤寺里古坟）和圆坟群组成。发掘资料及出土文物等陈列于群马县立历史博物馆。主坟观音山古坟是 6 世纪下半叶的前方后圆坟，全长 97 米，后圆部分直径 61 米，高 9.5 米。前方部分宽 64 米，高 9 米，古坟建成 2 层环绕周堀，未设置葺石。据推定是本地统治者的墓葬。包含圆筒埴轮及形象埴轮在内，石室入口附近还出土了看起来是表现送葬礼仪样子的军人、农夫、三个巫女列队的埴轮。两袖式横穴式石室位于后圆部中段，开口向西南方向，石室全长约 12.5 米，玄室部分长 8.2 米，宽约 3.8 米，高约 2.3 米。墙面使用了火山岩，顶棚使用了牛伏砂岩的巨石建成。出土了包含能够反映同大陆交流的兽带镜及铜水瓶在内的许多陪葬品。出土文物全部被指定为国家指定重要文化财。

【名称】大室古坟群

【位置】群马县前桥市西大室町

【年代】公元 6 世纪（古坟时代后期）

三 关东地方

【解题】

国家指定史迹，古坟群（前方后圆坟）。由包含前二子古坟、中二子古坟、后二子古坟这三座大型前方后圆坟在内的 10 座以上大、小古坟组成。前二子、中二子、后二子、小二子古坟被修整为大室公园，其中前二子、后二子古坟的石室对外开放参观。

前二子古坟：6 世纪上半叶的前方后圆坟，传说是丰城入彦命和后代们的墓葬的大室古坟群的其中一座。全长约 95 米，建成 2 层，设置葺石、大型圆筒埴轮及形象埴轮（持盾的人、马、屋形、盾、大刀、矛等）。周围环绕堀和堤。后圆部分有全长约 14 米的两袖型横穴式石室，内部前面涂上了红色颜料。出土了铜镜、装身具、铠甲、镀金铜马具、农具、土师器及须惠器等许多文物。

后二子古坟：6 世纪的前方后圆坟，全长约 85 米。古坟建成 2 层，环绕周堀，设置了贴附有大、小猿及犬的小雕像的圆筒埴轮和人物、马、盾、大刀等形象埴轮。用巨石建成的两袖型横穴式石室全长约 8.5 米。出土了铠甲、装身具、马具及须惠器等文物。为了出入在地基上向下挖掘出的石室，石室前掘出了沟状的墓道，两侧复原了当时仪式的遗迹。

中二子古坟：6 世纪中期的前方后圆坟，全长约 111 米，建成 2 层。设置了葺石、圆筒埴轮、持盾的人等形象埴轮，环绕 2 重周堀。据推定是大豪族的首领墓葬。

小二子古坟：6 世纪下半叶的前方后圆坟，在后二子古坟和西面的山之间整齐修建。全长 38 米的 2 层古坟出土了许多圆筒埴轮和形象埴轮（武人、巫女、马、屋形、盾、大刀等）。无袖型横穴式石室全长约 6 米。

【名称】白石古坟群
【位置】群马县藤冈市上落合、三木、白石等
【年代】公元 5 世纪上半叶至 7 世纪（古坟时代中、后期）

【解题】

国家指定史迹、群马县指定史迹,古坟群(前方后圆坟、圆坟、方坟、八角坟等)。由七舆山支群、猿田支群、下乡支群、稻荷山支群组成的古坟群。特征是包含了前方后圆坟、方坟、圆坟等各时代的各种各样形态的古坟。

伊势冢古坟:6世纪下半叶。直径27.2米,高约6米。本被认为是圆坟,现在的观点是4层的不规则八角形坟。两袖型横穴式石室是胴张型(边向外凸)的平面形状,特征为模样积(石块堆砌的一种形式)。入口处疑似架设了横木。出土了圆筒、人物、盾形的埴轮及须惠器。

平井地区1号古坟:6世纪下半叶的2层圆坟,直径24米,高约4米,设置了葺石、排列埴轮、周沟、祭祀遗址。石室为两袖型横穴式石室。铠甲、马具、装身具、完整形态的2把装饰大刀(金铜装单凤环头大刀、银象嵌圆头大刀)等出土文物被指定为国家重要文化财。

皇子冢古坟:6世纪下半叶的4层圆坟,直径31米。两袖型横穴式石室由羡道、前室、玄室组成。前室之前为河滩石的乱石积,玄室为凝灰岩的切石积。出土了人骨、刀装零件、单龙环头大刀的刀把末端及须惠器等。

七舆山古坟:6世纪上半叶的3层前方后圆坟,是东日本地区同时期古坟中规模最大的,全长145米,前方部分和后圆部分均高16米。发现了葺石、周沟。除有7条突带(突出的带状纹样)的大型圆筒埴轮外,还出土了形象埴轮、须惠器及土师器等。

白石稻荷山古坟:5世纪上半叶的3层前方后圆坟,全长约175米,后圆部分直径92米,高13.5米。后圆部分坟顶发现了2个竖穴式砾椁。除铜镜、直刀、装饰品、石制模造品(石枕、坩、勾玉、木屐、刀子等)外,还出土了被认为是豪族宅邸的屋形埴轮和短甲埴轮,被东京国立博物馆收藏、陈列。同邻接的陪冢十二天冢古坟及十二天冢北古坟一起被指定为国家指定史迹。

三 关东地方

【名称】总社古坟群
【位置】群马县前桥市总社町植野、总社等
【年代】公元5世纪下半叶至8世纪初（古坟时代后期）
【解题】

国家指定史迹，古坟群（前方后圆坟、方坟等）。在2.5公里的范围内散布着古坟时代后期至末期的古坟。特别是7世纪时相继建成了县内最大规模的古坟。现存的大型古坟有二子山古坟、爱宕山古坟、宝塔山古坟、蛇穴山古坟、王山古坟、远见山古坟等。

总社二子山古坟：6世纪下半叶至末期的前方后圆坟。全长约90米，前方部分宽61米，后圆部分直径44米。前方部分和后圆部分各发现了一个横穴式石室。后圆部分的石室加工使用榛名山二岳火山喷发形成的安山岩建成，全长约8.6米，玄室长约7米。前方部分的石室使用天然岩石建成，全长8.7米，玄室长4.2米，同宽2.1米。前方部分石室较新，有两个时期不同的石室是非常少见的古坟形式。

蛇穴山古坟：7世纪末至8世纪初的方坟。边长约40米，高约5米。无羡道而由玄门和3米长的玄室组成的两袖型横穴式石室，和邻接的宝塔山古坟同样是用精巧的截石切组积方法建造的玄室，玄室发现了灰泥的痕迹。顶棚和墙壁各由一块巨石加工建成。

宝塔山古坟：7世纪下半叶~8世纪初的方坟。边长约55米，高约11米。横穴式石室由羡道、前室、玄室组成，墙壁也有灰泥抹墙的痕迹。屋形石棺的底部和四条边被雕刻成格狭间形（雕刻装饰的一种），这反映了佛教文化的影响。

【名称】南下古坟群·A号古坟等
【位置】群马县北群马郡吉冈町南下
【年代】公元6世纪中期至7世纪末期（古坟时代后期）

【解题】

古坟群（圆坟、群集坟等）。古坟时代后期—末期的群集坟。40多座古坟中，现存的只有9座。古坟群被修整为公园，建造年代不同的A—E号古坟的石室内部可以参观，可以很好地了解石室构造及建筑技术等的变迁。

南下A号古坟：7世纪末的2层圆坟，建造于被称作阵场岩屑流的流山的南侧斜面半山腰的山寄式（建造于山体侧面的形式）古坟。直径20~27米，高约4米。是否有葺石、埴轮、周沟、出土文物，情况不明。开口向正南的两袖型横穴式石室使用角闪石安山岩截石切组积（加工石块的堆砌方式）。玄门及冠石的加工技术也与其他古坟区别明显。玄室的墙壁残留了灰泥的痕迹，近年的调查发现了被认为是玄室及羡道的墙面的石材加工、建造墙体时的作业线的红线。

【名称】奈良古坟群

【位置】群马县沼田市奈良町

【年代】公元7世纪末（古坟时代后期）

【解题】

群集坟。过去被称作"奈良百冢"，虽然曾有许多座小型圆坟，但是现存仅17座。设置了葺石，埋葬设施为天然岩石乱石积的横穴式石室。出土了武器、马具和装身具。镀金铜马具的装饰零件用细线雕刻了纹样。

【名称】二山古坟（1号古坟、2号古坟）

【位置】群马县太田市新田天良町

【年代】公元6世纪下半叶至7世纪初（古坟时代后期）

【解题】

群马县指定史迹，前方后圆坟。由2座古坟组成。1号古坟建成2

三 关东地方

层，全长 74 米，高 6 米。设置了葺石，发现有周堀的遗迹。据推定是本地拥有最大权力的豪族墓葬。古坟顶部出土了形象埴轮，下摆部出土了 2 行排列的圆筒埴轮，数量很多。割石乱石积的无袖型横穴式石室深约 7 米，高 1.8~2.1 米，顶棚用岩石砌成。内壁为一整块岩石，两侧墙壁为乱石积。石室出土了镀金铜双龙纹环头太刀把头及圭头把头等文物。2 号古坟建成 2 层，全长 45 米，位于 1 号古坟南侧的近旁。已发现周堀遗迹。后圆部分南侧开口的天然岩石乱石积横穴式石室，现已填埋。2 号古坟南侧细腰部出土了埴轮片，北侧的周堀出土了圆筒埴轮等文物。

【名称】保渡田古坟群
【位置】群马县高崎市保渡田町、井出町
【年代】公元 5 世纪下半叶（古坟时代中期）
【解题】

国家指定史迹，古坟群（前方后圆坟）。由井出二子山古坟、八幡冢古坟、药师冢古坟这三座大型前方后圆坟组成。3 座古坟都被推定为豪族的墓葬，依井出二子山古坟→八幡冢古坟→药师冢古坟的顺序建成。以井出二子山古坟和八幡冢古坟为中心的地区被修整为史迹公园，邻接的上毛野里博物馆陈列了古坟群的复原模型及药师冢古坟的部分出土文物等展品。

井出二子山古坟：3 层古坟全长约 108 米，设置葺石、埴轮、周堀。内堀中有 4 个祭祀场所。后圆部分坟顶的舟形石棺虽然遭到盗掘，但仍出土了玉器、镀金铜马具、铠甲及农具等的碎片。其中也包含了朝鲜半岛制造的遗物。

八幡冢古坟：全长约 96 米，坟丘建成 3 层，设置了葺石及六千个以上的圆筒埴轮。周濠被划分为内堀、外堀、外周沟三重，内堀内有 4 个祭祀场所。内堤发现了近百个人物和动物埴轮，后圆部分顶部发现了舟形石棺及竖穴式石室，也出土了马具等文物。其中也包含了朝鲜半岛制造的器物。

药师冢古坟：位于西光寺内的3层古坟全长约105米，设置了葺石、埴轮，环绕二重周堀。后圆部分用凝灰岩挖凿成的舟形石棺于江户时代被发掘，镜、玉器及马具等出土文物被指定为国家重要文化财。石棺被保存在坟丘上，可以参观。

【名称】虚空藏冢古坟
【位置】群马县涩川市元町
【年代】公元7世纪下半叶（古坟时代后期）
【解题】

群马县指定史迹，圆坟。位于江田船山古坟的西南偏南，直径13米，建成2层。石室宽1.3米，高约1.9米，左右墙壁向内有约10度的倾斜。墙壁和地面由石块修造，有前庭而无羡道。石室中供奉着虚空藏菩萨。

【名称】古海原前1号古坟
【位置】群马县邑乐郡大泉町古海
【年代】公元5世纪下半叶（古坟时代中期）
【解题】

群马县指定史迹，帆立贝形。古坟建成3层，全长约37米，环绕周堀，出土了埴轮、土师器、须惠器。发现4个埋葬设施是纵向重叠的状态。出土了画文带神兽镜、玉器、银装环头大刀及马具等文物。古坟已修整复原。

【名称】笹森古坟
【位置】群马县甘乐郡甘乐町福岛

【年代】公元 6 世纪下半叶（古坟时代后期）

【解题】

群马县指定史迹，前方后圆坟。全长约 101 米，后圆部分直径约 60 米，前方部分宽约 61 米，高约 10 米。两袖型横穴式石室全长约 16 米。出土了五铃镜，勾玉及镀金铜耳环等文物。据推定是豪族的墓葬。

【名称】山之上古坟·山上碑及古坟

【位置】群马县高崎市山名町山神谷

【年代】公元 7 世纪中期（古坟时代后期）

【解题】

特别史迹、国家指定史迹，圆坟。山寄式古坟直径约 15 米，有精致的切石积横穴式石室。石室长 7.4 米，玄室长 2.7 米。古坟旁边的山上碑是保存完好的日本最古老的石碑，是 681 年放光寺的僧人长利为了祭奠母亲而建造的墓碑。古坟的建成时间比石碑更早。据推定原来是长利祖父的墓葬，其母亲是后来葬入。

【名称】太田天神山古坟

【位置】群马县太田市内岛町

【年代】公元 5 世纪上半叶（古坟时代中期）

【解题】

国家指定史迹，前方后圆坟。也被称作男体山，全长 210 米，后圆部分直径 120 米，高约 16.5 米，前方部分约 126 米，高 11.7 米，规模为东日本地区最大。古坟建成 3 层，设置葺石、埴轮（圆筒、屋形、楯形、水鸟形等），环绕 2 重周堀，有 2 座陪冢。古坟是在平地上将土壤堆积起来修建而成。江户时代就发掘出了有绳挂突起的长持形石棺。据推定墓主人是与畿内大和王权有密切关系的毛野国的大首领。

【名称】八幡观音冢古坟

【位置】群马县高崎市八幡町

【年代】公元6世纪末（古坟时代后期）

【解题】

　　国家指定史迹，前方后圆坟。全长约100米，前方部分环绕大型周堀。巨石堆积建成的两袖型横穴式石室羡道长8.15米，玄室长约7.45米，据推定顶棚岩石重量约60吨，古坟规模在东日本地区屈指可数。规模可以同奈良的石舞台相比，因此被称作群马的石舞台。石室内除人骨外还出土了4面铜镜以及铜碗、武器、铠甲、镀金铜马具、工具和须惠器等文物（国重文），出土了约300件陪葬品。出土文物陈列于市内的观音冢考古资料馆。

【名称】前桥八幡山古坟

【位置】群马县前桥市朝仓町4-9

【年代】公元3世纪末（古坟时代前期）

【解题】

　　国家指定史迹，前方后方坟。全长约130米，是东日本地区最大的前方后方坟。后方部分宽72米，高12米，前方部分宽59米，高8米，设置葺石，环绕周堀。大正时代被盗掘时，后方部分发现了黏土块和玉制铺路石，推定有竖穴式石室存在。

【名称】前桥天神山古坟

【位置】群马县前桥市广濑町

【年代】公元4世纪初期（古坟时代前期）

【解题】

　　群马县指定史迹，前方后圆坟。全长约129米，在县内规模最大。古坟建成3层，设置葺石、底部穿孔壶形土器，环绕周沟。出土了包括三角缘神兽镜在内的 5 面铜镜、纺锤车形石制品、素环头大刀、铜箭镞及铁制品等许多文物（国重文）。古坟仅保存了后圆部分的黏土椁。

【名称】羽生田茶臼山古坟
【位置】栃木县下都贺郡壬生町羽生田
【年代】公元 6 世纪下半叶（古坟时代后期）
【解题】
　　国家指定史迹，前方后圆坟。坟丘建成 2 层，一层全长 91 米，二层全长 66 米。高约 6 米，设置了葺石。环绕宽约 20 米的周沟，其外侧残留着宽约 5 米，高约 1~3 米的盾形土堆（周堤），保存状态良好。出土了屋形埴轮和圆筒埴轮。

【名称】足利公园古坟群
【位置】栃木县足利市绿町
【年代】公元 6 世纪至 7 世纪上半叶（古坟时代中、后期）
【解题】
　　古坟群（圆坟、前方后圆坟）。由约 20 座圆坟和 1 座前方后圆坟组成，现存其中 10 座，有 3 座为市指定史迹。

　　1 号古坟：直径约 16 米，高度超过 4.5 米的圆坟，坟丘建成 2 层。谷侧设置葺石，一层平台按一定的间距排列埴轮。内部主体为朝向东南的无袖型横穴式石室，长度在 3.5 米以上，高约 1.75 米。内壁为两块山石叠放，侧壁为河滩石的小口积（小石块的堆积方式）。出土了人骨、玉器、金银环、直刀、刀子、铁箭镞等。还出土了耳环、屋形埴轮、漏斗形埴轮、圆筒埴轮、须惠器等文物。

　　3 号古坟：全长约 34 米的前方后圆坟。内部主体为两袖式横穴式石室。出土了直刀、刀子、铁锹、马具、金银环、玉器。

【名称】下野风土记之丘

【位置】枥木县下野市、小山市、枥木市等

【年代】公元 5 世纪末至 9 世纪（古坟时代中、后期）

【解题】

国家指定史迹、枥木县指定史迹，前方后方坟、帆立贝形、遗迹等。位于思川和姿川之间台地上的数座古坟和奈良—平安时代建立的国分寺、国分尼寺的遗迹，现被修整为下野风土记之丘。

摩利支天冢古坟：位于小山市饭冢。5 世纪末至 6 世纪初期的前方后圆坟，全长约 120.5 米，出土了埴轮。邻接琵琶冢古坟，坟丘建成 2 层，前方部分中央为尖锐的菱形。周沟宽度 20 米以上，部分地方为 2 重。据推定墓主人是最初统一下毛野国的大首领。后圆部分的坟顶供奉着摩利支天社。

琵琶冢古坟：位于小山市饭冢。6 世纪上半叶的前方后圆坟，全长约 123 米，为县内规模第二大的古坟。后圆部分建成 3 层，直径约 75 米，高约 11 米，前方部分建成 2 层，宽约 64 米，高约 9 米。环绕宽 20 米以上的周沟（部分地方为 2 重）。出土了圆筒埴轮及土师器等文物。

爱宕冢古坟：位于下都贺郡壬生町壬生。6 世纪下半叶的前方后圆坟。古坟建成 2 层，1 层为宽阔的平台（基坛），一层长 77 米，二层长 53 米。周围环绕盾形的外堀和堤，现存状态良好。前方部分供奉的是爱宕神社。

丸冢古坟：位于下野市国分甲。7 世纪上半叶的 2 层圆坟，直径约 74 米，高约 7.2 米。一层是宽约 10 米的平台。没有发现埴轮。坟丘南侧的横穴式石室墙壁和顶棚是一整块巨大的凝灰岩的切石积。玄门是把一整块岩石中心挖开制作的。

甲冢古坟：位于下野市国分寺。6 世纪下半叶的帆立贝形古坟，全长约 80 米，前方部分朝向南方，坟丘的一层是宽阔的平台（基坛）。出土了大量的陶器和马、人等形象埴轮。近年出土、修复了全日本范围内首次发现的表现女性织布形象的机织形埴轮2个。

吾妻古坟：位于枥木市大光寺町、下都贺郡壬生町。6世纪下半叶的前方后圆坟，为县内规模最大的古坟，全长127.85米。古坟1层和2层的形状不一样，周沟清晰可见。前方部分的横穴式石室内壁和侧壁使用了一整块硬质绿色岩石，玄门为凝灰岩石块，玄室前的侧壁为河滩石的小口积，羡门使用凝灰岩修造。古坟出土了挂甲小札（用皮带札起甲片的甲）、镀金铜制品、形象埴轮和圆筒埴轮等文物。

【名称】那须小川古坟群
【位置】枥木县那须郡那珂川町
【年代】公元4世纪上半叶至中期（古坟时代前期）
【解题】

国家指定史迹，古坟群（前方后方坟、方坟）。关东地区最古老的前方后方坟群。由分布在那须国造所在地区的中心，那珂川的支流权津川流域的驹形大冢古坟、吉田温泉神社古坟、那须八幡冢古坟3座前方后方坟和21座方坟组成的古坟群。

吉田温泉神社古坟：位于那须郡那珂川町吉田。吉田温泉神社古坟群的主坟，4世纪中期的前方后方坟。全长约47米，后方部分被挖平，只残留了供奉温泉神社的前方部分。没有明确的周沟。出土了剑、铁斧和土师器等文物。

那须八幡冢古坟：位于那须郡那珂川町吉田。4世纪中期的前方后方坟，那须八幡冢古坟群的其中一座。全长62米，设置葺石和周沟。后方部分坟顶下1米处发现了墓葬主体部分，推测为两端有黏土块的木棺。通过舶载镜夔凤镜、武器、土师器等出土文物，推测这是大豪族的墓葬。

驹形大冢古坟：位于那须郡那珂川町小川。4世纪初期的前方后方坟，全长60.5米，前方部分虽然被挖平，但可确定是拨形。1974年的发掘调查中，驹形大冢古坟的后方部分坟顶下约 1.5 米处出土了舶载镜画文带四兽镜，后方部分的埋葬设施（内部涂红的木炭椁）中还出土了玻璃球、武器、工具等丰富的陪葬品。坟顶也发现了殡葬和祭祀用的陶器。

【名称】冢山古坟群
【位置】枥木县宇都宫市西川田
【年代】公元 5 世纪下半叶（古坟时代中期）
【解题】

栃木县指定史迹，前方后圆坟。据推定冢山古坟群是统治本地的家族的墓葬，虽然曾经有许多圆坟和埴轮棺，但现存的仅有其中 4 座。冢山古坟是冢山古坟群的主坟，以前被称作兵库冢古坟。全长约 98 米，前方部分宽约 60 米，高约 8 米，后圆部分直径约 56 米，高约 9 米，但后圆部分的一部分被挖去了。坟丘建成 3 层，设置了葺石和埴轮，细腰部南侧有造出。前方部分的特征是像剑尖一样的形状。发现了盾形周沟的遗迹，在其外侧也发现了小规模的圆坟和埴轮棺。

冢山西古坟于西南方和冢山古坟邻接。全长约 66 米，后圆部分直径约 48 米，高约 7 米，坟顶部为平面，前方部分宽约 21 米，高约 3 米。周沟出土了圆筒埴轮和土器碎片，从避开冢山古坟的挖掘方式可以得知冢山西古坟建成于冢山古坟之后。

冢山南古坟于南侧和冢山古坟邻接的帆立贝形前方后圆坟，全长约 56 米，后圆部分直径约 37 米，高约 6 米，分顶部为平面，前方部分宽约 18 米，高约 3 米。一般认为冢山南古坟比冢山西古坟建成时间稍晚。从周沟出土了许多埴轮和陶器。

【名称】荒久台古坟群·益子天王冢古坟
【位置】栃木县贺芳郡益子町益子

三 关东地方

【年代】公元 5 世纪下半叶至 6 世纪上半叶（古坟时代中、后期）

【解题】

前方后圆坟。荒九久台古坟群 28 座古坟中的主坟，全长 43 米。后圆部分有带顶棚石的横穴式石室，玄室长 4.55 米。出土了硼化物制六兽镜、环头大刀、青铜铃和杏叶、武器、马具、埴轮、陶器等许多文物。

【名称】鸡冢古坟

【位置】栃木县真冈市京泉

【年代】公元 6 世纪下半叶（古坟时代后期）

【解题】

栃木县指定史迹，圆坟。直径约 20 米，高约 3 米的坟丘的西南部有开口的横穴式石室。毽球板形状的墓室，顶棚使用 6 块天然巨石并排修造。除玉器、马具之外，还出土了鸡、弹琴的男性、负子的女性等许多形象埴轮（东京国立博物馆收藏）。

【名称】金崎古坟群·大塯 1~3 号古坟、天神冢古坟

【位置】埼玉县秩父郡皆野町金崎

【年代】公元 6 世纪下半叶至 7 世纪初期（古坟时代后期）

【解题】

埼玉县指定史迹，古坟群。原本由 8 座以上古坟组成，但现存仅剩大塯 1~3 号古坟和其西南约 400 米处的天神冢古坟的 4 座圆坟。除大塯 1 号古坟外都是用长瀞系变成岩（结晶片岩的一种）的石板和石块修造的开口横穴式石室。天神冢古坟出土了圆筒埴轮片，大塯 3 号古坟出土了土师器和须惠器。大塯 3 号古坟的横穴式石室。玄室长 5.25 米，内壁最宽处 2.45 米。坟丘严重崩塌。据推定天神冢古坟建造于 6 世纪下半叶，3 号古坟建造于 7 世纪初期。

【名称】若小玉古坟群・地藏冢古坟

【位置】埼玉县行田市藤原町

【年代】公元 7 世纪中期（古坟时代后期）

【解题】

埼玉县指定史迹，方坟。据推定是边长约 28 米，高约 4.5 米，环绕周堀的方坟。横穴式石室的内壁和侧壁上残留了戴黑漆帽子的人、拉弓的人、房屋、鸟的形象的岩石刻画。出土了铁箭镞、须惠器片等文物。坟顶供奉着地藏堂。

【名称】埼玉古坟群

【位置】埼玉县行田市埼玉等

【年代】公元 5 世纪下半叶至 7 世纪初期（古坟时代中、后期）

【解题】

国家指定史迹，古坟群。由 33 座古坟组成的东日本地区代表性的古坟群，埼玉古坟公园内保存了 9 座大型古坟（8 座前方后圆坟和 1 座圆坟）。大型古坟和周堀相接的形式是全国罕见的。现在发掘调查仍在继续。

稻荷山古坟：古坟群内最古老的古坟，建造于 5 世纪下半叶的前方后圆坟。全长 120 米，环绕 2 重周堀。2 个埋葬设施中出土了刻有 115 字的错金铭铁剑、挂甲、马具等文物（国宝）。

丸墓山古坟：建造于 6 世纪上半叶。直径 105 米，是日本最大的圆坟。设置了埴轮。尚未发掘，内部构造不明。因 1590 年水攻忍城时，石田三成在此布阵而闻名。

二子山古坟：建造于 6 世纪上半叶，全长 138 米，是武藏国内最大的前方后圆坟。别名观音寺山。环绕 2 重周堀，中堤西侧设有造出。尚未发掘，内部构造不明。

将军山古坟：建造于 6 世纪下半叶，全长 90 米的前方后圆坟。横穴式石室出土了马胄、蛇行状铁器、环头大刀、铜鋺等文物。坟丘上排列了埴轮等，复原了建造时的样子。

瓦冢古坟：建造于6世纪上半叶，全长73米的前方后圆坟。设置埴轮，环绕2重周堀，前方部分西侧设置了造出。出土了圆筒、屋形、水鸟形、人物等埴轮。

铁炮山古坟：建造于6世纪下半叶，全长109米的前方后圆坟。过去被称作御风吕山，因曾是忍藩的炮术练习场而得名。环绕2重周堀，出土了圆筒埴轮片和土器类。

爱宕山古坟：建造于6世纪上半叶，全长53米的前方后圆坟。因为坟丘上曾经供奉的爱宕神社而得名。设置了2重周堀。出土了圆筒、大刀、盾等器物埴轮和武人等人物埴轮。

奥之山古坟：建造于6世纪下半叶的前方后圆坟。近年的调查确定古坟全长66米，环绕2重梯形周堀（空堀）。造出部分出土了埴轮和关东地区少见的装饰须惠器。

中之山古坟：建造于6世纪末至7世纪初，全长79米的前方后圆坟，但后圆部分变成了细长形状。环绕2重周堀。据说古坟曾经出土过石棺。古坟还出土了有九州北部特征的须惠质埴轮壶。

【名称】甲山古坟

【位置】埼玉县熊谷市胄山

【年代】公元6世纪（古坟时代后期）

【解题】

埼玉县指定史迹，圆坟。建成2层的古坟直径约90米，高约11.25米，出土了埴轮片。江户时代的地志有出土了甲胄、埴轮、玉、镜、太刀等文物，又被重新埋回的记载。坟顶供奉着八幡神社，坟丘东侧供奉着胄山神社。

【名称】小见真观寺古坟

【位置】埼玉县行田市小见

【年代】公元 6 世纪末至 7 世纪初期（古坟时代后期）

【解题】

　　国家指定史迹，前方后圆坟。位于真观寺内，全长 102 米，高 8 米，设置了埴轮和周沟。后圆部分的横穴式石室使用绿泥片岩建成复室构造。鞍部的横穴式石室出土了金环、铁制刀子、镀金铜装头椎太刀、铜鋺（东京国立博物馆收藏）。

【名称】诹访山古坟群·长坂圣天冢古坟

【位置】埼玉县儿玉郡美里町关

【年代】公元 5 世纪上半叶（古坟时代中期）

【解题】

　　埼玉县指定史迹，圆坟。位于山崎山丘陵西侧山脚的诹访古坟群中的 1 座。直径约 50 米，高约 4.5 米。古坟发现了 3 个黏土椁和 3 个直葬木棺。引人注目的是有 1 个长 7 米的黏土椁。从铜镜、玉器、铁制品等陪葬品可以推定，墓主人是本地有权势的人。

【名称】姉崎古坟群·姉崎二子冢古坟

【位置】千叶县市原市姉崎

【年代】公元 5 世纪中期（古坟时代中期）

【解题】

　　千叶县指定史迹，前方后圆坟。全长 103 米，设置埴轮，环绕盾形周沟。前方部分和后圆部分的木棺直葬都已消失。铜镜、玉器、武器、铠甲、马具等许多陪葬品中，直弧文石枕被指定为国家重要文化财。据推定墓主人是与后来的上海上（上菟上）国造相关的人物。

三 关东地方

【名称】公津原古坟群

【位置】千叶县成田市加良部外

【年代】公元 5 世纪至 7 世纪下半叶（古坟时代中、后期）

【解题】

千叶县指定史迹，古坟群。总数超过 120 座的古坟群，从南方起依次有瓢冢古坟群（1 座前方后圆坟、19 座方坟、30 座圆坟）、天王、船冢古坟群（3 座前方后圆坟、9 座方坟、1 座长方坟、33 座圆坟）、八代台古坟群（3 座前方后圆坟、6 座方坟、25 座圆坟）等共 33 处古坟群。由于土地开发导致许多古坟消失，现存 40 座古坟。建于 6 世纪的古坟数量最多。陶器、石制品、铠甲、马具等部分出土文物陈列在房总风土记之丘资料馆。

【名称】长柄横穴群

【位置】千叶县长生郡长柄町德增

【年代】公元 7 世纪上半叶至 8 世纪初期（古坟时代后期）

【解题】

国家指定史迹，横穴墓群。面积 22721 平方米内有 36 座横穴墓。玄室是比羡道高一层的所谓"高坛式"的独特形式，2.9 米的落差为日本之最。玄室内部为屋形、蛋形、纵向拱门形等形式。许多横穴墓的羡道及玄室内部都涂了白色灰泥，第 13 号坟发现了人物、鸟、五重塔等岩石刻画和许多岩石壁画。出土了须惠器、土师器、铁制品等文物。

【名称】稻荷台古坟群·稻荷台 1 号古坟

【位置】千叶县市原市山田桥

【年代】公元 5 世纪中期至下半叶（古坟时代中期）

【解题】

圆坟。由 12 座古坟组成的古坟群中具有代表性的古坟。直径约 27 米，高约 2.2 米。2 个木棺直葬已经消失（现已复原）。除畿内的大王赏赐的"王赐"铭文铁剑外,还出土了短甲、大刀、须惠器、土师器等文物。剑的复制品陈列在市原市埋藏文化财调查中心。

【名称】中台古坟群·殿冢古坟
【位置】千叶县山武郡横芝光町中台
【年代】公元 6 世纪中期（古坟时代后期）
【解题】

国家指定史迹,前方后圆坟。中台古坟群内最大的古坟,全长 88 米,建成 2 层,环绕 2 重周沟,推测是豪族的墓葬。位于木户川上游左岸的台地上的殿冢古坟,显示出了作为中台古坟群盟主坟的规模。横穴式石室出土了玉器、耳环、头椎大刀、铁箭镞等文物。和邻接的姬冢古坟（建成于 6 世纪下半叶,全长 58.5 米的前方后圆坟）一起被修整、对外开放。两座古坟出土了许多埴轮,发现了形象埴轮的排列。

【名称】内里冢古坟群
【位置】千叶县富津市二间冢、下饭野、上饭野、大堀、青木
【年代】公元 5 世纪中期至 7 世纪上半叶（古坟时代中、后期）
【解题】

国家指定史迹,古坟群（前方后圆坟、圆坟、方坟）。过去也被称作饭野古坟群、富津古坟群。已发现 11 座前方后圆坟、30 座圆坟、7 座方坟,其中包含只残存一部分坟丘的古坟在内,现存共 25 座。据推定是本地区统治阶级的家族墓葬。大型前方后圆坟的规模在关东地区首屈一指。

九条冢古坟：位于富津市下饭野九条冢。6 世纪中期的前方后圆坟,在古坟群内全长超过 100 米的前方后圆坟中,被认为是仅次于内里冢古坟的古老建筑。全长约 103 米,后圆部分直径 57 米,高 7 米,前方部分宽 74 米。设置了埴轮,环绕 2 重周沟,和今城冢古坟（大阪府高槻市）类似。后圆部分有向东开口的无袖型横穴式石室,部分石材露出。出土

了镀金铜马具、金银装身具、玉器、武器等多种陪葬品。

内里冢古坟：位于富津市二间冢东内里冢。古坟群内最大最古老的前方后圆坟，建造于5世纪中期。全长约144米，后圆部分直径80米，高13米，前方部分宽77米，高11.5米。东侧有造出状的突出部分，古坟建成2层，设置圆形葺石和埴轮（圆筒、漏斗、人物、屋、盖等），环绕盾形周沟。后圆部分坟顶的2个竖穴式石室出土了人骨、铜镜、直刀、铁剑、铁箭镞、镀金铜制胡簶（携带箭的器具）零件（朝鲜半岛传入）、农具等文物。铁镰和铁箭镞都表现出受朝鲜半岛影响的形态，可以看出与大和王权的密切联系。部分出土文物由日本国立历史民俗博物馆保管、陈列。

割见冢古坟：位于富津市二间冢割见冢。建造于7世纪上半叶，古坟群最大的方坟。边长40米，高3.5米，环绕2重周沟。复室构造的横穴式石室全长约11.7米，包含前庭在内总长18.75米。出土了武器、马具、弓的零件、土师器、须惠器等文物。

【名称】龙角寺古坟群
【位置】千叶县印幡郡荣町龙角寺、成田市大竹
【年代】公元5世纪末至7世纪上半叶（古坟时代中、后期）
【解题】

国家指定史迹，古坟群（前方后圆坟、圆坟、方坟）。37座前方后圆坟、71座圆坟、6座方坟，共计114座古坟，其中80座在县立房总之村的风土记之丘范围内，邻接的风土记之丘资料馆陈列着出土文物。

岩屋古坟（105号古坟）：位于印幡郡荣町龙角寺。7世纪下半叶的方坟，边长约80米，高约13米。古坟建成3层，环绕周沟，是全国范围内最大的方坟。据推定是印波国造的家族墓葬。古坟南侧有2个向南开口的切石积横穴式石室。陪葬品情况不明。

浅间山古坟（111号古坟）：位于印幡郡荣町龙角寺。全长约70米，

古坟群内最大的 7 世纪上半叶的前方后圆坟，据推定是首领的墓葬。古坟基本保留了原样，后圆部分南侧开口的两袖型横穴式石室已被回填。出土了镀金铜冠饰、银制冠等装身具和武器、马具等文物（县重文）。

101 号古坟：位于成田市大竹申内。建造于 6 世纪上半叶，之后被改造成圆坟加建小型造出的前方后圆坟。全长约 30.5 米，环绕 2 重周沟。中堤和其部分突出部位上排列的圆筒埴轮、漏斗形埴轮、屋形埴轮、持盾武人和捧碗女性等人物埴轮以及猪、鹿、犬、马、水鸟的动物埴轮大约有 100 个。坟顶部的木棺中出土了直刀、铁箭镞、马具等文物。其次周沟内、坟丘中段、坟丘下摆都有箱形石棺。坟丘和埴轮排列被复原为修造时的样子。

【名称】神门古坟群
【位置】千叶县市原市总社
【年代】公元 3 世纪下半叶（古坟时代前期）
【解题】

千叶县指定史迹，前方后圆坟。推测是东日本地区最古老的古坟。全长 42.6 米，高 5 米的无花果形的初期前方后圆坟。环绕周沟。木棺直葬中出土了玻璃球、铁剑、铁箭镞、陶器等文物。近畿、东海、北陆地区样式的陶器也有许多。4 号古坟是全长 49 米的前方后圆坟，3 号古坟是全长 49.1~55 米的前方后圆坟。

【名称】芝丸山古坟（丸山古坟）
【位置】东京都港区芝公园 4 丁目
【年代】公元 5 世纪（古坟时代中期）
【解题】

东京都指定史迹，前方后圆坟。位于芝公园内，江户时代以后破坏严重，没有保存原形，但依然是全长约 112 米，后圆部分直径约 65 米，高约 9 米，前方部分宽约 40 米的都内最大的前方后圆坟。据推定墓主人是南武藏首屈一指的族长。虽然存留了埴轮，但后圆部分原本的埋葬设施已经消失，具体情况不明。坟丘上供奉着丸山稻荷。北侧和西侧有晚 200 年左右建造的直径 15 米左右的 10 座圆坟。出土了陶器、武器、装身具等文物，陈列于港乡土资料馆。

【名称】武藏府中熊野神社古坟
【位置】东京都府中市西府町
【年代】公元 7 世纪中期（古坟时代后期）
【解题】

国家指定史迹，上圆下方坟。全日本罕见的上圆下方坟中最大最古老的古坟。古坟建成 3 层，第 2 层和第 3 层设置了葺石。第一层方形部分，边长 32 米，第 2 层方形部分边长 23 米，第 3 层圆丘部分直径 16 米。从 3 个横穴式石室中出土了刀鞘末端部件、环形部件、玉器、刀子等文物。

【名称】荏原台古坟群
【位置】东京都世田谷区野毛、大田区田园调布、雪谷大冢町
【年代】公元 4~7 世纪（古坟时代全期）
【解题】

国家指定史迹、东京都指定史迹，古坟群。田园调布古坟群和野毛古坟群合起来的总称。从多摩川下游左岸的世田谷区野毛周边起，至大田区田园调布的全长 5 公里的范围内，由 50 座古坟组成。田园调布古坟群被修整为公园。一起修建的古坟展示室中除部分前方后圆坟的后圆部分的等大复制品外，还陈列着部分出土文物。

龟甲山古坟：国家指定史迹。全长 107.25 米的前方后圆坟。推测古坟建成 2 层，没有发现葺石、埴轮。建造于 4 世纪下半叶，据推定是地方首领的墓葬。

多摩川台古坟群：东京都指定史迹。包含6世纪上半叶建成的2号古坟（圆坟，横穴式砾椁），6世纪下半叶利用2号古坟作为前方部分建成的1号古坟（全长39米的前方后圆坟），直到7世纪中期为止，持续建造的3~8号古坟（直径约20米的圆坟）。出土了玉器、武器、铠甲、马具、土师器、须惠器等文物。

宝莱山古坟：东京都指定史迹。全长约97米的前方后圆坟。后圆部分建成3层，据推定前方部分应为2层。出土了日本国内制作的四兽形镜、玉器、直刀等文物。建造于4世纪上半叶，是关东地区最古老的古坟。推测是地方首领的墓葬。

野毛大冢古坟：东京都指定史迹。野毛古坟群的其中1座。全长约82米的帆立贝形古坟。后圆部分建成2层，设置了葺石、埴轮，环绕马蹄形周濠。古坟设有造出。古坟的黏土椁、组合式石棺、2个直葬木棺中出土了铁制甲胄、内行花文镜、铁剑、石质品、玉器等2900余件文物（东京都有形文化财）。据推定是南武藏地区有权势的首领墓葬。建造于5世纪上半叶。

【名称】坂西横穴墓群
【位置】东京都日野市大坂上
【年代】公元7世纪（古坟时代后期）
【解题】
东京都指定史迹，横穴墓群。发掘调查过的7座横穴墓中保存了第1、3、4号横穴墓。由羡门、羡道、前室、后室组成的1号横穴墓内部整个涂上了白色黏土。1、4号横穴墓的墙面雕刻有看起来是马和鸟的形象，还发现了永仁二年（1294）的年号，推测应为盗掘时留下的。

【名称】濑户冈古坟群
【位置】东京都秋留野市濑户冈
【年代】公元7世纪中期至8世纪上半叶（古坟时代后期）

【解题】

东京都指定史迹，群集坟。过去被称作濑户冈48冢，是在边长约200米的方形范围内分布的51座圆坟。石室中出土了玉石、耳环、直刀、刀子、陶器等文物。也发现了被认为是后世产物的骨藏器，石室或许被重新使用了。也有观点认为墓主人是渡来人。

【名称】秋叶山古坟群·1~5号古坟等
【位置】神奈川县海老名市上今泉
【年代】公元3~4世纪（古坟时代前期）
【解题】

国家指定史迹，古坟群。位于丘陵顶部，于3世纪下半叶至4世纪期间建造的前期古坟，推定建造顺序为3、4号古坟→2号古坟→1、5号古坟。广泛认为是相模川流域的有权势的人的墓葬。

1号古坟（山王山）：长59米的前方后圆坟。后圆部分直径33米，前方部分长26米，后圆部分的南侧发现了划分区域的壕沟。西侧的细腰部出土了铁箭镞和小型圆底坩（陶器）。

2号古坟（秋叶山）：长50.5米的前方后圆坟。后圆部分直径33米，前方部分长18.9米，细腰部南侧有应该是祭祀仪式的火烧痕迹，前方部分南侧发现了划分区域的壕沟。出土了特有的埴轮状圆筒形陶制品、涂辰砂的带嘴钵。

3号古坟：现为直径约38~40米的圆形古坟，但推测为非正圆形坟和短的前方部分组成的长51米左右的前方后圆坟。后院部分的周沟内出土了壶。后圆部分放置棺材的墓坑上出土了涂辰砂的带嘴钵和高座盘。

4号古坟：长37.5米，古坟群内唯一的前方后圆坟。出土了大型壶。前方部分西侧的竖穴状遗迹中出土了小型器台和壶。古坟可能设有周沟。

5号古坟：边长约20米的方坟。周沟中出土了小型圆底坩等土器。

【名称】加濑台古坟群·白山古坟

【位置】神奈川县川崎市幸区南加濑

【年代】公元4世纪下半叶（古坟时代前期）

【解题】

前方后圆坟。加濑台古坟群确认有11座古坟，现存7座。白山古坟全长87米，后圆部分发现了1个木炭椁和2个黏土椁，前方部分发现了1个黏土椁，出土了三角缘神兽镜、玉器、铁器等文物。坟丘已消失，于梦见崎公园内用石柱和草坪还原了古坟的规模。后圆部分的下沿发现的秋草文壶（国宝）陈列在东京国立博物馆。

【名称】釜口古坟

【位置】神奈川县中郡大矶町大矶

【年代】公元7世纪末至8世纪初期（古坟时代后期）

【解题】

神奈川县指定史迹，坟形和规模不明（推测为圆坟）。半地下式的横穴式石室使用巨大的凝灰质砂岩石材以切组积的形式建成。石室于江户时代被打开。除须惠器和铁箭镞片外，还出土了被认为与佛教有关的青铜制散莲花形小匙。

【名称】二子冢古坟

【位置】神奈川县秦野市下大槻

【年代】公元6世纪下半叶至7世纪（古坟时代后期）

【解题】

神奈川县指定史迹，前方后圆坟。全长46米，环绕周沟。后圆部分东南向开口的横穴式石室，推定是全长约9米的片袖式石室。出土了银装圭头大刀、鞘尻金具耳环、玻璃珠、镀金铜马具、土师器、须惠器等文物。

四　中部地方

【名称】观音平、天神堂古坟群

【位置】新潟县妙高市宫内、青田、笼町

【年代】公元3世纪下半叶至5世纪（古坟时代前、中期）

【解题】

国家指定史迹，古坟群。观音平、天神堂古坟群是由前方后圆坟、圆坟、方坟构成的县内最大规模的古坟群，总面积达到17万平方米以上。1978年被列为国家指定史迹，包括同样是国家指定史迹的弥生时代末期的高地性环濠集落遗迹斐太遗迹群斐太遗迹在内，被划分为北面的观音平古坟群和南面的天神堂古坟群。观音平古坟群现有53座古坟。其中多数为圆坟，但古坟群最高处有可以追溯到古坟时代前期的2座前方后圆坟（1号古坟、4号古坟），反映了大和王权对本地的统治。天神堂古坟群现有106座古坟，大半为圆坟。过去对4座圆坟的发掘调查明确了以木棺直葬为主体的初期群集坟。出土了直刀、铁箭镞、勾玉、高座盘等文物。

【名称】饭纲山古坟群

【位置】新潟县南鱼沼市余川饭纲町

【年代】公元 5 世纪下半叶（古坟时代中期）

【解题】

新潟县指定史迹，群集坟（圆坟）。现存约 30 座圆坟的群集坟。10 号古坟为新潟县指定史迹，建成 2 层，设置葺石，出土了武器、铠、镜、壶形埴轮。27 号古坟（男冢）出土了陶器、臼玉、铜钏等文物。

【名称】宫口古坟群

【位置】新潟县上越市牧区宫口

【年代】公元 6 世纪末期至 7 世纪上半叶（古坟时代后期）

【解题】

新潟县指定史迹，群集坟（圆坟）。古坟时代晚期日本最北位置的群集坟，由以无袖型横穴式石室为基础的 31 座圆坟组成。出土了镀金铜装圆头大刀（县指定）、涂沥青的陶球等文物，陈列在附设的历史民俗资料馆。

【名称】菅原古坟群

【位置】新潟县上越市清里区冈野町、清里区菅原

【年代】公元 6 世纪（古坟时代后期）

【解题】

新潟县指定史迹，古坟群（前方后圆坟等）。原本有 100 座以上古坟，现存菅原神社内的 1 座全长 30 米的前方后圆坟（1 号古坟，县史迹）和 30 座圆坟。出土了直刀、金环、银环、涂沥青的玉等文物。据推定墓主人是豪族的首领或传播中央文化的重要人物。

【名称】城之山古坟群·城之山古坟

【位置】新潟县胎内市大冢

【年代】公元 4 世纪上半叶（古坟时代前期）

四　中部地方

【解题】

前方后圆坟。原本被认为是约 40 米×35 米，高约 5 米的圆坟，但 2014 年的调查在古坟南侧发现了消失的前方部分的周濠，古坟为长度超过 60 米的前方后圆坟的可能性很高。古坟也被称作一笼山、大冢山。发现了舟形木棺和覆盖其上的黏土中的辰砂和印度红。人骨碎片、铜镜、勾玉、玉管、刀剑、铜箭镞、靫、3 件涂漆制品等出土文物的构成和近畿地区的前期古坟有共通点，作为重塑了当时大和王权势力范围的北方界线的考古发现而受到关注。中国制（东汉至曹魏）的盘龙镜应该是从畿内传入，中央从左至下铸出了龙的形象。右侧的纹样因被丝织物和细绳遮盖，具体情况不明。也有观点认为墓主人是与大和政权有同盟关系的王。近年通过对人骨碎片的牙齿进行分析，墓主人的年龄很可能在十几岁到二十几岁之间。2012 年棺内调查时，山顶下约 1.5 米深处埋葬着 8 米×1.4 米的木棺。

【名称】真野古坟群
【位置】新潟县佐渡市背合、大须、大小
【年代】公元 7 世纪末至 8 世纪初期（古坟时代后期）
【解题】

新潟县指定史迹，古坟群。直径 15 米左右，高 1.5 米左右的圆坟，27 座古坟中残存了 10 座。全部都有横穴式石室。出土了土器类、直刀、铁箭镞、银环、马具等文物。从近年古坟内出土了制盐土器，附近也发现了制盐遗迹可以推定，该古坟是从事制盐业的团体的墓葬。

【名称】菖蒲冢古坟
【位置】新潟县新潟市西蒲区竹野町
【年代】公元 4 世纪下半叶（古坟时代前期）
【解题】

国家指定史迹，前方后圆坟。县内最大的全长 53 米的前方后圆坟。

周沟中出土了土器。在江户时代还出土了铜镜（鼍龙镜）、勾玉、玉管。据推定墓主人和大和王权有密切的关系。后世被作为经冢使用，现存有经筒（国重文）。邻接隼人冢古坟（直径21米的圆坟）。

【名称】柳田布尾山古坟
【位置】富山县冰见市柳田布尾山
【年代】公元3世纪末至4世纪初期（古坟时代前期）
【解题】

国家指定史迹，前方后方坟。全长107.5米，后方部分长57米，高10米，前方部分宽49米，是日本海沿岸最大的前方后方坟。据推定是控制海上交通的首领的墓葬。没有设置葺石、埴轮，前方部分有周沟。出土了土师器和碧玉制玉管。

【名称】樱谷古坟群·樱谷古坟
【位置】富山县高冈市太田樱谷
【年代】公元4世纪末至5世纪初期（古坟时代前、中期）
【解题】

国家指定史迹，前方后圆坟。樱谷古坟由樱谷古坟群内现存的2座前方后圆坟组成，被修整保存在公园内。内部构造不明。2号古坟出土了纺锤车和石钏，古坟群区域内出土了内行花文镜和玉管等文物。有观点认为墓主人是有权势的首领或伊弥头国造的家族。

【名称】若宫古坟
【位置】富山县小矢部市埴生上野
【年代】公元6世纪初期（古坟时代后期）
【解题】

富山县指定史迹，前方后圆坟。全长约50米，后圆部分直径约

28米，高约5.6米，前方部分宽约19米，高约4.4米，是县内现存古坟中唯一设置了埴轮的古坟，被修整为公园。前方部分出土了须惠器，后圆部分出土了湖州镜，后圆部分中央的埋葬设施出土了大刀和三轮玉等文物，部分陈列在小矢部古里历史馆。

【名称】王冢、千坊山遗迹群
【位置】富山县富山市妇中町羽根、长泽、新町、富崎、千里
【年代】公元3~4世纪（古坟时代前期）
【解题】
　　国家指定史迹，遗迹群。国家指定史迹王冢古坟周边确认的6处遗迹，于2005年追加指定。建造时期经历了弥生时代后期至古坟时代前期。出土的陶器陈列在富山市考古资料馆。
　　王冢古坟：全长58米的前方后方坟。有周沟状的洼地。应该建造于敕使冢古坟之后，据推定是本地首领的墓葬。传说这里埋葬了各愿寺的祖师佛性上人（一品亲王）。
　　敕使冢古坟：位于王冢古坟向南约400米处。县内最古老的大型前方后方坟，全长66米，建造于3世纪末。西侧设置了周沟。后方部分的长方形墓坑发现了椁的痕迹。出土了高座盘、盖、壶等土器。推测墓主人应该出自地方首领的家族系统。
　　六治古冢坟墓：建造于弥生时代终末期。边长24.5米，突出部分长7.2米，宽10.6米的四隅突出形坟丘墓。以丘陵侧面为中心环绕壕沟。
　　向野冢坟墓：弥生时代终末期至古坟时代初期建造的前方后方形坟丘墓。全长25.2米，环绕周沟。坟顶部有墓坑。位于六治古冢坟墓的东北方约110米处。
　　富崎坟墓群：由弥生时代后期至终末期建造的3座四隅突出形坟丘墓组成。1、2号坟边长21.7米，高3米，突出部分长6米，环绕周沟。3号坟边长22米，高3.9米。

富崎千里古坟群：古坟时代前期的古坟群。由北群（3 座方坟）和南群的 14 座古坟（1 座前方后方坟，12 座方坟，1 座圆坟）组成。其中南群为国家指定史迹。前方后方坟 9 号古坟全长 34 米，建造在最高处。圆坟 10 号古坟直径 20 米，各方坟边长约 15~24 米。推测是支持首领的小头领们的有计划的墓葬区域。

千坊山遗迹：弥生时代终末期的大规模聚落遗迹，发现了 24 处竖穴住所。住所的平面形状为圆形和方形。被认为是建造了六治古冢坟墓、向野冢坟墓、添之山古坟（已消失）聚落。

【名称】松冈古坟群
【位置】福井县吉田郡永平寺町
【年代】公元 3~7 世纪（古坟时代中期）
【解题】

国家指定史迹，古坟群（前方后圆坟等）。由建造于 3~7 世纪的约 50 座古坟组成，4 座前方后圆坟（手缫城山古坟、鸟越山古坟、石舟山古坟、二本松山古坟）和 3 座陪冢为国家指定史迹。大型古坟的墓主人被安置在笏谷石制舟形石棺冢，据推定是越国（北陆）的大首领们的墓葬。

手缫城山古坟：建造于 4 世纪中期至下半叶。全长约 129 米的北陆地区最大级别古坟。也有观点认为是前方后方坟。后圆部分直径 78 米，高 19.7 米，前方部分宽约 56.5 米，高约 15.2 米，前方部分是拨子形状的极宽的特殊形态。古坟利用陡峭的山脊建成 2 层，设置葺石、埴轮。细腰部附近有类似造出的突出部，东侧配有 1 座陪冢。

鸟越山古坟：全长 53.7 米，没有分层，后圆部分顶部和细腰部出土了埴轮。发现了舟形石棺直葬和竖穴系横口式石室。出土了马具、铁制品、陶器等文物。古坟建造于 5 世纪中期。

石舟山古坟：全长 79.1 米，西南侧有陪冢。古坟建成 2 层，环绕埴

四　中部地方

轮。古坟建造于5世纪中期。

二本松山古坟：全长89米，前方部分的东侧有陪冢。出土了舟形石棺、冠、铜镜、玉管、铁剑、铁刀、刀装具等陪葬品。古坟建成2层，设置了埴轮。古坟建造于5世纪下半叶。

【名称】足羽山古坟群

【位置】福井县福井市足羽

【年代】公元4~6世纪（古坟时代全期）

【解题】

福井县指定史迹，古坟群。由山顶古坟、宝石山古坟、稻荷山古坟、龙冈古坟等组成的古坟群。古坟形式不明。据推定是豪族足羽氏的墓地。石棺和部分陪葬品陈列在县立历史博物馆。埋葬设施的形式各异，山顶古坟的竖穴式石室内放置了舟形石棺，龙冈古坟内为屋形石棺，宝石山古坟内为舟形石棺，稻荷山古坟内为木棺。出土文物有山顶古坟出土的石制品、玉管，龙冈古坟出土的镜、石钏、剑等，宝石山古坟出土的刀装具、铁箭镞等，稻荷山古坟出土的筒形铜器等。现放置在自然史博物馆前的广场的龙冈古坟（已消失）的屋形石棺，使用足羽山产的笏谷石制成，石棺和陪葬品一起被指定为福井县指定文化财。

【名称】王山古坟群

【位置】福井县鲭江市日之出町

【年代】公元3~5世纪（古坟时代前、中期）

【解题】

国家指定史迹，古坟群（方坟、圆坟等）。从弥生时代至古坟时代中期的坟墓和古坟等约45处墓葬散布在独立丘陵王山上。1、3、4、7号墓为长8~12米，高1~2米，建造于3世纪的方形周沟墓。3号古坟的周沟中出土了尾张系和近江系样式的陶器。5、6号方坟出土了铁刀和铁

· 243 ·

剑，发现了31号圆坟（古坟时代前期，直径20米，高2米），32号古坟（古坟时代中期，直径8米左右）的割竹形木棺出土了铁剑、铁箭镞、镰、臼玉等文物。古坟群一带已被修整为公园。

【名称】中乡古坟群
【位置】福井县敦贺市坂下、吉河
【年代】公元5~6世纪（古坟时代中、后期）
【解题】

国家指定史迹，古坟群（方坟、圆坟等）。由向出山古坟群的3座古坟和明神山古坟群的5座古坟组成的古坟群，据推定是敦贺的首领的墓葬群。向出山1号古坟为直径60米的圆坟，设置了张出（外侧突出部分），古坟建成2层，设置葺石。坟顶的2个竖穴式石室除了罕见的铁底镀金铜的带眉庇的胄和颈甲外，还出土了镜、铁剑、铁刀等文物。

【名称】胁袋古坟群·西冢古坟
【位置】福井县三方上中郡若狭町胁袋
【年代】公元5世纪下半叶（古坟时代中期）
【解题】

国家指定史迹，前方后圆坟。全长约74米，现仅存后圆部分。古坟建成3层，设置葺石、埴轮，环绕盾形周沟。埋葬设施中出土了神人画像镜、四兽镜、金制耳饰、镀金铜制带子部件、马具等陪葬品（由宫内厅保管）。据推定墓主人是若狭国造膳臣斑鸠。

【名称】天德寺古坟群·十善之森古坟
【位置】福井县三方上中郡若狭町天德寺
【年代】公元6世纪上半叶（古坟时代后期）

【解题】

福井县指定史迹,前方后圆坟。天德寺古坟群中的1座,全长约68米,古坟建成3层,设置葺石、埴轮,环绕周沟。前方部分和后圆部分都有横穴式石室,出土了中国制方格规矩神兽镜、镀金铜制冠帽、玻璃球、武器、马具等许多陪葬品(部分为县有形文化财)。

【名称】须曾虾夷穴古坟

【位置】石川县七尾市能登岛须曾町

【年代】公元7世纪中期(古坟时代后期)

【解题】

国家指定史迹,方坟(高句丽式)。有2个被认为是高句丽式的横穴式石室(雄穴、雌穴)。墓主人或许是从属于能登国造的有权势的氏族。古坟被整理复原于公园内,出土的须惠器和直刀片等文物陈列在虾夷穴历史中心。

【名称】雨之宫古坟群

【位置】石川县鹿岛郡中能登町西马场

【年代】公元4世纪中期至5世纪初期(古坟时代前、中期)

【解题】

国家指定史迹,古坟群。由1座前方后方坟(1号古坟)、1座前方后圆坟(2号古坟)、圆坟、方坟共计36座古坟组成。1号古坟出土了神兽镜、石钏、手镯形石制品、玉器、短甲、刀剑类的文物。2号古坟的墓主人也被认为是能登一带的统治者。古坟被修整复原为公园,邻接的雨之宫能登王墓之馆陈列着陪葬品和埋葬设施的等比例模型。

【名称】柴垣古坟群

【位置】石川县羽咋市柴垣町

【年代】公元5世纪中期至6世纪末期（古坟时代中、后期）

【解题】

石川县指定史迹，古坟群（前方后圆坟等）。确认有1座前方后圆坟，12座圆坟，其中亲王冢古坟、圆山1号古坟、观音山古坟为石川县指定史迹。

亲王冢古坟：全长35米，后圆部分直径20米，高4.5米，前方部分长17米，前端宽15.5米，高3.5米的前方后圆坟。坟丘的表面有人头大小的葺石。前方部分前端的斜面采集到了须惠器大瓮和成套的壶等文物的碎片。后圆部分西南侧有带入口的横穴式石室。古坟建造于6世纪中期。

圆山1号古坟：直径21.5米，高2.5米的圆坟。有拳头大小的葺石，环绕浅周沟。坟丘中央部发现了1个石板制作的组合式箱形石棺。石棺全长3.44米，宽0.41~0.66米，是头部较宽的构造，石棺隔开了主室和副室。主室在下葬时涂上了大量的红色颜料，发现了一具从头到膝的壮年男性人骨，保存状态基本良好。遗体的头部附近放置了刀子，两侧有2把直刀，脚下陪葬了长方形板皮缀式短甲，石棺外出土了剑。据推定古坟建造于5世纪中期。

观音山古坟：直径43米，高4.5米的2层圆坟，但也有观点认为是以东西向为主轴的前方后圆坟或帆立贝形古坟。环绕宽约3米，深0.5米的周沟。分层处和坟顶部的平面环绕筒形埴轮和漏斗形埴轮，分层之间的坟丘斜面整面覆盖人头大小的葺石。古坟建造于6世纪初期。

【名称】能美古坟群·和田山、末寺山古坟群

【位置】石川县能美市和田町

【年代】公元3世纪下半叶至6世纪（古坟时代全期）

【解题】

国家指定史迹，古坟群。位于由60多座古坟组成的能美古坟群的中

心区域，包含前方后圆坟、前方后方坟、圆坟等 40 多座古坟，其中部分被修整为公园。和田山 5 号古坟出土了神兽镜、甲胄、武器等大量陪葬品，推测墓主人为本地区的首领。

【名称】大冢古坟群・大冢古坟
【位置】山梨县西八代郡市川三乡町大冢
【年代】公元 5 世纪（古坟时代中期）
【解题】

山梨县指定史迹，帆立贝形。大冢古坟群中的 1 座。全长约 40 米，后圆部分高约 4 米，设置了葺石、圆筒埴轮，环绕周沟。后圆部分和前方部分各有竖穴式石室，前方部分的石室出土的铃钏、六铃镜、短甲、铁箭镞、直刀等文物全部被指定为县指定文化财。

【名称】冈・铫子冢古坟
【位置】山梨县笛吹市八代町冈
【年代】公元 4 世纪下半叶（古坟时代前期）
【解题】

山梨县指定史迹，前方后圆坟。全长 92 米，后圆部分直径 48 米，前方部分宽 41 米，设置葺石、埴轮，环绕周沟。后圆部分坟顶的黏土椁出土了铁剑、铁箭镞等文物，残留的记载显示过去曾出土过铜镜和玉器等文物。据推定墓主人是本地的统治阶级。

【名称】东山古坟群
【位置】山梨县甲府市下曾根町、下向山町
【年代】公元 4 世纪下半叶至 7 世纪中期（古坟时代全期）
【解题】

国家指定史迹，古坟群。位于曾根丘陵的北侧斜面上，由上面的平方形周沟墓群和岩清水、东山北遗迹、甲斐铫子冢古坟、丸子冢、闲闲冢古坟等组成的古坟群。周边一带被修整为甲斐风土记之丘、曾根丘陵公园，出土文物等陈列于公园内的县立考古博物馆。

甲斐铫子冢古坟：建造于4世纪下半叶（古坟时代前期的后半段）。全长169米的前方后圆坟，以同时期古坟中为东日本地区最大级别而傲然于世。后圆部分建成3层，直径92米，高15米。前方部分建成2层，宽68米，高8.5米。古坟设置了葺石，环绕周沟。在坟丘和周沟发现了圆筒埴轮、漏斗形埴轮、圆盘形和棒状的木制品等文物。另外，后圆部分坟顶的竖穴式石室除了三角缘神兽镜、水晶制勾玉、碧玉制玉管、车轮石、刀和箭镞、斧等铁制品外，还出土了很多陪葬品。后圆部分北侧发现了造出形状的突出部分，推测为古坟进行祭祀的场所。横断周沟的堤坝形状的遗迹被认为是土桥或渡堤。

丸山冢古坟：5世纪上半叶的2层圆坟，直径72米，高11米。竖穴式石室中出土了环状乳四神四兽镜、铁斧、铁镰、铁剑、铁铦、石钏等文物。石室地面涂上了赤色，侧壁描绘了赤色圆形纹。推测为继铫子冢古坟之后的首领墓葬。

大丸山古坟：4世纪中期的前方后圆坟，全长99~120米，后圆部分直径49米，前方部分宽34~49米，埴轮情况不明。组合式石室出土了石枕、三角缘兽文带三神三兽镜、铁制武具等许多陪葬品。短甲的复制品等文物陈列在县立考古博物馆。

【名称】柏谷横穴群
【位置】静冈县田方郡函南町柏谷
【年代】公元6世纪末至9世纪初期（古坟时代后期）
【解题】
国家指定史迹，横穴墓群。营造于古坟时代后期至奈良时代。自古被称作柏谷百穴,推测有 300 座横穴墓,散布在东西 600 米、南北 250 米的范围内。也发现了追葬和收纳骨灰的情况,出土了玉器和铁制品。部分横穴墓被指定为国家指定史迹,修整保存在公园内。

【名称】北江间横穴群
【位置】静冈县伊豆之国市北江间
【年代】公元 7 世纪中期至 8 世纪中期(古坟时代后期)
【解题】

  国家指定史迹,横穴墓群。位于狩野川的左岸,由西侧的大师山支群(10 座)和东侧的大北支群(超过 40 座)组成的古坟群。发现了屋形石棺和嵌入式石棺,出土了许多石柜(石制骨灰坛)。大北支群出土的带有"若舍人"铭文的石柜为国家重要文化财。

【名称】贱机山古坟
【位置】静冈县静冈市葵区宫崎町
【年代】公元 6 世纪下半叶至 7 世纪上半叶(古坟时代后期)
【解题】

  国家指定史迹,圆坟。古坟直径约 32 米,高约 7 米,位于浅间神社内。使用巨石修造的横穴式石室内有刳拔式屋形石棺。石棺内出土了镀金铜制冠帽片和玻璃球,周围出土了大量陶器、铠甲、武器、装身具、马具、镜等文物,陈列在神社内的文化财资料馆。

【名称】和田冈古坟群
【位置】静冈县挂川市吉冈、高田、各和
【年代】公元 5 世纪前后(古坟时代中期)
【解题】

  国家指定史迹,古坟群。东西约 1 公里、南北约 2.5 公里范围内确认了4座前方后圆坟、16座圆坟、3座方坟。其中被认为是地区首领墓葬的以下5座大型古坟为国家指定史迹。

吉冈大冢古坟：建造于5世纪中期，全长55米的前方后圆坟，设置葺石、埴轮，环绕周堀。作为前方部分极短的帆立贝形前方后圆坟，在5座国家指定史迹的古坟中处于最北侧的位置。

春林院古坟：建造于5世纪上半叶。直径30米的圆坟，内有黏土椁。出土了铁剑、锸、壶形埴轮、壶等文物。

行人冢古坟：全长43.7米的前方后圆坟。邻接的东登口古坟群为挂川市指定史迹。

瓢冢古坟：建造于5世纪上半叶。全长63米的前方后圆坟，设置葺石、埴轮。出土了兽文镜、铁剑片、铁箭镞片、玉器等文物。

各和金冢古坟：建造于5世纪初期。全长66.4米，是古坟群内最大的前方后圆坟，设置了葺石、埴轮。古坟有竖穴式石室，出土了铁制武器、铠甲、小型石制品等文物。

【名称】大门大冢古坟

【位置】静冈县袋井市高尾

【年代】公元6世纪上半叶（古坟时代后期）

【解题】

静冈县指定史迹，圆坟。直径约26米，高约4米，环绕周沟的圆坟，据传是后醍醐天皇的皇子的墓葬。圆砾积横穴式石室全长为3.8米。出土了铜镜、f字母形带镜板辔、剑菱形杏叶、玉器、须惠器等文物。部分出土文物陈列于浅羽乡土资料馆。

【名称】新丰院山古坟群

【位置】静冈县磐田市向笠竹之内

【年代】公元4世纪下半叶（古坟时代前期）

四　中部地方

【解题】

国家指定史迹，古坟群。由弥生时代的土坑墓、古坟时代初期的台状墓、古坟时代前期的古坟组成的古坟群。也发现了弥生时代的土圹和陶棺。2号古坟是全长约28米的前方后圆坟，出土了三角缘神兽镜和铁、铜制的箭镞等文物。

【名称】铫子冢古坟
【位置】静冈县磐田市寺谷
【年代】公元4世纪下半叶（古坟时代前期）
【解题】

国家指定史迹，前方后圆坟。全长108米，前方部分为柄镜式，设置了葺石，环绕周濠和堤。后圆部分的竖穴式石室出土了三角缘神兽镜、铜箭镞、巴形铜器等文物。和其西侧的全长46米的前方后圆坟小铫子古坟一起被列为国家指定史迹。

【名称】赤门上古坟
【位置】静冈县浜松市浜北区内野
【年代】公元4世纪下半叶（古坟时代前期）
【解题】

静冈县指定史迹，前方后圆坟。市内最大的前方后圆坟，全长56.3米。在后圆部分发现了埋葬割竹形石棺的遗迹。出土了三角缘神兽镜、武器、玉管等文物，陈列在市民博物馆浜北。据推定是本地势力最强的豪族的墓葬。

【名称】御厨古坟群
【位置】静冈县磐田市镰田、新贝
【年代】公元4世纪下半叶至5世纪（古坟时代前、中期）

【解题】

静冈县指定史迹，古坟群（前方后圆坟、圆坟）。古坟群位于磐田原台地的东南部。1931年对未被盗掘的古坟群进行了发掘调查，出土了和下葬时一样丰富的陪葬品，是展现古坟时代前期的陪葬品内容的典型案例。

松林山古坟：古坟群内最大古坟，全长107米，建造于4世纪下半叶的前方后圆坟。后圆部分建成3层，设置葺石、埴轮，环绕周濠。后圆部分有横穴式石室，出土了包括三角缘神兽镜在内的4面铜镜、勾玉、剑、贝钏等许多文物。推测墓主人与大和王权有密切的联系。

高根山古坟：建造于4世纪末，直径52米的县内第三大圆坟。古坟建成2层，出土了壶形、圆筒埴轮。周边被修整为公园。

御厨堂山古坟：建造于5世纪，全长34.5米的前方后圆坟，确认有3处坟墓主体。出土了镜、耳环、铜钏、大刀、铁斧、须惠器等文物。周边被修整为公园。

稻荷山古坟：建造于4世纪下半叶的前方后圆坟。古坟建成2层，长46.5米，设置了壶形埴轮和葺石。古坟位于连城寺的后山，是由8座古坟组成的连城寺古坟群中的一座。

秋叶山古坟：建造于4世纪下半叶的圆坟。古坟长轴长50米，短轴长46米，设置了葺石，出土了陶器。和北方的稻荷山古坟一起组成了连城寺古坟群，但群内其他古坟都已消失。

【名称】高远山古坟

【位置】长野县中野市新野

【年代】公元4世纪上半叶（古坟时代前期）

【解题】

长野县指定史迹，前方后圆坟。推测全长约51.2米，是东日本地区最古老的前方后圆坟。特征是后圆部分和前方部分落差很大，葺石和埴

四 中部地方

轮的设置情况不明。后圆部分坟顶有 1 个黏土椁和 1 个木炭椁，出土了玉器、铁剑、铁斧、刀子、鉈等陪葬品（长野县有形民俗文化财）。

【名称】川柳将军冢古坟
【位置】长野县长野市筱之井石川
【年代】公元 4 世纪末至 5 世纪上半叶（古坟时代前、中期）
【解题】

　　国家指定史迹，前方后圆坟。全长 93 米，设置了葺石、埴轮，残留了类似周堀的地形。后圆部分和前方部分顶部被认为曾有作为坟墓主体的竖穴式石室。现存有镜、碧玉制挂饰、玉器等文物。据推定墓主人是和畿内势力相关的首领。和北面 200 米处的前方后圆坟姬冢古坟一起被列为国家指定史迹。

【名称】弘法山古坟
【位置】长野县松本市并柳
【年代】公元 3 世纪末（古坟时代前期）
【解题】

　　国家指定史迹，前方后圆坟。东日本地区最古老的古坟之一，全长约 66 米，设置了葺石。后圆部分的中央有用河滩石修造的竖穴式石室。半三角缘四兽文镜、铁剑、玻璃珠、陶器等出土文物（长野县有形民俗文化财）陈列于松本市立考古博物馆。

【名称】御猿堂古坟
【位置】长野县饭田市上川路
【年代】公元 6 世纪中期（古坟时代后期）
【解题】

　　长野县指定史迹，前方后圆坟。全长 65.4 米，设置埴轮的代表性地方首领墓葬。后世对古坟进行了改造，原本应有造出部。后圆部分向西南侧开口的横穴式石室全长约 13 米，出土了画文带四佛四兽镜（国家指定重要文化财）、玉器、武器、马具等文物。

【名称】埴科古坟群
【位置】长野县千曲市森大穴山、仓科、土口等
【年代】公元 4 世纪中期至 5 世纪上半叶（古坟时代前、中期）
【解题】

国家指定史迹，古坟群（4 座前方后圆坟）。森将军冢古坟及其周边的 3 座前方后圆坟的总称。

森将军冢古坟：位于丘陵顶部，全长 100 米，县内最大的前方后圆坟。古坟建成 2 层，设置葺石、埴轮。后圆部分的竖穴式石室在二重石垣状的墓坑内，全长 7.7 米。出土了三角缘神兽镜片、勾玉、铁制品等文物，与石室的等比例复制品等在位于山麓的古坟馆展出。据推定是建造于 4 世纪中期的科野之国的王墓。

有明山将军冢古坟：建造于 4 世纪，全长 37 米，后圆部分有竖穴式石室。出土了小型青铜镜、铁箭镞、玉器等文物。森将军冢古坟基于发掘调查的结果进行了正确的复原。有日本最大级别的竖穴式石室，后圆部分的坟顶用石头标示了石室的位置。古坟出土的大型埴轮上开了许多被称作透孔的三角形孔洞，残留了纵向用板子梳理的痕迹，还有涂上了印度红这一特征。

仓科将军冢古坟：古坟建成 2 层，全长 83 米。后圆部分和前方部分各有竖穴式石室。前方部分的石室出土了三角板革缀短甲片等文物。古坟建造于 5 世纪上半叶。

土口将军冢古坟：位于千曲市和长野市松代町的交界处，古坟建成 2 层，全长 67.7 米，设置了葺石和施以排印纹理的埴轮。后圆部分有 2 座并列的竖穴式石室，出土了三角板革缀短甲片、铁箭镞、玻璃珠等文

物。坟顶出土了土师器的壶和高座盘等文物。古坟建造于5世纪上半叶。

【名称】大室古坟群
【位置】长野县长野市松代町大室
【年代】公元5世纪中期至8世纪（古坟时代中、后期）
【解题】

国家指定史迹，古坟群（群集坟、前方后圆坟等）。约2.5平方公里内的北山、大室谷（部分为国家指定史迹）、霞城、北谷、金井山5个支群，总数超过500座古坟组成的古坟群。特征为约400座积石冢古坟和全国仅有的约50座合掌形石室中的26座集中分布。推测古坟群与渡来系的集团有关。

北山支群：以大星山的山脊为中心分布的22座古坟。位于山顶附近的18号古坟是古坟群内唯一的前方后圆坟，也被称作大室泷边双子冢。

大室谷支群：分布在大星山的支脉和主脉之间的峡谷中长2公里的区域中的241座古坟。部分古坟得到复原，周边一带进行了修整保存，邻接古坟馆。大室谷支群的168号古坟是建造于5世纪，约14米×13米的圆形积石冢，有合掌形的石室。坟丘上出土了马形土制品、埴轮、陶器等文物。大室谷支群的244号古坟（将军冢古坟），是古坟群内唯一有周沟的古坟，直径30米（含周沟），为古坟群内最大。建成2层的土石混合坟丘的圆坟，推测建造于6世纪下半叶至7世纪上半叶。特征为坟丘外面露出的石垣状石积。横穴式石室全长约12米。

霞城支群：分布在大星山主脉的山脊前端部位的16座古坟。后世在这里建造了霞城，导致了地形的变化。

北谷支群：分布在大星山主脉和尼严山的支脉之间的峡谷中的208座古坟。

金井山支群：以金井山的山脊为中心分布的18座古坟。

【名称】前波古坟群·长冢古坟

【位置】岐阜县可儿市中惠土

【年代】公元 4 世纪下半叶（古坟时代后期）

【解题】

　　国家指定史迹，前方后圆坟。全长 72 米，古坟建成 2 层，环绕周沟，无葺石、埴轮，出土了器台和高座盘等文物。在后圆部分发现了墓道和黏土椁。前方部分的埋葬设施出土了捩文镜、玻璃球等文物，陈列在可儿乡土历史馆。和同一古坟群内的西寺山古坟、野中古坟一起被称作前波的三冢。

【名称】身隐山古坟（御岳古坟、白山古坟）

【位置】岐阜县可儿市广见

【年代】公元 4 世纪下半叶（古坟时代前期）

【解题】

　　岐阜县指定史迹，圆坟。由直径约 36 米的御岳古坟和其向南 50 米处的直径约 42 米的白山古坟两座建成 2 层的圆坟组成。御岳古坟出土了 3 面铜镜、玉器、石钏、刀剑、陶器等文物，白山古坟出土了 2 面铜镜、锹形石、车轮石、石制品、巴形铜器等文物。古坟应有竖穴系的埋葬设施。古坟名称来源于坟丘供奉的神社的名字。

【名称】广见、羽崎古坟群

【位置】岐阜县可儿市广见、羽崎

【年代】公元 6 世纪至 7 世纪上半叶（古坟时代后期）

【解题】

　　岐阜县指定史迹，圆坟（或方坟）、横穴墓。熊野古坟：约 50 座古坟组成的古坟群分布在可儿川和久久利川之间，东西向延伸的丘陵上。羽崎中洞古坟（横穴墓）的玄室中央为嵌入式的石棺，通过凌乱不堪的盖子的形状可以推测本来是屋形石棺。坟丘上半部分几乎全部流失，现直径约16~17米，高约3.5米，但建造时应为直径约31米，高约5米的圆坟或方坟。据推定是本地首领级别的墓葬。横穴式石室全长约8.3米，顶棚使用一整块巨石修造，现在上半部分大半暴露在外。出土了镀金铜装大刀、刀子、铁锹、须惠器等文物。古坟曾经供奉着熊野神社。

不孝冢古坟：推测直径约为20米。两袖形横穴式石室内现存凝灰质砂岩制的屋形石棺，盖子的侧面有3个绳挂突起。公元6世纪圆坟。明治时期石棺内应该出土了人骨、金环、银环，石室内出土了直刀、须惠器，但现在情况不明。

羽崎中洞古坟：公元6世纪下半叶（古坟时代后期）建造。古坟全长14.1米，玄室长4.4米，羡道部分长5.2米，为县内最大规模的横穴墓。玄室内有长2.7米，宽1.4米，高约1米的屋形石棺，石棺周围搭建了环绕石棺的架子。出土了土师器、须惠器、人骨等。

【名称】船来山古坟
【位置】岐阜县本巢市上保、郡府、文殊、曾井中岛等
【年代】公元3世纪末至7世纪（古坟时代全期）
【解题】

岐阜县指定史迹，群集坟。在横跨本巢市和岐阜市的船来山的山脊至山脚下，东西约2公里，南北约600米的范围内密集分布的小规模古坟。至今已经确认了290座古坟。推测古坟群整体达到了1000座古坟，是近畿地区之外规模最大的群集坟。出土了玻璃制蜻蜓玉等玉器、金属制品、武器、马具、陶器等文物。

【名称】琴冢古坟群·柄山古坟
【位置】岐阜县各务原市那加柄山町
【年代】公元4世纪下半叶至5世纪上半叶（古坟时代前、中期）

【解题】

岐阜县指定史迹，前方后圆坟。全长约82米，后圆部分直径约54米，高8.4米，前方部分最宽处宽38米，高4.9米。后圆部分建成3层，前方部分建成2层，设置了葺石、埴轮，后圆部分的后方发现了空濠。古坟南侧下摆出土的鸡形埴轮的头部为市重要文化财。内部构造等情况不明。

【名称】野古坟群

【位置】岐阜县揖斐郡大野町野

【年代】公元5世纪下半叶至6世纪初（古坟时代中、后期）

【解题】

国家指定史迹，古坟群（前方后圆坟、帆立贝形、方坟等）。至今为止确认有17座古坟，其中现存9座。推测野古坟群1号古坟为全长54米的前方后圆坟（现为圆坟）。周沟中出土了埴轮片。不动冢古坟（野古坟群2号古坟）是全长64米的前方后圆坟。古坟建成2层，环绕的2重周濠中出土了埴轮片。南屋敷西古坟（野古坟群3号古坟、出口冢）是全长76米的前方后圆坟。古坟建成2层（或为3层），设置葺石、埴轮，环绕周濠。登越古坟（野古坟群4号古坟）是全长约83米的前方后圆坟。古坟建成3层，设置葺石、埴轮，环绕2重周濠和外堤。南出口古坟（野古坟群5号古坟）是全长约75米的前方后圆坟。古坟建成3层，设置了埴轮，环绕周沟。据说镀金兽带镜（国家重要文化财）出土于后圆部分的竖穴式石室。干屋敷古坟（野古坟群6号古坟、瓢冢）是全长79米的前方后圆坟，环绕周濠。坟丘上建造了从不动冢古坟上迁来的不动院。在坟丘的表面采集到了圆筒埴轮片。

【名称】象鼻山古坟群

【位置】岐阜县养老郡养老町桥爪

【年代】公元2世纪中期至7世纪初期（古坟时代全期）

【解题】

古坟群。由分布在象鼻山的上圆下方坛、前方后圆坟（1号古坟）圆坟、方坟等70座古坟组成。古坟群内最大的1号古坟全长约40米，出土了双凤纹镜、琴柱形石制品、铁制品等文物，推测是古坟群内最古老的古坟。古坟群以1号古坟为中心被修整为公园。

【名称】岩津古坟群·岩津第1号古坟
【位置】爱知县冈崎市岩津町西坂
【年代】公元6世纪下半叶（古坟时代后期）
【解题】

爱知县指定史迹，圆坟。由6座古坟组成的岩津古坟群中现存的唯一一座古坟。直径约18米。复室构造的横穴式石室全长约10米，部分墙面涂有印度红。除3具人骨外还出土了金环、变形四兽镜、三叶环头太柄头、装饰须惠器等文物（县有形文化财）。

【名称】正法寺古坟
【位置】爱知县西尾市吉良町乙川西大山
【年代】公元4世纪下半叶至5世纪初期（古坟时代中期）
【解题】

国家指定史迹，前方后圆坟。位于正法寺的后山，全长约94米，是西三河地区最大的古坟。古坟建成3层，设置了葺石，细腰部南侧有岛形状的遗迹。据推定墓主人是掌控伊势湾海上交通的人物。古坟出土了圆筒、屋形和盖形的形象埴轮。古坟被修整保存为公园。

【名称】味美古坟群
【位置】爱知县春日井市二子町、中新町
【年代】公元5世纪末至6世纪上半叶（古坟时代中、后期）

【解题】

国家指定史迹，古坟群（前方后圆坟、圆坟）。位于从春日井市东部流向南部的庄内川的右岸。尾张地区因水运而繁荣。曾有超过100座古坟存在，但现在基本消失了，如今仅剩味美古坟群的4座古坟。南面邻接味鋺古坟，东面邻接胜川古坟群。

二子山古坟：古坟长94米，东北侧设有造出，环绕盾形周沟。出土了圆筒埴轮、形象埴轮、须惠器等文物。据推定墓主人是从属于尾张氏的豪族，但是因坟形和出土文物与断夫山古坟类似，所以也有观点认为断夫山古坟是尾张连草香的墓葬，二子山古坟是目子媛的墓葬。埴轮等文物陈列在埴轮之馆。古坟建造于6世纪上半叶。

白山神社古坟：供奉着白山神社的神殿，古坟长84米，是建造于5世纪末期至6世纪初期的前方后圆坟。确认有马蹄形的周沟。

御旅所古坟：直径31米，建造于5世纪末期至6世纪初期的圆坟，坟顶修建了祠堂。

春日山古坟：古坟长72米，是建造于6世纪中期至下半叶的前方后圆坟。

【名称】东之宫古坟

【位置】爱知县犬山市北白山平

【年代】公元3世纪末至4世纪初期（古坟时代前期）

【解题】

国家指定史迹，前方后方坟。全长约72米，设置了葺石，是尾张地区最古老的古坟。竖穴式石室内安置了割竹形木棺，石室内部涂了印度红。出土了三角缘神兽镜等11面镜、石钏、车轮石、碧玉制锹形石、玉器、铁器类等文物。前方部分的前面供奉着东之宫社。有观点认为墓主人是迩波县主。

【名称】志段味古坟群

【位置】爱知县名古屋市守山区上志段味东谷。

【年代】公元 4 世纪至 7 世纪末（古坟时代全期）

【解题】

　　国家指定史迹，古坟群（前方后圆坟、帆立贝形、圆坟、方坟）。由建造时间跨越古坟时代前期至后期的 70 座古坟组成。从超过 100 米的前方后圆坟到直径约 10 米的圆坟，规模和坟形各异的古坟残存在河岸台地、山地、丘陵上，保存状态良好。在原本的国家指定史迹白鸟冢古坟上追加了尾张户神社、中社、南社、志段味大冢、胜手冢、东谷山白鸟古坟为国家指定史迹，2014 年时把这些古坟作为志段味道古坟群列入国家指定史迹。

　　白鸟冢古坟：位于名古屋市守山区上志段味东谷。古坟群内最古老的古坟，建造于 4 世纪上半叶。是坟丘长 115 米的前方后圆坟。设置了白色石英岩葺石，因坟丘闪耀的白色而得名。推测墓主人和大和王权有紧密的联系。

　　东大久手古坟：位于名古屋市守山区上志段味大冢。支群大久手古坟群中的 1 座（大久手 1 号古坟）。建造于 5 世纪末。是坟丘长约 39 米的帆立贝形古坟，环绕周濠。出土了圆筒埴轮和许多须惠器。近年的调查发现了按原本形态排列的圆筒埴轮。

　　西大久手古坟：位于名古屋市守山区上志段味大久手下。支群大久手古坟群中的 1 座（大久手 2 号古坟）。建造于 5 世纪中期。是坟丘长约 37 米的帆立贝形古坟，周濠中出土了圆筒埴轮和人物埴轮、马形、鸡形埴轮。人物埴轮和马形埴轮是东日本地区最古老的埴轮。

　　胜手冢古坟：位于名古屋市守山区上志段味中屋敷。建造于 6 世纪初期。是坟丘长约 55 米的帆立贝形古坟。后圆部分建成 2 层，原本应环绕 2 重周濠，但现在只残存了北侧内濠。发掘调查中发现了埴轮。古坟位于胜手神社内。

志段味大冢古坟：位于名古屋市守山区上志段味大冢。支群大冢古坟群中的1座（大冢1号古坟）、建造于5世纪下半叶，是坟丘长约51米的帆立贝形古坟。大正时期的调查中出土了铃镜、甲胄、马具等许多文物，这些都是古坟建造时期最先进的武装。近年的调查中出土了水鸟和鸡形的埴轮。

东谷山白鸟古坟：位于名古屋市守山区上志段味白鸟。支群白鸟古坟群中的1号古坟。建造于6世纪末至7世纪初期，是直径约17米的圆坟。出土了须惠器、土师器、马具、直刀、刀子、铁箭镞等文物。横穴式石室基本保存完好。

尾张户神社古坟：位于名古屋市守山区上志段味东谷。建造于4世纪上半叶。位于东谷山山顶。有力观点认为是前方后圆坟，但也很可能是直径约27.5米的圆坟。发现了类似白鸟冢的葺石和石英岩。坟顶供奉着尾张户神社。

中社古坟：位于名古屋市守山区上志段味东谷。建造于4世纪中期。位于东谷山山顶向南约120的山脊上，是长约63.5米的前方后圆坟。设置了葺石，近年的调查中出土了保存完好的东海地区最古老的圆筒埴轮。推测古坟与大和王权的中枢机构有着密切的联系。坟顶修建了尾张户神社的中社的祠堂。

南社古坟：位于名古屋市守山区上志段味东谷。建造于4世纪中期。确定是直径约30米的圆坟。位于东谷山山顶向南越过山坳的高处。坟丘上层为圆砾石的葺石，下层为带棱角砾石的葺石，设置了圆筒埴轮。坟顶有尾张户神社的南社的祠堂。

五　近畿地方

【名称】神乡龟冢古坟

【位置】滋贺县东近江市长胜寺町

【年代】公元 2 世纪末至 3 世纪初（古坟时代前期）

【解题】

滋贺县指定史迹，前方后方坟。日本国内最古老的前方后方坟，全长约 35 米，坟丘由堆积的周濠土筑造而成。后方部确认有 2 座木椁墓，出土了大量粉碎的陶器片。在坟丘西侧发现了柱穴群和类似守墓之家的竖穴式住宅，被认为是祭祀遗迹。

【名称】瓢箪山古坟（安山瓢箪山古坟）

【位置】滋贺县近江八幡市安土町桑实寺

【年代】公元 4 世纪中叶（古坟时代前期）

【解题】

国家指定史迹，前方后圆坟。县内最大规模，全长约 162 米，出土了埴轮和壶形陶器。后圆部有 3 座竖穴式石室，前方部有 2 座组合式箱式石棺。出土了大量铜镜、车轮石、铁制武器、管玉等。推测是权力者之墓。实物大小的中央石室的复制品在县立安土城考古博物馆展出。

【名称】大岩山古坟群
【位置】滋贺县野洲市富波、辻町、小筱原等
【年代】公元3世纪后半叶至7世纪初（古坟时代前期、中期、后期）
【解题】

国家指定史迹，古坟群（帆立贝形古坟、前方后圆坟、前方后方群、圆坟等）。出土了大型铜铎群，以下8座大岩山周边的首领墓是国家指定史迹。富波古坟，是全长42米的前方后方坟。从周濠出土了土师器。建于3世纪后半叶。古富波山古坟，是直径约30米的圆坟（几乎消失）。出土了3面铜镜（市有形）。建于3世纪后半叶。大冢山古坟，是坟长65米的帆立贝形古坟。出土了圆筒和形象陶俑（鸟、屋和盖等）。从埋葬主体部的痕迹周边出土了玉类、滑石制模造品等。建于5世纪前半叶。龟冢古坟，是全长45米以上的前方后圆坟，根据发掘调查确认了前方部的存在。出土了埴轮、须惠器。建于5世纪后半叶至5世纪末。天王山古坟，是全长约50米的前方后圆坟。前方部有横穴式石室。出土了土师器等。建于5世纪末至6世纪前半叶。圆山古坟，是直径28米的圆坟。横穴式石室里安放有刳拔式家型石棺和组合式家型石棺。除了武器、饰品等，还出土了约1万件玉类。建于6世纪初至6世纪中叶。甲山古坟，是直径30米的圆坟。甲山古坟的玄室长6.8米，宽2.8米，高3.3米，地面铺满了玉石。在玄室内发现了2.6米、最大宽1.6米、高1.8米的阿苏溶结凝灰岩制刳拔式家型石棺。还出土了玻璃玉、铁镞、太刀等武器、马具、金线、铁器等陪葬品。金线、玉类、马甲等为日本最古老的。建于6世纪前半叶至中叶。宫山2号坟，是直径约15米的圆坟。横穴式石室里安放有组合式石棺。出土了金环和须惠器等。圆山古坟、天王山古坟、甲山古坟在公园内复原。

五　近畿地方

【名称】雪野山古坟

【位置】滋贺县近江八幡市新巷町等

【年代】公元 4 世纪前半叶至中叶（古坟时代前期）

【解题】

国家指定史迹，前方后圆坟。位于雪野山山顶，全长约 70 米。在坟顶部发现了未盗掘的竖穴式石室，出土了包括 3 面三角缘神兽镜的 5 面铜镜、锄形石、琴柱形石制品、铁制刀剑、漆制品、陶器等（国重文）。古坟现已被掩埋。

【名称】鸭稻荷山古坟

【位置】滋贺县高岛市鸭

【年代】公元 6 世纪前半叶（古坟时代后期）

【解题】

滋贺县指定史迹，前方后圆坟。推测全长约 45 米。后圆部有横穴式石室，从刳拔式屋形石棺中出土了大量金铜制的冠、耳饰以及环头大刀等（东京国立博物馆、京大综合博物馆藏）。屋形石棺在公园的覆室内保存。石棺以及金铜制冠、沓的复制品在历史民俗资料馆展出。

【名称】大田南古坟群·大田南 5 号坟

【位置】京都府京丹后市弥荣町

【年代】公元 3 世纪后半叶（古坟时代前期）

【解题】

方坟。由 25 座古坟构成的古坟群中的一座古坟。18.8 米 × 12.3 米的方坟，从中心埋葬设施的第一主体部分的组合式石棺中出土了人骨、铜镜、铁刀。铜镜是有"青龙三年"（235）铭文的方格规矩四神镜，是日本最古老的纪年铭镜（国重文）。

【名称】产土山古坟

【位置】京都府京丹后市丹后町竹野宫之腰

【年代】公元5世纪中叶（古坟时代中期）

【解题】

国家指定史迹，圆坟。直径约54米，有葺石、埴轮。坟丘中央直葬有当地产的凝灰岩制长持形石棺，被称为"王者之棺"。从棺内出土了陶制枕、环头刀子、直刀、鹿角装木鞘之剑、变形四兽镜、玉类、铁镞、短甲、木梳、木弓等。

【名称】广峰古坟群·广峰15号坟

【位置】京都府福知山市东羽合町

【年代】公元4世纪后半叶至4世纪末（古坟时代前期）

【解题】

前方后圆坟。由30多座古坟构成的古坟群中的一座古坟，全长约40米。后圆中央直葬有割竹形木棺。出土了"景初四年"铭盘龙镜、管玉、铁制武器等（国重文）。发掘调查后，坟丘消失。

【名称】私市圆山古坟

【位置】京都府绫部市私市町圆山

【年代】公元5世纪中叶（古坟时代中期）

【解题】

国家指定史迹，圆坟。全长81米，3段建筑，有葺石、埴轮、造出。从3座埋葬设施中出土了大量铜镜、玉类、胡簶金具、短甲和胄、武器等（府指定）。被认为是由良川流域最大的首长墓。

私市圆山古坟是京都府最大的圆坟。主体部的东西方向维持着挖掘成2段的墓圹，里面安放有组合式木棺。陪葬品中的铠甲和武器体现了强大的军事力量，镜子、玉、农具则体现了举行各种祭祀活动的样子。坟丘由3段建筑构成，围绕着三重埴轮列，同时坟丘斜面还铺有葺石，是从由良川运来的河原石。

【名称】嵯峨野、太秦古坟群·天冢古坟
【位置】京都府京都市右京区太秦松本町
【年代】公元6世纪（古坟时代后期）
【解题】
　　国家指定史迹，前方后圆坟。古坟群内遍布蛇冢，全长约73米，中央和前方部有2处细部，2段建筑，有周濠。后圆部有2座横穴式石室，出土了约400件铜镜、玉器、马具等。推测是秦氏一族之墓。现在供奉着伯清稻荷。

【名称】惠解山古坟
【位置】京都府长冈京市胜龙寺、久具
【年代】公元5世纪前半叶（古坟时代中期）
【解题】
　　国家指定史迹，前方后圆坟。该地区最大的古坟，全长约128米，后圆部直径约78.6米，前方部宽约78.6米。古坟分作3段建筑，有葺石、埴轮，周濠宽约30米，包含周濠在内的古坟全长约180米。推测后圆部有竖穴系埋葬设施。从前方部的陪葬品埋葬设施中出土了约700件铁制武器。前方部和造出的平坦面有复原的埴轮列。发现的铁质武器包括大约146把大刀、11把剑、超过57把枪、1把短刀、10把刀子、超过471个弓箭的箭镞。

【名称】物集女车冢古坟
【位置】京都府向日市物集女町南条

【年代】公元 6 世纪中叶（古坟时代后期）

【解题】

京都府指定史迹，前方后圆坟。全长约 46 米，2 段建筑，有葺石和埴轮。后圆部直径 31 米，高 9 米，前方部宽 38 米，高 8 米。横穴式石室内安放有组合式屋形石棺。墓道部地面上配备了排水设施。出土了金铜制冠、玉类、刀剑类、马具等。

【名称】芝之原古坟群·芝之原古坟（12 号坟）

【位置】京都府城阳市寺田大谷

【年代】公元 3 世纪中叶（古坟时代前期）

【解题】

国家指定史迹，前方后方坟。久津川古坟群的支群——芝之原古坟群（13 座）中的一座古坟。方形部东西长 19 米，南北长 21 米，突出部几乎被削平，长 3.5 米以上。从墓坑内的组合式木棺中出土了铜镜、铜钏、大量的玉器等（国重文）。

【名称】椿井大冢山古坟

【位置】京都府木津川市山城町椿井三阶

【年代】公元 3 世纪后半叶（古坟时代前期）

【解题】

国家指定史迹，前方后圆坟。全长约 175 米，后圆部为 4 层建筑，有葺石。从前方部出土了布留式陶器。从竖穴式石室中出土了包括 30 多面三角缘神兽镜在内的铜镜约 40 面、大量铁制武器等陪葬品（国重文）。

【名称】龟虎古坟

【位置】奈良县高市郡明日香村阿部山（飞鸟历史公园龟虎古坟周边地区）

【年代】7 世纪末（古坟时代后期）

【解题】

国家特别史迹、国家指定史迹，圆坟。直径 13.8 米，2 层建筑。出土了金铜制饰物和金象嵌的刀装具、玉器等。被葬者有右大臣的阿倍御主人、天武天皇皇子、百济王昌成等诸多说法。横口式石椁的内部涂有灰泥，东西南北四壁的中央画有四神青龙、白虎、朱雀、玄武，四神之下画有兽头人身十二支神像，天井中央画有规范的天文图，可能是世界上现存最古老的天文图。四神完整留存是日本国内首例。

【名称】石舞台古坟

【位置】奈良县高市郡明日香村岛庄（飞鸟历史公园石舞台地区）

【年代】6 世纪末至 7 世纪初（古坟时代后期）

【解题】

国家特别史迹、国家指定史迹，方坟。很久前盛土消失，露出巨大的石室。推测其原本是一边长约 50 米的方坟。有贴石、周濠和堤坝。两袖形横穴式石室全长约 19 米，由 30 多个总重量 2300 吨的岩石构成，顶棚石是约 77 吨的巨石。室内被认为收纳了凝灰岩制的屋形石棺，出土了金铜制带金具、须惠器、土师器等。也有人说这是苏我马子之墓。根据发掘调查，存在方形的坟丘、堀、外堤，判明是破坏了 6 世纪的小古坟而筑造的古坟。

【名称】高松冢古坟

【位置】奈良县高市郡明日香村平田（飞鸟历史公园高松冢古坟周边地区）

【年代】7 世纪末至 8 世纪初（古坟时代后期）

【解题】

国家特别史迹、国家指定史迹，圆坟。直径 23 米，2 层建筑，有周沟。下层直径 23 米，上层直径 18 米、高 5 米。横口式石椁的墙面上涂

· 269 ·

满了灰泥，绘有手持威仪器具的人物、星宿图、日轮月轮、玄武、青龙、白虎等五彩缤纷的壁画（国宝）。室内被认为收纳有涂漆木棺，除了男性的人骨外，还出土了海兽葡萄镜、金铜制透饰金具、银装大刀金具、玉类等（国重文），在飞鸟资料馆展出。被葬者有天武天皇的皇子、臣下、朝鲜半岛系的王族等各种说法。石室被拆卸搬出，在修理作业室中进行修复，并向公众开放。壁画、石椁的实物比例模型、陪葬品的复制品在毗邻的壁画馆展出。坟丘恢复了建造时的样子。根据2005年的发掘调查，确定筑造于藤原京时期（694~710）。

【名称】凤灰古坟
【位置】奈良县奈良市神功、京都府木津川市兜台
【年代】公元8世纪初（古坟时代后期）
【解题】

国家指定史迹，上圆下方坟。下方部一边长约14米，上圆部直径约9米，因为版筑构造，具备葺石、排水设施。横口式石椁安放有涂漆的棺材。出土了银装大刀金具、金和银制玉、金箔片等。推测是当时贵族之墓。

【名称】都冢古坟（金乌冢）
【位置】奈良县高市郡明日香村阪田
【年代】公元6世纪后半叶（古坟时代后期）
【解题】

方坟。由石头堆积成5层以上的阶梯状，东西约41米，南北约42米，是日本国内史无前例的大型方坟。全长12.2米的横穴式石室里安放有屋形石棺。出土了须惠器、土师器、刀、铁镞。被葬者有苏我稻目、入鹿和苏我氏的权威者、渡来系氏族等各种说法。

【名称】中尾山古坟

【位置】奈良县高市郡明日香村平田（飞鸟历史公园高松冢古坟周边地区）

【年代】公元7世纪末至8世纪初（古坟时代后期）

【解题】

国家指定史迹，八角坟。对边长约30米，3层建筑，有葺石。横口式石椁使用花岗岩和凝灰岩的切石，内壁涂有水银朱，被认为有骨藏器。在坟丘末端出土了沓形石造物。被指出有可能是文武天皇陵。

【名称】与乐古坟群・与乐罐子冢古坟

【位置】奈良县高市郡高取町与乐

【年代】公元6世纪后半叶（古坟时代后期）

【解题】

国家指定史迹，圆坟。直径28米，2层建筑。向南开口的单袖形横穴式石室使用花岗岩构筑，侧壁用自然石构筑，内壁主要用碎石构筑。圆顶状构造的玄室部长4.15米，高约4.4米。出土了金铜耳环、铁制马具、微型烧饭器具等。

【名称】牵牛子冢古坟（朝颜冢）

【位置】奈良县高市郡明日香村越

【年代】公元7世纪后半叶（古坟时代后期）

【解题】

国家指定史迹，八角坟。对边长22米。挖出了凝灰岩巨石的横口式石椁，是中央有间隔的两室构造，被巨大的柱状切石包围，是史无前例的构造。墙壁上涂有灰泥。除牙齿外，还出土了夹纻棺片、七宝龟甲形座金具、玻璃制玉等（国重文），夹纻棺的一部分和闭塞石的内门在明日香村埋藏文化财展示室展出。有说法认为这是齐明天皇和间人皇女的合葬墓。

两侧的墓室长约 2 米。地面削出了长约 1.95 米，宽约 0.8 米的棺台。飞鸟地区挖出的横口式石椁坟，除此之外还有益田岩船、鬼之俎的雪隐古坟，推测修建顺序为鬼之俎的雪隐古坟→益田岩船→牵牛子冢古坟。

【名称】市尾宫冢古坟
【位置】奈良县高市郡高取町市尾
【年代】公元 6 世纪前半叶至中叶（古坟时代后期）
【解题】

国家指定史迹，前方后圆坟。全长约 44 米。后圆部的横穴式石室全长 11.6 米，安放有凝灰岩制刳拔式屋形石棺。石室墙面和石棺上涂满了红色颜料，室内的地面上有排水沟。出土了金铜装大刀、马具、金银制步摇、玉类等。推测为有权势的豪族之墓。

【名称】市尾墓山古坟
【位置】奈良县高市郡高取町市尾
【年代】6 世纪初（古坟时代后期）
【解题】

国家指定史迹，前方后圆坟。全长约 66 米，2 层建筑，有周濠和外堤，南面细部设有造出。从坟丘中出土了埴轮列，从周濠部出土了鸟、笠、石见形等木制品。后圆部的横穴式石室安放有屋形石棺。还发现了玉类、武器、马具等。有说法认为这是许势男人之墓。

【名称】藤之木古坟
【位置】奈良县生驹郡斑鸠町法隆寺西
【年代】公元 6 世纪后半叶（古坟时代后期）
【解题】

国家指定史迹，圆坟。直径约 48 米，高 9 米，横穴式石室内的刳拔式屋形石棺，系由箱形的棺身和屋脊形的棺盖组合而成。刳拔式石棺中出土了两具人骨，除此之外还有铜镜、玉类、金铜制冠和玉缠大刀等，从室内出土了武器、铠甲、金铜制马具、陶器等（国宝）。一部分在橿原考古学研究所附属博物馆展出，复制品在斑鸠文化财中心展出。坟丘保存在公园内，可以隔着玻璃参观石棺。被葬者有物部氏、苏我氏、平群氏等各种说法，穴穗部皇子和宅部皇子的合葬说更有力。法隆寺留有"陵""陵山"的记录，涉及崇峻天皇陵。

【名称】乌土冢古坟
【位置】奈良县生驹郡平群町春日丘
【年代】公元6世纪后半叶（古坟时代后期）
【解题】
　　国家指定史迹，前方后圆坟。全长60.5米，后圆部的横穴式石室的玄室中央和墓道深处安放有组合式屋形石棺。出土了金铜马具、四兽镜、银太刀、须惠器子持器台、巫女形埴轮等。推测是平群氏族长之墓。

【名称】莺冢古坟
【位置】奈良县奈良市春日野町
【年代】公元4世纪末至5世纪初（古坟时代前期、中期）
【解题】
　　国家指定史迹，前方后圆坟。位于若草山三重目山顶。全长约103米，2层建筑，有葺石、埴轮。内部构造不明。前方部出土了铜镜、石斧等。《枕草子》中的莺陵可能就是该坟，也有说是仁德皇后之墓。

【名称】岛之山古坟
【位置】奈良县矶城郡川西町唐院
【年代】公元4世纪末至5世纪初（古坟时代前期、中期）

【解题】

国家指定史迹，前方后圆坟。全长约 190 米，3 段建筑，有葺石、埴轮、周濠。前方部黏土椁内发现了未盗掘的割竹形木棺，出土了石制腕饰类、铜镜、石制合子、玉类等（国重文）。从后圆部挖出了大量石制腕饰类和石室顶棚石。推测是奈良盆地的有权势首领之墓。

【名称】东大寺山古坟群

【位置】奈良县天理市栎本町

【年代】公元 4 世纪后半叶（古坟时代前期）

【解题】

前方后圆坟。东大寺山古坟群由 50 座以上散布在东大寺山丘陵的古坟构成，东大寺山古坟是古坟群中最古老、规模最大的。推测是鳄鱼氏的权威者之墓。全长约 140 米，有埴轮和葺石。从后圆部黏土椁出土了大量锹形石、车轮石、玉器、环头大刀、金象嵌有"中平"纪年铭的大刀等陪葬品（东京国立博物馆藏）。

赤土山古坟在古坟群中，是继东大寺山古坟之后的古老建筑，残余长 106.5 米，2 层建筑，有葺石，后圆部后端有造出。出土了屋形、短甲形、盾形、鸟形等形象埴轮、圆筒埴轮、大量石制品等。坟丘被整修，复原了屋形埴轮祭祀的遗构。

【名称】杣之内古坟群·西山古坟

【位置】奈良县天理市杣之内町

【年代】公元 4 世纪后半叶（古坟时代前期）

【解题】

国家指定史迹，前方后方坟。日本国内最大的前方后方坟。全长约 180 米，3 层建筑，第 1 层是前方后方形，第 2~3 层是前方后圆形，有葺石、埴轮、周濠。被认为有竖穴式石室，出土了铜镜、管玉、铁剑等。

在周濠中检测出了车轮石，在外堤检测出了埴轮棺和石棺墓。也有说是物部氏的权威者之墓。

【名称】MESURI 山古坟
【位置】奈良县樱井市高田
【年代】公元 4 世纪前半叶（古坟时代前期）
【解题】

　　国家指定史迹，前方后圆坟。全长约 244 米，是磐余地区前期最大规模的古坟。3 层建筑，有葺石和埴轮。后圆部直径约 128 米，有 2 座竖穴式石室，从主室出土了铜镜片、玉类等，从副室出土了玉杖、大量武器、农具等（国重文），在橿原考古学研究所附属博物馆展出。推测是掌握王权和军事权的人物之墓。也有说是阿倍氏的祖先大彦命之墓。

【名称】樱井茶臼山古坟
【位置】奈良县樱井市外山
【年代】公元 4 世纪初（古坟时代前期）
【解题】

　　国家指定史迹，前方后圆坟。全长约 207 米，后圆部为 3 层建筑，前方部为 2 层建筑，有葺石、周濠。后圆部有一个环绕着圆木栅栏的方形坛，从其周围出土了二重口缘壶。方形坛下的竖穴式石室由涂有朱红色的板石构成，除了玉叶、玉杖等石制品、武器类、工具类等之外，还出土了 81 面以上的铜镜和日本国内最长约 8 厘米的玻璃制管玉。一部分在橿原考古学研究所附属博物馆展出。近年来，在石室的北面和东面还发现了被认为是副室的遗构。推测是大王级的坟墓。

【名称】野口王墓古坟（桧隈大内陵）
【位置】奈良县高市郡明日香村野口

【年代】公元 7 世纪后半叶（古坟时代后期）

【解题】

宫内厅管理，八角坟（圆丘）。第 40 代天武天皇于朱鸟元年（686）驾崩，葬在大内陵。天武天皇的皇后——第 41 代持统天皇于大宝二年（702）驾崩，火葬后于第二年合葬。之后见濑丸山古坟说成为有力的说法，因文久年间的修陵，现陵作为文武天皇陵进行了临时修补。明治 13 年（1880），发现了镰仓时代被盗掘时的记录"阿不几乃山陵记"。根据记录，天武天皇的遗体收纳在夹纻棺内，持统天皇的遗骨则被装入了银制的骨葬器。2013 年，判明最下层是一边长约 16 米的 5 层建筑，顶部是尖尖的像佛塔一样的八角坟。

【名称】大和古坟群

【位置】奈良县天理市萱生町、中山町等

【年代】公元 3 世纪后半叶至 6 世纪前半叶（古坟时代前期、中期、后期）

【解题】

国家指定史迹、宫内厅管理，古坟群（前方后圆坟、前方后方坟等）。位于奈良盆地东南部，由以古坟时代前期为中心时期的 24 座古坟构成。2014 年，明确了内部构造的 NOMUGI 古坟、中山大冢古坟、下池山古坟作为大和古坟群被指定为国家史迹。

NOMUGI 古坟：位置在天理市佐保庄町。级别为国家指定史迹。全长 63 米的前方后方坟，有周濠。埋葬设施不明。出土了古式土师器片。筑造于 3 世纪后半叶。

中山大冢古坟：位置在天理市中山町。级别为国家指定史迹。全长约 130 米的前方后圆坟。后圆部是 2 层建筑，有葺石、埴轮，细部和后圆部北侧设有造出部。后圆部坟顶中央的竖穴式石室安放有木棺。出土了铜镜片、铁器等。从坟顶部出土了宫山型特殊器台、特殊器台形埴轮、圆筒埴轮等，一部分在橿原考古研究所附属博物馆展出。筑造于 3 世纪后半叶。

下池山古坟：位置在天理市成愿寺町。级别为国家指定史迹。全长约 120 米的前方后方坟。2 层建筑，有葺石、周濠。后方部中央有合掌形竖穴式石室，安放有割竹形木棺。出土了石钏、玉类、铁制品等。还从石室西北侧的小石室出土了大型内行花文镜。筑造于 4 世纪前半叶。

西殿冢古坟（衾田陵）：位置在天理市中山町、萱生町。作为继体天皇的皇后手白香皇女陵，由宫内厅管理。全长约 230 米的前方后圆坟，东侧为 3 层建筑，西侧为 4 层建筑，有葺石、周濠，采集有特殊圆筒埴轮和特殊器台形陶器等。各坟顶部存在方形坛，前方部的方形坛很有可能由石头堆砌而成。也有说是卑弥呼的继承人台与之墓。筑造于 3 世纪后半叶。

东殿冢古坟：位置在天理市中山町、萱生町。全长 175 米的前方后圆坟。有葺石、周濠和堤坝。从造出状的埴轮祭祀遗构中，出土了大量圆筒埴轮、漏斗形埴轮、线刻有类似送葬的平底船图案的带鳍圆筒埴轮。后圆部坟顶上散落着被认为是竖穴系石室的一部分建造材料的石板。筑造于 3 世纪后半叶至 4 世纪前半叶。

西山冢古坟：位置在天理市萱生町。全长 114 米的前方后圆坟。有葺石、周濠。采集有圆筒埴轮。留有开荒时出土了屋形石棺的记录。推测是这个地区的第一例筑造于 6 世纪前半叶的古坟。也有说这是真正的衾田陵。

马口山古坟：位置在天理市兵库町。位于大和神社参道北侧。全长 110 米的前方后圆坟。有一个被认为是周濠而遗留下来的池塘。推测后圆部存在竖穴式石室。在坟丘采集有特殊器台形埴轮片。筑造于 3 世纪后半叶。

HIE 冢古坟：位置在天理市萱生町。全长 130 米的前方后圆坟。有葺石，确认有被认为是周濠的遗构。开垦后的坟丘发生了变化，但形状与中山大冢相似。出土了古式土师器。筑造于3世纪后半叶至4世纪初。

波多子冢古坟：位置在天理市萱生町。目前全长140米的前方后方坟。有葺石、埴轮、周濠。推测坟顶附近存在大量的板石，有竖穴式石室。坟丘北侧的外堤上还有小石室。出土了漏斗形埴轮、带鳍的埴轮、特殊器台形埴轮等。筑造于3世纪后半叶至4世纪前半叶。

灯笼山古坟：位置在天理市中山町。目前全长110米的前方后圆坟。3层建筑，有葺石和埴轮。在后圆部采集了很多被认为是竖穴式石室的一部分材料的石板。出土了刻有花纹的朱漆陶制枕（国重文，藤田美术馆藏）、陶质棺、石钏、玉类等。筑造于4世纪前半叶。

【名称】柳本古坟群

【位置】奈良县天理市柳本町、涉谷町

【年代】公元3世纪后半叶至4世纪后半叶（古坟时代前期）

【解题】

国家指定史迹、奈良县指定史迹，古坟群（前方后圆坟、双方中圆坟、方坟等）。大部分是古坟时代前期的古坟，行灯山古坟（崇神陵）和涩谷向山古坟（景行陵）是2座全长200米以上的前方后圆坟，推测是初期大和王权的大王墓。除了行灯山古坟的陪冢ANDO山古坟（全长120米）和南ANDO山古坟（全长65米）、涩谷向山古坟的陪冢SHIUROU古坟（全长120米）和上之山古坟（全长140米）之外，石名冢古坟（全长111米）和NOBERA古坟（全长71米）都是前方后圆坟。涉谷向山古坟的陪冢赤坂古坟则是一边长约25米的方坟。

柳本大冢古坟：位置在天理市柳本町。复原后为全长约94米的前方后圆坟。存在周濠遗迹。后圆部中央的竖穴式石室在明治时期的盗掘中被破坏，从邻接石室的用来埋藏陪葬品的小石室中出土了直径39.7厘米的大型内行花文镜。筑造于4世纪后半叶。盗掘时取出的一部分木棺作为匾额留在了樱井市的宗教法人——大神教的本院内。

五　近畿地方

大和天神山古坟：位置在天理市柳本町。奈良县指定史迹。全长 103 米的前方后圆坟，有葺石。也有人认为这是崇神陵的陪冢。坟丘东半部分在国道建设时消失。后圆部的竖穴式石室安放有刳拔式木棺（县有形）。出土了 23 面铜镜和铁剑、铁镞、工具等（国重文）。从前方部的坟丘中出土了土师器壶。被认为是只有陪葬品的古坟。筑造于 3 世纪后半叶至 4 世纪后半叶。

栎山古坟：位置在天理市柳本町。国家指定史迹。位于崇神陵的东邻。全长约 155 米的双方中圆坟。有葺石、埴轮、周濠。中圆部坟顶确认有竖穴式石室和组合式长持形石棺的碎片。东侧方形部的祭祀遗构中出土了腕轮形石制品、铁制品等。东侧方形部铺有白砾。筑造于 4 世纪后半叶。

黑冢古坟：位置在天理市柳本町。国家指定史迹。群内最古老的全长约 130 米的前方后圆坟。在柳本城建造，坟形有很大变化。后圆部中央有未盗掘的大型合掌式竖穴式石室，室内的木棺已经消失。棺内遗物有 1 面画文带神兽镜和铁刀剑，棺外遗物有 33 面三角缘神兽镜和铁刀剑、农具、土师器等，基本上以埋葬时的状态出土（国重文）。筑造于 3 世纪后半叶至 4 世纪前半叶。

【名称】缠向古坟群
【位置】奈良县樱井市太田、东田、箸中等
【年代】公元 3 世纪（古坟时代前期）
【解题】

国家指定史迹、宫内厅管理，古坟群（前方后圆坟、圆坟等）。广义上指位于缠向遗迹内以及周边的 30 多座古坟，还包括茅原大墓古坟。分为箸中支群和东田支群。狭义上指由前方后圆坟的箸墓以及 5 座国家史迹古坟（缠向胜山古坟、东田大冢古坟等）构成的最古老的古坟群，但是也有说法认为这是定型化的前方后圆坟出现的过渡期，是最后的弥生坟丘墓。其中前方较短且较低的 HOKENO 山古坟、缠向石冢古坟、缠向矢冢古坟被称为缠向型前方后圆坟。出土陶器等在市立埋藏文化财中心展出。

箸墓古坟（箸中山古坟）：位置在樱井市箸中。箸中支群。孝灵天皇的皇女——倭迹迹日百袭姬命大市墓，由宫内厅管理。全长约 280 米的前方后圆坟，后圆部为 5 层建筑，前方部近年判明为 3 层建筑。有葺石、周濠、外堤、渡堤。后圆部上段由大量的石堆构筑。出土了木制轮钟等木制品和大量陶器片、宫山型特殊器台、都月型圆筒埴轮、特殊壶、二重口缘壶等。也有说这是卑弥呼和继承人台与之墓。筑造于 3 世纪中叶至后半叶。

HOKENO 山古坟：位置在樱井市箸中。箸中支群。全长约 80 米。确认有周濠的痕迹。后圆部为 3 层建筑，有葺石，中央的石围木椁内安放有刳拔式舟形木棺。出土了画文带神兽镜、武器、农具等。之后在前方部东斜面直葬了组合式木棺，出土了大型复合口缘壶和广口壶。中心主体部西侧还有 6 世纪末左右的横穴式石室，安放有组合式屋形棺，出土了陶器、铁钉等。传说在大神神社，从崇神天皇皇女——丰锹入姬命之墓内出土了内行花文镜。国家指定史迹。用放射性碳素年代测定法分析木棺片，判断筑造年代有可能是 3 世纪上半叶。

东田大冢古坟：位置在樱井市东田。东田支群。全长约 120 米。从周濠内出土了陶器和木制品，在外侧肩部分检测出大型复合口缘壶的埋葬设施。坟丘下确认有井户和沟，出土了大量的木制品、桃核、鹿角、陶器等。坟丘周边采集有被认为是竖穴式石室的一部分材料的安山岩板材。筑造于 3 世纪下半叶。

缠向胜山古坟：位置在樱井市太田。缠向胜山古坟面向三轮山，眺望着缠向遗迹地区。在辻地区，发现了由掘立柱建筑物和柱列构成的建筑群以及祭祀土坑群。东田支群。全长约 115 米。从周濠内出土了大量土器和与祭祀相关的木制品。内部构造不明。筑造于 3 世纪。

缠向矢冢古坟：位置在樱井市东田。东田支群。全长约96米。前方部几乎消失。从导水沟和周濠的连接部附近出土了一批土师器。内部构造不明。筑造于3世纪。

缠向石冢古坟：位置在樱井市太田。国家指定史迹。东田支群。全长约96米，后圆部为3层建筑，没有埴轮和葺石。从周濠内出土了木制锄、建筑部件、鸡形木制品、弘文圆板等特殊的木制品、陶器，从坟丘也出土了土器片等。筑造于3世纪。

【名称】马见古坟群
【位置】奈良县大和高田市、北葛城郡广陵町、河合町、香芝市
【年代】公元4世纪中叶至6世纪末（古坟时代前期、中期、后期）
【解题】

国家特别史迹、国家指定史迹，古坟群（前方后圆坟、帆立贝形古坟、圆坟等）。约250座古坟构成的大古坟群。一般分为以大冢山古坟为中心的"北群"、以巢山古坟为中心的"中央群"、以筑山古坟为中心的"南群"，但也有人认为大冢山古坟群并不包含在范围内。被葬者有豪族的葛城氏和大王家等各种说法。以NAGARE山为中心，约有30座古坟在马见丘陵公园整修，出土品等在园内展出。

巢山古坟：位置在北葛城郡广陵町三吉。全长约220米，是古坟群内最大的前方后圆坟。3层建筑，有葺石、埴轮、周濠和堤坝，细部两侧有造出。从前方部西侧的出岛状遗构中出土了形象埴轮（水鸟、盖、盾、屋等）。后圆部有2座竖穴式石室，前方部有1座石室，出土了大勾玉等玉器、锹形石、车轮石、石钏、滑石制刀子等。从周濠内出土了被认为是送葬用的准构造船的部件，并且引发了讨论。推定是葛城氏的王墓。毗连马见丘陵公园。筑造于5世纪初。国家特别史迹。

NAGARE山古坟：位置在北葛城郡河合町佐味田马见丘陵公园内。

全长105米的前方后圆坟。2层建筑，有葺石和埴轮。细部东侧的遗构由2列圆柱埴轮划分，推测是送葬时登上坟丘的通道。前方部坟顶的黏土椁内埋葬有箱形木棺。出土了大量的铁制品和石制仿制品等。后圆部也被认为存在埋葬设施。在公园内复原了坟丘东侧建造时的样子。筑造于5世纪初。国家指定史迹。

乙女山古坟：位置在北葛城郡河合町佐味田、广陵町寺户。前方部极低矮的典型帆立贝形古坟。全长130米，居日本国内第2位。有周濠和堤坝，从后圆部的造出部的圆筒埴轮列内侧出土了屋形、椭圆筒形埴轮。其中一个圆筒埴轮收纳着土师器、小型圆底壶和土制品。推测埋葬设施是黏土椁。出土了滑石制勾玉和臼玉、刀子形、镰形、纺锤车形的滑石制仿制品等。筑造于5世纪前半叶。国家指定史迹。

新木山古坟：位置在北葛城郡广陵町赤部。三吉陵墓参考地。位于中央群南部的全长约200米的前方后圆坟。有葺石、埴轮、周濠和堤坝。内部构造不明。出土了勾玉、管玉、枣玉（宫内厅藏）。筑造于5世纪前半叶。

佐味田宝冢古坟：位置在北葛城郡河合町佐味田。国家指定史迹。全长约112米的前方后圆坟。明治时期，从后圆部的埋葬设施内出土了包括家屋文镜在内的大量铜镜和铁镞、巴形铜器、石制品等许多陪葬品（国重文，东京国立博物馆和宫内厅等所藏）。古时就有金岛传说，并称其为黄金山。筑造于4世纪中叶至4世纪末。

牧野古坟：位置在北葛城郡广陵町马见北8丁目。国家指定史迹。直径约50米的圆坟，3层建筑。第2层有全长约17.1米的开口横穴式石室。室内安放了剜拔式屋形石棺和组合式屋形石棺。出土了金环、玉类、武器、马具、陶器等。也有说法认为这是舒明天皇的父亲押坂彦人大兄皇子的成相墓。筑造于6世纪后半叶至6世纪末。

新山古坟：位置在北葛城郡广陵町大冢。第25代武烈天皇的大冢陵墓参考地。属于南群的全长约126米的前方后方坟。有埴轮和以周濠之名留下的溜池。明治时期发现了后方部中央的竖穴系石室和组合式石棺状的埋葬设施，出土了34面铜镜（三角缘神兽镜、内行花文镜、直弧文镜等）和玉器、锹形石、车轮石、石钏、金铜制带金具、台座形石制品等。筑造于4世纪中叶至下半叶。

筑山古坟：位置在大和高田市筑山。筑造于4世纪下半叶至4世纪末。第23代显宗天皇的磐园陵墓参考地。江户时代比定为武烈天皇陵。南群核心的全长约209米的前方后圆坟。3层建筑，有葺石、埴轮（圆筒、漏斗形），细部有造出。周濠有可能是双重的。内部构造尚不清楚，但推测存在竖穴系的埋葬设施。被认为是陪冢的茶臼山古坟（宫内厅管理）、KONPIRA山古坟等散布在周围。位于南面的狐井冢古坟是陵西陵墓参考地，被葬候补者是显宗天皇的皇后，也有一说是显宗天皇陵。

狐井城山古坟：位置在香芝市狐井。筑造于5世纪末至6世纪上半叶。全长约140米的前方后圆坟。有葺石、埴轮、周濠和外堤，但在中世时作为冈氏的城堡被使用而发生很大的变化。刳拔式长持形石棺盖石的复制品和竖穴式石室顶棚石在文化中心前庭展出。推测是葛城氏之墓。也有一说是武烈天皇陵。

大冢山古坟群、大冢山古坟：位置在北葛城郡河合町川合。筑造于5世纪中叶至6世纪上半叶的大冢山古坟群（国家史迹），残存的前方后圆坟有大冢山古坟、中良冢古坟（高山冢1号坟）、城山古坟，圆坟有丸山古坟（有说是帆立贝形古坟）、高山冢2~4号坟，方坟有九僧冢古坟共8座。最大的大冢山古坟全长197米，3层建筑，有葺石、埴轮、双重周濠和堤坝。埋葬设施推测是竖穴式石室。筑造于5世纪中叶至下半叶。

【名称】佐纪盾列古坟群

【位置】奈良县奈良市山陵町、佐纪町、歌姬町、法华寺町等

【年代】公元 4~6 世纪（古坟时代前期、中期、后期）

【解题】

　　国家指定史迹、宫内厅管理，古坟群（前方后圆坟、方坟、圆坟）。由位于平城宫遗址北侧的 17 座前方后圆坟（其中全长 200 米以上的有 8 座）、19 座方坟、25 座圆坟构成，中央有平城京的禁苑"松林苑"遗址。"西群"有神功皇后陵、成务天皇陵、日菜酸媛命陵、称德天皇陵等前期古坟，"东群"有磐之媛命陵、KONABE 古坟、UWANABE 古坟、HISHIAGE 古坟等中期古坟。有时还包括位于西群南部的垂仁天皇陵的宝来山古坟。与大阪府的古市・百舌岛古坟群有很多共同点，应当有密切的关系。

　　佐纪陵山古坟（狭木之寺间陵）：位置在奈良市山陵町。与佐纪石冢山古坟、佐纪高冢古坟合称为"佐纪三陵"，位于三陵中最高的位置。全长 208 米的前方后圆坟，最古老的 3 层建筑坟。有葺石、埴轮、周濠。竖穴式石室上的坟顶方形坛上，配置有屋根形石和盖、盾、屋形的大型器材埴轮。一直到幕末，都被认为是第 14 代仲哀天皇皇后的神功皇后陵，明治时期改为第 11 代垂仁天皇皇后的日叶酢媛陵，由宫内厅管理。出土了 5~6 面大型青铜镜（其中 3 面是仿制镜）、石制腕饰类以及刀子、斧、高杯、椅子形石制模造品、琴柱形石制、管玉、石制合子、石制臼等。制作了复制品送回石室。高约 1.5 米、直径约 2 米的巨大盖形埴轮的复制品，在橿原考古学研究所附属博物馆展出。筑造于 4 世纪后半叶。

　　五社神古坟（狭城盾列池上陵）：位置在奈良市山陵町。作为神功皇后陵墓，由宫内厅管理。丘陵前端部被切断建造，群内最大的全长约 275 米的前方后圆坟。后圆部为 4 层建筑，前方部为 3 层建筑，有葺石、埴轮，周濠推测是后世筑造的。《山棱图》中描绘了后圆部上的 3 块石板，推测是竖穴式石室的顶棚石或组合式石棺的一部分。西侧有包括一座方坟在内的 5 座陪冢。筑造于 4 世纪末至 5 世纪初。

　　丸冢古坟（卫门户丸冢古坟）：位置在奈良市佐纪町。毗连瓢箪山西南的周濠。直径 45 米的圆坟。明治时期进行铁路工程建设时，出土了 14 面青铜镜（7 面内行花纹镜、5 面神兽镜、2 面兽形镜）、铜镞、刀剑等大量陪葬品（宫内厅藏）。筑造于 4 世纪后半叶至 5 世纪初。

MAE 冢古坟：位置在奈良市山陵町。位于佐纪陵山北侧的直径 50 米的圆坟。有周濠和外堤，黏土椁中安放有木棺。出土了镜子、石钏、石制合子和埴轮等。推测是 4 世纪后半叶的建筑。因为建造了宅地，坟丘消失。

猫冢古坟：位置在奈良市佐纪町。全长超过 100 米（也有说 120 米）的前方后圆坟。松林苑中，周濠被纳为苑池，坟丘被纳为假山，因此发生了很大的变化。被认为是前方部的地方有黏土椁，出土了石钏、铁剑等。筑造于 4 世纪后半叶至 5 世纪前半叶。

OSE 山古坟（MARA 冢古坟）：位置在奈良市歌姬町。目前看起来像是圆坟，但推测是全长 65 米的前方后圆坟。有葺石、埴轮、周濠，但西侧的周濠消失了。筑造松林苑时，削除了前方部西侧。内部构造和出土品不明。大概筑造于古坟时代中期。

神明野古坟：位置在奈良市佐纪町。平城京建造时被完全削平。1963 年的平城京内地区发掘调查时，判明是有周濠的全长 114 米的前方后圆坟。出土了漏斗形埴轮和屋形、菱形的形象埴轮。筑造于 5 世纪上半叶。

鸢之峰古坟：位置在奈良市歌姬町。位于 HISHIAGE 古坟的北方丘陵上。直径 40 米的圆坟。没有周濠。埋葬设施是黏土椁。出土了铁镞、漏斗形埴轮以及屋形、菱形的形象埴轮。大概筑造于古坟时代前期后段。

平城坂上陵：位置在奈良市佐纪町。治定为第 16 代仁德天皇皇后的磐之媛命陵，由宫内厅管理。全长约 220 米的前方后圆坟。有葺石、埴轮，细部东侧有造出。只有前方部正面现存有双重周濠，但原本应当是围绕着后圆部的。古坟东北部有 2 座圆坟和 2 座方坟的陪冢。在后圆部中堤上靠近外濠的肩部确认了圆筒埴轮列。外堤复原了一部分。筑造于

5世纪下半叶。

UWANABE古坟：位置在奈良市法华寺町。作为宇和奈边陵墓参考地，由宫内厅管理。被葬候选人是仁德天皇的皇后八田皇女。在当时的大和是最大级别的全长约260米的前方后圆坟。3层建筑，有葺石、埴轮、双周濠，细部西侧有造出。判明外堤部也有双重埴轮列，推测埴轮的总数约为54000尊。还确认了须惠质的埴轮。6座陪冢中，出土了大量铁铤的大和6号坟等4座古坟被破坏。筑造于5世纪中叶至下半叶。

KONABE古坟：位置在奈良市法华寺町。作为仁德天皇的皇后——磐之媛命的小奈边陵墓参考地，由宫内厅管理。毗邻UWANABE古坟的西面。坟长204米的前方后圆坟。3层建筑，细部两侧有造出。外堤有圆筒埴轮列，其外侧现存9座方坟和1座圆坟陪冢。西侧的5座方坟按规则排列，是陪冢的典型例子。筑造于5世纪上半叶。

木取山古坟：位置在奈良市法华寺町，年代为古坟时代中期上半叶。位于KONABE古坟的南部。在平城京建造时削平，全长110米的前方后圆坟。有葺石、埴轮、周濠。出土了圆筒埴轮和菱形、屋形的形象埴轮。

平冢1号坟、2号坟：位置在奈良市法华寺町。位于UWANABE古坟的东南部。在平城京建造时削平。1号坟是全长约70米的帆立贝形古坟，筑造于古坟时代中期。2号坟位于1号坟南部，推测是全长70米的前方后圆坟。都设有周濠，出土了圆筒和形象（屋、盖、水鸟等）埴轮。

【名称】植山古坟
【位置】奈良县橿原市五条野町
【年代】公元6世纪末至7世纪上半叶（古坟时代后期）
【解题】
国家指定史迹，长方形坟。东西约40米，南北约30米，有周濠。有2座横穴式石室，东石室全长约13米，室内完整保存了刳拔式屋形石棺。从玄室排水沟出土了金铜制步摇饰金具、水晶制三轮玉等。一般认为东石室先于西石室建造。西石室全长约 13 米，玄门处有设置门的阈石。出土了被认为是石棺材的凝灰岩片和须惠器。位于丸山古坟的东侧，建在丘陵的南侧斜坡上。从出土遗物和石室形态来看，东石室筑造于 6 世纪末，西石室筑造于 7 世纪上半叶。西石室中央是石制门地面的阈石，在阈石的凹处嵌进了石门。门上的石头被发现再利用于附近的八咫乌神社、春日神社、素戋鸣命神社境内的踏石上。推测是暂时埋葬推古天皇和竹田皇子的合葬墓。

【名称】新泽千冢古坟群
【位置】奈良县橿原市北越智町、川西町、鸟屋町
【年代】公元 4 世纪末至 6 世纪末（古坟时代前期、中期、后期）
【解题】

国家指定史迹，古坟群。曾经被称为川西千冢和鸟屋千冢，由约 600 座古坟构成，其中约 350 座古坟是国家史迹。大半是木棺直葬的直径 10~30 米的圆坟。出土了马具、镜子、刀、金银制装饰品、玻璃碗等，一部分在橿原市博物馆展出。

【名称】桝山古坟
【位置】奈良县橿原市鸟屋町
【年代】公元 5 世纪前半叶（古坟时代中期）
【解题】

宫内厅管理，方坟。作为第 10 代崇神天皇皇子的倭彦命之身狭桃花鸟坂墓，由宫内厅管理。一边长约 85 米，3 层建筑，是日本最大的方坟。从采集的圆筒埴轮片推断是在宣化陵之前筑造的。由于幕末的修陵，变为前方后圆坟形。

【名称】宫山古坟（室大墓古坟）

【位置】奈良县御所市室

【年代】公元5世纪上半叶（古坟时代中期）

【解题】

国家指定史迹，前方后圆坟。坟长238米，3层建筑，有周濠，北侧有陪冢。后圆部有2个竖穴式石室，主体部上检测出双重的方形埴轮列。后圆部直径约105米，前方部宽约110米，同部高约22米，细部宽约75米。后圆部南侧石室与主轴平行筑造，石室外部全面覆盖着厚约20厘米的黏土。这个石室的近中央安放着涂成朱红色的长持形石棺，由龙山石的切石做成。出土了革缀短甲片、刀剑片等。明治时期，从前方部出土了镜子和玉器等。埴轮等一部分出土品在橿原考古学研究所附属博物馆展出。江户时代比定为第6代孝安天皇陵，近年来袭津彦之墓说比较有说服力。

【名称】禁野车冢古坟

【位置】大阪府枚方市宫之阪

【年代】公元3世纪末至4世纪前半叶（古坟时代前期）

【解题】

国家指定史迹，前方后圆坟。前方部被削除，全长约110米，有葺石、埴轮，后圆部为2层建筑。后圆部有可能存在竖穴式石室。推测是掌握交通权的首领之墓。与箸墓古坟（奈良县）形状相似，存在筑造于同时期的可能性，还被指出了被葬者之间的关联。

【名称】三岛古坟群

【位置】大阪府高槻市、茨木市

【年代】公元3世纪后半叶至6世纪前半叶（古坟时代前期、中期、后期）

五　近畿地方

【解题】

国家指定史迹，宫内厅管理，古坟群（前方后圆坟、长方形坟）。由从淀川北岸、桧尾川流域到茨木川流域的大小500多座古坟构成的古坟群。除了流域最大的今城冢古坟之外，斗鸡山古坟、安满宫山古坟是国家史迹。国家史迹的阿武山古坟推测是藤原镰足墓，这个古坟群有时也将此坟涵盖其中。还发现了日本最大规模的陶俑生产遗迹——新池陶俑制作遗迹（国家指定史迹）。

斗鸡山古坟：4世纪前半叶的前方后圆坟，全长约86.4米，2层建筑，有葺石，后圆部有2座未盗掘的竖穴式石室。确认有人骨、2面三角缘神兽镜、1面方格规矩四神镜、锹形石、铁刀、木棺等。推测是三岛的王墓。

今城冢古坟：6世纪前半叶最大的前方后圆坟。坟长约181米，总长约350米。筑造时为3层建筑，有葺石、双重周濠，细部两侧有造出。发现了埴轮祭祀场，出土了日本最大的屋形埴轮和精致的武人埴轮等。因盗掘和伏见地震失去了埋葬设施，但出土了3座石棺的碎片和金铜制装饰品、银象嵌的大刀等，与实物大石棺复制品等一起在邻接的今城冢古代历史馆展出。推测这是真正的第26代继体天皇的陵墓。

安满宫山古坟：3世纪下半叶的长方形坟，南北约21米，东西约18米，不能确认有葺石、埴轮。从埋纳坑的割竹木棺内出土了包含青龙三年（235）铭镜在内的5面青铜镜、玻璃小玉、铁制品等大量文物（国重文）。出土的铜镜（青龙三年铭）是邪马台国卑弥呼受魏赠予的"百枚铜镜"的一部分，体现了被葬者的身份之高。

太田茶臼山古坟（三嶋蓝野陵）：5世纪的前方后圆坟，虽然确定为第26代继体天皇陵，但是殁年（531）和筑造时期有很大差异。全长约226米，3层建筑，有周濠，细部两侧有造出。内部构造等不明。从坟丘和外堤中出土了圆筒埴轮等。

【名称】矶长谷古坟群

【位置】大阪府南河内郡太子町

【年代】古坟时代中期、后期

【解题】

宫内厅管理。睿福寺北古坟（矶长墓）：约30座古坟构成的古坟群中的一座古坟，比定为7世纪中叶至下半叶圣德太子之墓。位于睿福寺境内北侧。直径约50米的圆坟，但也有说法认为下层是多角形，上层是圆形。传说横穴式石室里安放着太子、其母穴穗部间人皇后和其妃膳郎女的3座棺材。

太子西山古坟（河内矶长中尾陵）：5世纪下半叶至6世纪下半叶的古坟群中唯一的前方后圆坟。第30代敏达天皇陵。《日本书纪》中记载了埋葬其母亲的石姬皇后墓——矶长陵。全长约93米，2层建筑，有埴轮，周围设有空濠，细部两侧有造出。推测有横穴式石室。

春日向山古坟（河内矶长原陵）：7世纪上半叶的方坟，第31代用明天皇陵。位于叡福寺北古坟的东南处。东西约67米，南北约63米，各侧边向方位对齐。3层建筑，周围环绕着空堀和外堤。山顶确认为金字塔形，有全长约15~20米的横穴式石室。

山田高冢古坟（矶长山田陵）：7世纪上半叶的方坟，第33代推古天皇陵（与儿子竹田皇子的墓合葬）。东西约63米，南北约56米的3层建筑。近年来的调查再次确认了顶上部平坦，南侧斜面有2块东西3~4米有加工痕迹的石材，很有可能有2座石室。

二子冢古坟：7世纪上半叶的双方坟，位于山田高冢的东南约200米处。2座方坟连接在一起，全长约60米。各坟中有几乎相同形状的横穴式石室，安放着鱼糕形屋形石棺，石盖的绳挂突起脱落。据说是真正的推古天皇和竹田皇子陵墓。

山田上之山古坟（大阪矶长陵）：7世纪下半叶的圆坟，第36代孝德天皇陵。别名黄莺陵。据记录，其直径约 35 米，江户时代曾露出过石棺（大概是横口式石椁），从陪冢出土了海兽葡萄镜。此外，古坟群内的 4 座天皇陵和圣德太子庙（矶长墓）被称为梅钵御陵。

【名称】黑姬山古坟
【位置】大阪府堺市美原区黑山
【年代】公元 5 世纪中叶（古坟时代中期）
【解题】

国家指定史迹，前方后圆坟。全长 114 米，2 层建筑，有周濠和周庭带、葺石、埴轮。前方部宽 65 米、高 11.6 米，后圆部直径 64 米、高 11 米。后圆部的埋葬设施因盗掘消失，从盗掘坑周边出土了滑石制纺锤车、铁制冲角带胄片等。从前方部的竖穴式石室出土了甲胄等大量铁制铠甲和武器，石室出土甲胄多达 24 件。推测是丹比氏的首长墓。中世时用作了城堡的要塞。

【名称】和泉黄金冢古坟
【位置】大阪府和泉市上代町
【年代】公元 4 世纪末（古坟时代前期）
【解题】

国家指定史迹，前方后圆坟。全长 95 米，被认为是 2 层以上的建筑，有葺石、埴轮。从后圆部的 3 座黏土椁中出土了包括"景初三年"铭文的画文带神兽镜在内的 6 面镜子、玉器、车轮石、武器、甲胄、巴形铜器等众多陪葬品（国重文，东京国立博物馆藏）。

【名称】古市古坟群
【位置】大阪府藤井寺市、羽曳野市
【年代】公元 4 世纪后半叶至 6 世纪前半叶（古坟时代前期、中期、

后期）

【解题】

国家指定史迹、宫内厅管理，古坟群（前方后圆坟、圆坟、方坟等）。分布在藤井寺市和羽曳野市的大古坟群。由前方后圆坟、圆坟、方坟、坟形不明坟共计约 130 座古坟构成。其中，7 座坟长 200 米以上的前方后圆坟（其中 3 座天皇陵、1 座皇后陵），8 座 100 米以上的前方后圆坟（其中 3 座天皇陵）。现存 40 多座古坟，其中 16 座古坟和誉田御庙山古坟（应神天皇陵）的外濠外堤是国家史迹。其特征是出土了许多铁制品（特别是武器和铠甲）、金银制的陪葬品。推测是大王（天皇）及其亲族、随从的墓域。

仲津山古坟：位置在藤井寺市泽田。应神天皇皇后即仁德天皇的母亲仲姬命（仲津姬媛）之墓仲津山陵。位于应神天皇陵（誉田御庙山古坟）的东北、国府台地的最高处。群内第二大的坟长 290 米的前方后圆坟。3 层建筑，有周濠和堤坝，细部两侧有造出。虽然内部构造等详细情况不明，但可能存在石棺，出土了勾玉。外堤有葺石、埴轮，出土了圆筒埴轮和盖、盾、靭等形象埴轮。筑造于 4 世纪下半叶。

轻里大冢古坟（前之山古坟、白鸟陵）：位置在羽曳野市轻里，景行天皇皇子的日本武尊陵。坟长 200 米的前方后圆坟。2 层建筑，有周濠和堤坝，细部北侧有造出。前方部的宽度是后圆部直径的约 1.5 倍，高 3 米。内部构造不明。在后圆部确认了圆筒埴轮列。出土了屋、盖等形象埴轮、漏斗形埴轮。筑造于 5 世纪下半叶。

墓山古坟：位置在羽曳野市白鸟 3 丁目、藤井寺市野中 3 丁目。国家指定史迹。应神陵陪冢为群内第五大的坟长 225 米的前方后圆坟。3 层建筑，有葺石、埴轮、周濠和堤坝，细部两侧有造出。露出有格子状阴刻的石棺的盖石，推测竖穴式石椁内收纳有长持形石棺。出土了大量滑石制勾玉以及屋、盾、靭、短甲等形象埴轮（宫内厅藏）。筑造于 5 世纪上半叶。

津堂城山古坟（城山古坟）：位置在藤井寺市津堂，级别为国家指定史迹。这是古坟群中最古老的大王陵级的前方后圆坟，是允恭天皇陵的候补，但被葬者不明。后圆部的一部分是藤井寺陵墓参考地。被葬候选人是第19代允恭天皇。坟长约210米，3层建筑，有双重周濠和堤坝，细部两侧有造出。后圆部顶确认了竖穴式石室，收纳有盖石上刻着龟甲文的长持形石棺。从石棺内外出土了铜镜、玉类、腕轮形石制品、素环头刀身等。从内濠中的方坟状设施中出土了3个水鸟形埴轮（国重文）。从周濠、堤坝、造出等处出土了圆筒埴轮以及屋、盖、屏风、盾等形象埴轮。屏风形埴轮在飞鸟博物馆展出。现知最古老的水鸟形埴轮，是在位于东北侧的内濠中的方坟状的特殊设施中发现的。三只中大的那只高度超过1米。水鸟在圆筒形的台子上展开双翼，双脚拨划着水，模拟了水鸟静止的状态，是极为写实的造型。模型被认为是天鹅。筑造于4世纪下半叶。

　　古室山古坟：位置在藤井寺市古室。国家指定史迹。坟长150米的前方后圆坟。3层建筑，有葺石、埴轮、周濠和堤坝，只残存细部东侧的造出。内部构造等详细情况不明，后圆顶上散落着石板，推测存在竖穴式石椁。古室山古坟的后圆部山顶海拔约39米，位于国府台地的高处。坟丘的斜面上有葺石，平坦面上有圆筒埴轮列，确认了屋、盖、盾、靫、冑形等形象埴轮。筑造于4世纪末到5世纪初的古坟群形成时期，可以说是最古老的古坟之一。

　　大鸟冢古坟：位置在藤井寺市古室。国家指定史迹。坟长110米的前方后圆坟。有葺石、埴轮、周濠，细部两侧有造出。出土了圆筒埴轮以及屋、盖、盾形等形象埴轮。内部构造不明。据说出土了变形兽形镜、位至三公镜、铁剑、铁刀、铁矛、铁镞。筑造于5世纪上半叶。

　　赤面山古坟：位置在藤井寺市古室。国家指定史迹。一边长15米的方坟。位于接近大鸟冢古坟后圆部的地方，推测是侍奉大鸟冢被葬者的人物之坟墓。筑造于5世纪上半叶。

誉田丸山古坟：位置在羽曳野市誉田 6 丁目。应神天皇陵（誉田御庙山古坟）的陪冢。直径 50 米的圆坟。有葺石、周濠，还有可能有造出。江户时代出土了 2 组金铜制龙文透雕鞍金具（国宝）等马具以及短甲、铁刀等大量陪葬品（誉田八幡宫藏）。金铜制鞍的复制品在附近的飞鸟博物馆展出。筑造于 5 世纪。

铗山古坟（铗冢古坟）：位置在藤井寺市野中。国家指定史迹。坟长 103 米的前方后圆坟。3 层建筑，有葺石、埴轮、周濠和堤坝，细部两侧有造出。据说从后圆部出土了石棺。出土了圆筒埴轮以及屋、盾、盖形等形象埴轮。与南面邻接的野中宫山古坟（坟长 154 米的前方后圆坟）有着密切的关系，2 座古坟周边有飞鸟至室町时代的大规模村落遗址、铗山遗迹。筑造于 5 世纪上半叶。

峰之冢古坟：位置在羽曳野市轻里 2 丁目。国家指定史迹。坟长 96 米的前方后圆坟。2 层建筑，有葺石、埴轮、双重周濠和堤坝。后圆部坟顶有竖穴式石室，出土了 3500 件以上的银和鹿角等装饰大刀、金铜制冠帽、银和金铜制花形饰、玉类、马具等。筑造于 5 世纪末至 6 世纪初。

锅冢古坟：位置在藤井寺市泽田。国家指定史迹。一边长 50 米的方坟。被认为是仲津山的陪冢。有葺石、埴轮。还有可能有周濠。在坟丘采集了圆筒埴轮以及屋、盾、靫、盖形等形象埴轮片。筑造于 4 世纪下半叶。

青山古坟（青山 1 号坟）：位置在藤井寺市青山 2 丁目。国家指定史迹。由 1 座前方后圆坟、4 座方坟、2 座圆坟构成的青山古坟群的 1 号坟。直径约 62 米的圆坟中有方形的造出。从周濠中出土了圆筒埴轮以及屋、盖、人物、马形等形象埴轮。筑造于 5 世纪中叶。

钵冢古坟：位置在藤井寺市藤井寺。国家指定史迹。坟长 60 米的前方后圆坟。有周濠。也是第 14 代仲哀天皇陵的陪冢。筑造于 5 世纪末。

野中古坟：位置在藤井寺市野中。国家指定史迹。一边长 37 米的方坟。2 层建筑，有葺石、埴轮、周濠。从坟丘、周濠出土了朝鲜半岛的陶器、日本国产的初期须惠器、滑石制仿制品。坟顶部内部出土了大量铁铤和铁制武器、铠甲、农工具、石制品等（大阪大学藏）。甲胄出土数 11 件居日本国内第 2 位。筑造于 5 世纪中叶至下半叶。

助太山古坟（三之冢古坟）：位置在藤井寺市道明寺。国家指定史迹。一边长 36 米的方坟。与仲津山陵陪冢的八岛冢和中山冢（都是一边长 50 米的方坟）合称为三之冢古坟。3 座古坟共有周濠，在南边整齐排列。坟顶部分露出一部分巨石，也有可能是横口式石椁的顶棚石。筑造年代有 5 世纪和 7 世纪之说。

蕃所山古坟（畚冢）：位置在藤井寺市藤之丘。国家指定史迹。目前蕃所山古坟直径 22 米，高 3 米，但原本应该更大一些。在古市古坟群内是小型古坟，但位于多个小型古坟集中发现的区域，不认为是伴随大型前方后圆坟的陪冢。本来的坟形、有无周濠、埋葬设施等不明。只在坟丘采集了少量的圆筒埴轮片。筑造于 5 世纪下半叶。

割冢古坟：位置在藤井寺市藤井寺。国家指定史迹。一边长约 30 米的方坟。位于仲哀陵以东约 50 米处，不认为是陪冢。筑造于 4 世纪下半叶。

【名称】百舌鸟古坟群

【位置】大阪府堺市堺区（石津町、百舌鸟夕云町、北丸保园、东上野芝町、旭之丘北町）、西区上野芝向之丘町、北区（百舌鸟西之町、百舌鸟本町、中百舌鸟町、百舌鸟赤畑町、百舌鸟陵南町）

【年代】公元 4 世纪下半叶至 6 世纪上半叶（古坟时代前期、中期、后期）

【解题】

国家指定史迹、宫内厅管理，古坟群（前方后圆坟、圆坟、方坟、帆立贝形等）。分布在堺市北部约 4 公里周围的大古坟群。大山古坟（仁德天皇陵）与埃及的胡夫金字塔、中国的秦始皇陵并称为世界三大坟墓，古坟巨大。确认有15座前方后圆坟、28座帆立贝形坟、54座圆坟、5座方坟、5座形状不明坟共计107座古坟。现存的44座古坟中有17座是国家史迹。出土了各种形状的埴轮、金铜制的装饰品、马具、铁制武器等陪葬品。其中一部分受到朝鲜半岛、中国、波斯的影响，体现了与亚洲大陆的活跃交流。百舌鸟古坟群与古市古坟群都是与"倭之五王"相关的遗产，二者在2019年已成功列入世界文化遗产名录（百舌鸟和古市古坟群：古日本墓葬群）。

大山古坟（百舌鸟耳原中陵）：第16代仁德天皇陵。也称大仙陵古坟。天皇于仁德八十七年（399）驾崩。这是日本国内最大的坟，长约486米，3层建筑，有葺石、埴轮、三重周濠（外濠筑造于明治时期）和堤坝，细部两侧有造出。后圆部和前方部有收纳了长持形石棺的竖穴式石椁，从前方部石椁出土了金铜装甲胄、玻璃碗、铁刀等，据说将其埋回了。从造出部出土了须惠器瓮。石室石棺图、甲胄图、出土埴轮等的复制品在市博物馆展出。近年来，美国波士顿美术馆藏的兽带镜、环头大刀等5件物品中的4件判明是6世纪上半叶的物品，大大排除了从本坟出土的可能性。

大山古坟（仁德天皇陵）与北侧的田出井山古坟（反正天皇陵）和南侧的MISANZAI古坟（履中天皇陵）并称为百舌鸟耳原三陵。其不愧是日本最大的前方后圆坟，周围有10座以上被认为是陪冢的古坟，但是除了冢回古坟之外，几乎没有主体部的构造和陪葬品明了的古坟。虽然被认为是第16代仁德天皇陵，但比第17代的履中天皇陵古坟的筑造还要晚。在大山古坟（仁德天皇陵）中，明治五年（1872），前方部露出的竖穴式石室收纳有长持形石棺，发现了刀剑、甲胄、玻璃制的壶和碟子。这些出土文物再次被埋回，但留有详细的画图记录，现在已经复原了金铜甲胄。

NISANZAI古坟（土师NISANZAI古坟）：东百舌鸟陵墓参考地。

也有说是真正的第 18 代反正天皇陵。坟长约 290 米的前方后圆坟。3 层建筑，有葺石、埴轮、双重周濠，细部两侧有造出。内部构造等详细情况不明。近年来，除了造出部出土了微型陶器和形象埴轮等之外，坟长超过 300 米的可能性也很高。筑造于比第 16 代仁德天皇陵（大山古坟）更晚的 5 世纪下半叶至 5 世纪末。

御庙山古坟：百舌鸟陵墓参考地。被葬候选人是应神天皇。近几年判明为坟长 203 米的前方后圆坟。3 层建筑，有葺石、埴轮、双重周濠，细部南侧有造出。内部构造不明。筑造于 5 世纪上半叶至中叶。

ITASUKE 古坟：级别为国家指定史迹。坟长 146 米的前方后圆坟。3 层建筑，有葺石、埴轮、周濠，细部南侧有造出。内部构造等不明。因市民的保存运动避免了破坏。后圆部出土了带有屏风的胄形埴轮（市有形文化财产），在市博物馆展出。筑造于 5 世纪上半叶。基本位于百舌鸟古坟群中央，从其中出土的"带有屏风的胄型埴轮"，将 5 世纪上半叶武人使用的铁制三角板革缀屏风附在甲胄上，是极为写实地仿造出来的埴轮。

御庙表冢古坟：级别为国家指定史迹。坟长 84.8 米的帆立贝形前方后圆坟，但前方部消失，残留的一部分周濠也被掩埋。后圆部为 2 层建筑，有埴轮，中央有可能存在埋葬设施。筑造于 5 世纪下半叶。

文珠冢古坟：级别为国家指定史迹。群内唯一位于百济川左岸台地上的前方后圆坟。坟长 59.1 米，内部构造不明。出土了圆筒埴轮、须惠质埴轮。筑造于 5 世纪中叶至下半叶。

善右圆山古坟：级别为国家指定史迹。一边长 28 米的方坟。2 层建筑，有埴轮，没有设周濠。内部构造不明。被认为是 ITASUKE 古坟的陪冢。筑造于 5 世纪上半叶。

顿查山古坟：级别为国家指定史迹。直径 26 米的 2 层建筑的圆坟。与正乐寺山古坟相邻。确认了盛土的构筑法。保存在陵南中央公园内。筑造于 6 世纪上半叶。

正乐寺山古坟：级别为国家指定史迹。直径16米的2段建筑的圆坟。推测存在中央埋葬设施。出土了须惠器。保存在陵南中央公园内。筑造于6世纪上半叶。

乳冈古坟：级别为国家指定史迹。群内最古老的大型前方后圆坟。坟长155米，3层建筑，有葺石、埴轮，前方部被大幅度削减，周濠被掩埋。在后圆部中央发现了黏土覆盖的长持形石棺，从黏土内出土了车轮石等腕轮形石制品（在市博物馆展出）。石棺被埋回。筑造于4世纪下半叶至4世纪末。

钱冢古坟：级别为国家指定史迹。坟长72米的帆立贝形坟。后圆部为2层建筑，上方和前方部被削平。有埴轮，一般认为有周濠。内部构造等不明。筑造于5世纪中叶至5世纪下半叶。

瓜小坊古坟：级别为国家指定史迹。位于旗冢古坟西侧。作为圆坟，大小仅次于大山古坟（仁德天皇陵）的陪冢大安寺山古坟。并不是大山古坟或履中天皇陵的陪冢。直径约61米的卵形圆坟。一般认为是2层建筑，有葺石、埴轮、周濠。采用了称为"天地返回"的鳞状层序构成的盛土。内部构造等不明。除了埴轮之外，还出土了须惠器、微型铁锹。保存在公园内。筑造于5世纪下半叶。

旗冢古坟：国家指定史迹。坟长57.9米的帆立贝形古坟。2层建筑，有葺石、埴轮、盾形周濠，细部后圆部附近有造出。内部构造等不明。保存在公园内。筑造于5世纪中叶至5世纪下半叶。

寺山南山古坟：国家指定史迹。长边44.8米、短边36.3米的方坟（长方形坟）。2层建筑，有葺石、埴轮、周濠。坟丘采用"天地返回"的鳞状层序构成的盛土。出土了最古老的须惠器。被认为是履中天皇陵的陪冢。保存在公园内。筑造于4世纪末至5世纪初。

七观音古坟：国家指定史迹。直径32.5米的圆坟。有葺石、埴轮，但推测没有周濠。内部构造等不明，但据说出土了碧玉制琴柱形石制品。被认为是履中天皇陵的陪冢。筑造于5世纪上半叶。

五　近畿地方

长冢古坟：国家指定史迹。坟长 106.4 米的前方后圆坟。3 层建筑，有葺石、埴轮，细部南侧有造出。盾形周濠被掩埋。内部构造等不明。还有传说这是武内宿祢之墓。筑造于 5 世纪中叶至 5 世纪下半叶。

丸保山古坟：前方部和周濠是国家史迹，后圆部是大山古坟（仁德天皇陵）的陪冢，由宫内厅管理。大山古坟（仁德天皇陵）后圆部西侧附近的丸保山古坟，系坟长 87 米，后圆部直径约 60 米、前方部宽约 40 米的帆立贝形的前方后圆坟。周围环绕着宽 10 米左右的一重周濠。丸保山古坟的西南侧有菰山冢古坟，南侧也曾有过像古坟那样的高度，这些被认为是大山古坟的陪冢。内部构造等不明。出土了圆筒埴轮。筑造于 5 世纪中叶至 5 世纪下半叶。

收冢古坟：国家指定史迹。坟长 57.7 米的帆立贝形坟。前方被削除，周濠被掩埋。内部构造不明。据说曾从坟顶出土了铁制短甲片。从周濠的位置出土了埴轮。东侧的道路表明有周濠的痕迹。被认为是大山古坟（仁德天皇陵）的陪冢，保存在公园内。筑造于 5 世纪中叶。

冢回古坟：国家指定史迹。直径 32 米的圆坟。2 层建筑，有陶俑。周濠被掩埋。从舟形木棺中出土了 2 面铜镜、玉类、刀剑等。被认为是大山古坟（仁德天皇陵）的陪冢。西侧道路用瓷砖表示有周濠遗迹。筑造于 5 世纪中叶。

镜冢古坟：国家指定史迹。直径为 26 米（现存 15 米）的圆坟。从周濠内出土了葺石以及圆筒、漏斗形埴轮。被认为是大山古坟（仁德天皇陵）的陪冢。筑造于 5 世纪中叶。

【名称】二见谷古坟群
【位置】兵库县丰冈市城崎町上山
【年代】公元 6 世纪末至 7 世纪（古坟时代后期）
【解题】
兵库县指定遗迹，圆坟。由 4 座古坟构成。推测这是与船运和渔业相关的一族之墓。推测1号坟的直径为20米，横穴式石室内安放有刳拔式屋形石棺。出土了金环、金铜装圭刀太刀、马具等。从4号坟出土了金铜制铃、铁刀等。遗物的一部分在城崎美术馆展出。

【名称】箕谷古坟群 箕谷2号坟
【位置】兵库县养父市八鹿町小山
【年代】公元7世纪前半叶（古坟时代后期）
【解题】
　　国家指定史迹，圆坟。古坟群由4座古坟构成。2号坟东西12米，南北14米，有全长8.6米的横穴式石室。出土了戊辰年铭大刀、金环、铁镞、马具等（国重文）。推测这是为但马的统治者做出贡献的一族之墓。

【名称】城之山古坟
【位置】兵库县朝来市和田山町东谷
【年代】公元4世纪后半叶（古坟时代前期）
【解题】
　　圆坟。东西约36米，南北约30米。从坟顶部的直葬木棺中出土了三角缘神兽镜等6面铜镜、石钏、石制合子、琴柱形石制品、玉器、武器、工具等（国重文）大量陪葬品，在古代朝来馆展出。推测被葬者是与畿内相关的首领阶层。

【名称】西求女冢古坟
【位置】兵库县神户市滩区都通
【年代】公元3世纪后半叶（古坟时代前期）
【解题】
　　国家指定史迹，前方后方坟。前方部为拨形，全长约95米，有葺石。从竖穴式石室中出土了包括 7 面三角缘神兽镜面在内的 12 面铜镜、铁制品等，与石室石材等合为国重文。推测是有权势豪族之墓。《万叶集》中称之为菟原壮士之墓。

【名称】玉丘古坟群

【位置】兵库县加西市北条町古坂、玉丘町、玉野町、笹仓町

【年代】公元 4 世纪末至 6 世纪初（古坟时代中期、后期）

【解题】

　　国家指定史迹，古坟群（前方后圆坟、帆立贝形古坟、圆坟等）。由玉丘古坟和小山古坟的前方后圆坟、MANJU 古坟和笹冢古坟等帆立贝形古坟、龟山古坟和 JIYAMA 古坟等圆坟为中心构成的古坟群，10 座古坟是国家史迹。玉丘古坟等 6 座古坟和移建复原的爱染古坟作为公园进行整修。玉丘古坟全长约 109 米，3 层建筑，有葺石、埴轮、周濠，细部一方有造出。后圆部中央有盗掘坑，残存有凝灰岩制的长持形石棺材。据说出土了刀剑、勾玉、管玉等，但详细情况不明。作为《播磨国风土记》的根日女悲恋的传承舞台而为人熟知。

【名称】扁保会冢古坟

【位置】兵库县神户市东滩区冈本

【年代】古坟时代前期

【解题】

　　前方后圆坟。全长约 63.35 米，两层建筑，有葺石。由于明治时期的发掘等，从后圆部的竖穴式石室中出土了三角缘神兽镜等 6 面铜镜、勾玉、管玉、石钏等（东京国立博物馆藏）。

【名称】西条古坟群

【位置】兵库县加古川市西条山手

【年代】公元 4 世纪末至 5 世纪（古坟时代中期）

【解题】

国家指定史迹，古坟群（前方后方坟、圆坟、圆坟）。古坟群中的数十座小型圆坟消失，行者冢古坟、人冢古坟、尼冢古坟这 3 座大型古坟被指定为国家史迹并整修保存。行者冢古坟是全长 99 米的前方后圆坟，3 层建筑，有葺石、埴轮、周濠，设有 4 个造出。从后圆部坟顶的黏土椁出土了金铜制带金具、武器、马具、工具等，这是从大陆传来的珍奇物品，在中国和朝鲜半岛北部也出土了同类的物品。在综合文化中心内博物馆展出。推测筑造于 4 世纪末至 5 世纪初。人冢古坟是直径约为 64 米的有造出的圆坟，有葺石、埴轮、周濠。推测筑造于 5 世纪上半叶。尼冢古坟是坟长 51.5 米的有造出的圆坟，2 段建筑，有葺石、埴轮、周濠，筑造于比行者冢更晚的 5 世纪中叶。

【名称】吉岛古坟

【位置】兵库县龙野市新宫町吉岛

【年代】公元 3 世纪中叶至下半叶（古坟时代前期）

【解题】

国家指定史迹，前方后圆坟。被认为是日本国内最古老的坟墓。全长约 30 米。没有葺石和埴轮。在明治时期的发掘中，从后圆部的割石积竖穴式石室中出土了包括 2 面三角缘唐草文带四神四兽镜在内的 6 面铜镜、刀剑、玻璃玉、陶器等。石室内有割竹形木棺的痕迹。

【名称】久保古坟

【位置】三重县松阪市久保町

【年代】公元 4 世纪后半叶（古坟时代前期）

【解题】

三重县指定史迹，圆坟。直径 52.5 米，2 层建筑，存在周沟。明治末期遭盗掘时,除了日本制和中国制的三角缘神兽镜各1面(东京都五岛美术馆藏)外,还出土了车轮石、锹形石、玉器等。推测是与畿内势力有关系的首领墓。

【名称】向山古坟
【位置】三重县松阪市小野町、嬉野上野町
【年代】公元4世纪后半叶(古坟时代前期)
【解题】
　　国家指定史迹,前方后方坟。全长约82.2米,前方部侧边到后方部侧边为2层建筑,有葺石。黏土椁环绕着埴轮列,出土了内行花文镜、重圈文镜、变形兽带镜、碧玉制的石钏和车轮石、筒形石制品、枪身等(东京国立博物馆藏)。

【名称】宝冢古坟(1号坟、2号坟)
【位置】三重县松阪市宝冢町
【年代】公元4世纪末至5世纪初(古坟时代前期、中期)
【解题】
　　国家指定史迹,前方后圆坟、帆立贝形古坟。宝冢古坟是前方后圆坟的1号坟和帆立贝形古坟的2号坟的总称。1号坟全长约111米,3层建筑,有葺石,有连接造出和坟丘的土桥。1号坟的造出复原为建造时的样子。除了有立式装饰的船形埴轮之外,还出土了各种各样的形象埴轮等276件(国重文),其中一部分在庭馆展出。1号坟的造出中发现了船形埴轮,全长1.4米,是规模最大的船形埴轮,船上装饰着立体的装饰品。被整修的宝冢1号坟筑造于5世纪初,是伊势地方最大的前方后圆坟(前方最大宽66米、后圆部直径75米、最大高约11米)。从古坟北侧的造出(宽约18米、纵深约16米)周围,出土了140件埴轮,发现时保持了当时放置位置的状态,考虑到古坟的祭祀形态，这是非常重要的发现。宝冢古坟推测是与大和王权有关联的人物之墓。

【名称】岩内古坟群1号坟、3号坟
【位置】和歌山县御坊市岩内
【年代】1号坟：公元7世纪中叶/3号坟：古坟时代中期
【解题】

和歌山县指定史迹，1号坟为方坟，3号坟为圆坟。约9座古坟构成的古坟群，现存2座。1号坟一边长约19米，版筑筑造，三面设有周沟。从横穴式石室出土了大量六花形的铁制镶座金具、银装大刀、棺材漆片等（县指定）。关于岩内1号坟的被葬者一般认为是身份高贵的人，有一种说法认为这是因谋反罪被处死的孝德天皇的皇子——有间皇子之墓。位于西北约350米处的3号坟是直径28米的圆坟，有周沟，从2座割竹式木棺出土了大量仿制捩文镜、巴形铜器、铁制品、玉器等（县指定）。两坟的出土文物在市立历史民俗资料馆展出。

【名称】车驾之古址古坟
【位置】和歌山县和歌山市木之本
【年代】公元5世纪中叶（古坟时代中期）
【解题】

和歌山县指定史迹，前方后圆坟。全长86米，两层建筑，有葺石、埴轮、周沟，南侧有造出。内部构造不明。推测为豪族的首领墓。出土了玻璃小玉、日本唯一的金制勾玉等（县指定）。勾玉在市立博物馆展出。

【名称】岩桥千冢古坟群

【位置】和歌山县和歌山市岩桥等

【年代】公元 5 世纪至 7 世纪上半叶（古坟时代中期、后期）

【解题】

国家特别史迹，古坟群（圆坟、前方后圆坟、方坟等）。分布在 3 公里范围内的日本最大规模的古坟群。推测总数约 850 座，其中约 430 座被指定为特别史迹。有竖穴式石室、横穴式石室、黏土椁、箱式石棺等多种埋葬设施。使用的石材是纪之川南岸的结晶片岩。其特征是有很多石棚和石梁的横穴式石室。出土了大量埴轮和陪葬品。也有人认为这是纪氏一族的坟墓区域。公开了 8 座横穴式石室、2 座竖穴式石室、2 座箱式石棺。这一带作为纪伊风土记的山冈被整修，出土品的一部分在资料馆展出。前山 A 地区最大的圆坟（直径约 27 米，高约 6 米），即前山 A67 号坟的横穴式石室。岩桥千冢古坟群的横穴式石室筑造于最发达的时期，还留有梁和棚。筑造于 6 世纪中叶。

大日山 35 号坟：纪伊国最大的前方后圆坟，位于大日山山顶。坟长约 86 米的前方后圆坟。细部两侧有造出。从坟丘上和造出中出土了大量圆筒埴轮和形象埴轮，包括展翅鸟儿和胡籙（随身箭袋）的埴轮、日本唯一的有两张脸的两面埴轮。后圆部有横穴式石室，后世用来祭祀大日如来。推测是纪氏的首领墓。筑造于 6 世纪上半叶。

郡长冢古坟（前山 B112 号坟）：全长约 30.5 米的前方后圆坟。后圆部有一个带有石棚和石梁的横穴式石室（非公开）。筑造于 6 世纪中叶。

知事冢古坟（前山 B67 号坟）：全长 34.5 米的前方后圆坟。细部北侧有造出。后圆部有横穴式石室，前方部有竖穴式石室和小型横穴式石室，但为了保存被埋回。从周边出土了埴轮和须惠器。筑造于 6 世纪中叶。

将军冢古坟（前山 B53 号坟）：位于岩桥前山山顶附近。全长

42.5 米的前方后圆坟，前方部和后圆部分别有横穴式石室。后圆部石室的玄室高约 4.3 米，有石棚和石梁。出土了银环、玉类、铁器、陶器等。从前方部的石室中出土了马具片、须惠器等。筑造于 6 世纪中叶。

天王冢古坟：位于史迹地外的岩桥山山顶（私有地）。坟长 86 米的前方后圆坟，后圆部有全长 11.3 米的横穴式石室。玄室高 5.9 米，有石棚和 8 根石梁。从石棚上出土了玻璃制小玉、金铜制装饰金具、铁镞、骨片等，从墓道中出土了漆制品、土师器，从细部出土了须惠器片。也有说这是纪国造纪直之墓。筑造于 6 世纪中叶。

六　中国地方

【名称】梶山古坟

【位置】鸟取县鸟取市国府町冈益

【年代】公元7世纪上半叶（古坟时代后期）

【解题】

国家指定史迹，八角坟。单边长约2.5~8.5米的变形八角坟，有大规模的方形祭坛。复式构造的横穴式石室全长约9米。在内壁上发现了彩色壁画，内容是鱼、三角文、同心圆文和曲线文。出土了须惠器片等文物。墓主人应是权势能与中央政权分庭抗礼的豪族。

【名称】本高古坟群·本高14号古坟等

【位置】鸟取县鸟取市国府町新井

【年代】公元4世纪上半叶至5世纪（古坟时代前、中期）

【解题】

古坟群（前方后圆坟、方坟）。位于本高村落西北侧的丘陵上，由21座古坟组成。古坟群的核心是14号、20号、17号、18号古坟。位于可以一览鸟取平原位置的14号古坟，没有埴轮和葺石，这是日本海沿岸地区发现的初期前方后圆坟的共通特征。其他的 7 座古坟都是方坟。埋葬设施基本都是木棺,但也存在箱式石棺和陶棺。出土了鼓形器台、高杯、铁剑、铁箭镞、刀、矛、青铜镜、勾玉、玉管、土师器和磨刀石等文物。原被认为是圆坟的 14 号古坟,近年判明为山阴道最古老的前方后圆坟。古坟建成两层,没有埴轮和葺石,建造时间为 4 世纪上半叶。可以看到在大和王权开始建造前方后圆坟仅数十年后,因幡地区很可能就存在着与畿内有密切关系的人物。

【名称】桥津古坟群(马之山古坟群)
【位置】鸟取县东伯郡汤梨浜町桥津
【年代】公元 4 世纪中期(古坟时代全期)
【解题】
　　国家指定史迹,古坟群(前方后圆坟、圆坟)。古坟群位于日本海和东乡湖之间,海拔 107 米的马之山的丘陵上。由 5 座前方后圆坟和 19 座圆坟组成。其中最大的前方后圆坟 4 号古坟封土堆由红土堆成,表面铺上板状的薄石片,设置有圆筒埴轮。4 号古坟是建造于 4 世纪中期的前方后圆坟,全长约 100 米。后圆部分的竖穴式石室中出土了三角缘神兽镜子、车轮石和石钏等文物,其中部分于羽合历史民俗资料馆展出。4 号坟和 2 号古坟一起被推测是东伯耆最初期的前方后圆坟。除竖穴式石室外,也有圆筒埴轮棺和箱式棺等埋葬设施。

【名称】国分寺古坟
【位置】鸟取县仓吉市国府
【年代】古坟时代前期
【解题】
　　前方后圆坟。现状虽然是圆坟,但根据北侧突起的土坛状结构推定,是全长约 60 米的前方后圆坟。黏土椁中出土的中国制铜镜(三角缘神兽镜、夔凤镜、二神二兽镜）和铁制品被指定为国家重要文化财。

【名称】向山古坟群
【位置】鸟取县米子市淀江町福冈
【年代】公元5世纪下半叶至6世纪下半叶（古坟时代中、后期）
【解题】

国家指定史迹，古坟群（前方后圆坟等）。由位于向山丘陵、瓶山丘陵的16座古坟和石马谷古坟组成。其中的14座古坟追加给岩屋古坟被指定为国家指定史迹。建造于5世纪下半叶至6世纪下半叶期间的3号古坟、4号古坟、石马谷、岩屋古坟（向山古坟1号古坟）是各个时期代表性的前方后圆坟。

岩屋古坟：位于向山丘陵的6世纪下半叶的前方后圆坟，全长54米，高6米。古坟建为2层，设置了葺石。出土了水鸟、人物等形象埴轮。后圆部分有全长9米的石棺式石室。以石块为材料的石室复式构造受到出云地区的影响。出土了镀金铜马具等文物。

石马谷古坟（坪根桓古坟）：6世纪中期的前方后圆坟，全长61.2米，后圆部分建为2层，设置了葺石、埴轮。出土于此的本州唯一的石马被指定为国家重要文化财。使用整块安山岩雕刻，长约1.5米，鬃毛和面部、马嚼子、缰绳和马鞍等马具也很清晰，整体都涂了红色。石马收藏于天神垣神社。这里还出土了看起来是裸体石人下半身的石造物。这里与出土了许多石人和石马的九州北部地区有密切的交流。

【名称】薄井原古坟
【位置】岛根县松江市坂本町
【年代】公元6世纪中期（古坟时代后期）
【解题】

岛根县指定史迹，前方后方坟。全长约50米，发现了须惠器和土师器。后方部分有自然石和割石积的横穴式石室 2 个，分别向东西开口。内部分别放置了组合式箱形石棺和组合式屋形石棺。出土了马具、玻璃球、直刀和铁箭镞等文物。

【名称】石屋古坟
【位置】岛根县松江市矢田町、东津田町
【年代】公元 5 世纪中期至下半叶（古坟时代中期）
【解题】

国家指定史迹，方坟。边长约 40 米，古坟建成 2 层且设置葺石和埴轮，东北部和西南部有宽约 10 米的空濠和方形造出（祭坛）。造出部分上面的四周有圆筒埴轮，内部发现了马、力士、武人、屋和盾等形象埴轮和须惠器。主体部分情况不明。

【名称】安部谷古坟
【位置】岛根县松江市大草町
【年代】公元 6 世纪下半叶（古坟时代后期）
【解题】

国家指定史迹，横穴墓群。在安部谷两侧斜面上的角砾凝灰岩岩盘上，分布着 6 处以上分支的横穴墓群，其中 5 处墓穴为国家指定史迹。1~4 号墓的玄室（墓室）是端正的四注式平入屋形，地板面的左右有棺床。出土了须惠器、子持壶、圆筒埴轮和马嚼子等文物。

【名称】金崎古坟群
【位置】岛根县松江市西川津町
【年代】公元 5 世纪下半叶（古坟时代中期）
【解题】

国家指定史迹，古坟群。11 座古坟中现存的有 1 号、5 号前方后圆坟，

2号、3号、4号方坟。1号古坟的割石积竖穴式石室内出土了内行花文镜、子持勾玉和直刀等文物。须惠器是山阴地区最古老的形式，器台、带铃高座盘和异形连管小壶等类似的例子也很少。

【名称】山代、大庭古坟群·山代二子冢古坟
【位置】岛根县松江市山代町
【年代】公元6世纪中期（古坟时代中、后期）
【解题】

国家指定史迹，前方后方坟。6世纪中期至7世纪统治东部出云的首领墓葬（山代二子冢古坟、山代方坟、永久宅后古坟）和年代稍早的大庭鸡冢一起被称作山代、大庭古坟群。作为除近畿地区外西日本最大的古坟，全长约94米，包含周濠在内长约120米。古坟建成2层，设置有埴轮。内部构造不明，目前出土了须惠器壶、子持壶和圆筒埴轮等文物。据推定墓主人是当地地位最高的首领。作为最初被乡土史学家野津左马之助命名为"前方后方坟"的古坟而知名。

【名称】冈田山古坟群·冈田山古坟
【位置】岛根县松江市大草町
【年代】公元5世纪至6世纪下半叶（古坟时代后期）
【解题】

国家指定史迹，前方后方坟。建造于6世纪下半叶的冈田山古坟群1号古坟全长约24米，坟丘长21.5米，建成3层，设置了葺石、埴轮。横穴式石室内放置了涂有红色颜料的石棺。内行花文镜、额田部臣铭圆头大刀、马具和须惠器等出土文物被指定为国家重要文化财。和邻接的直径44米的圆坟（2号古坟）一起被称作冈田山古坟群。

【名称】仲仙寺古坟群

【位置】岛根县安来市西赤江町

【年代】公元2世纪下半叶至5世纪下半叶（古坟时代前、中期）

【解题】

国家指定史迹，古坟群（四隅突出形、前方后圆坟等）。由位于仲仙寺丘陵山脊上的仲仙寺坟墓群和位于其东方丘陵上的宫山坟墓群组成。

仲仙寺坟墓群：由弥生时代后期至古坟时代的坟丘墓和15座古坟构成，但现存的只有公园内的2座四隅突出形坟丘墓（8、9号墓）。8号墓内部构造不明。9号墓的顶部发现了3个箱形木棺，下部发现了3个箱形石棺。木棺内部出土了碧玉制玉管，墓穴上面出土了弥生陶器、壶、瓮、高座盘和器台等许多陶器。8、9号墓是中等规模的四隅突出形坟丘墓，有复数的墓坑，中心分2层挖掘，棺上覆盖了黏土和砂。消失的13座墓中有1座是和9号墓同规模的四隅突出形坟丘墓，4座圆坟和8座方坟据推定建造于5世纪以后。

宫山坟墓群：由住居遗迹1座、四隅突出形坟丘墓地（4号墓）1座、前方后方坟2座、圆坟1座和方坟2座组成。1号古坟（5世纪下半叶，现已消失）是全长56米的前方后方坟，是出云地区前方后圆坟流行的先驱，出土了漏斗形、圆筒、形象埴轮。整理完的4号墓据推定建造于弥生时代末期。出土了大刀、盖、瓮、高座盘和器台等文物。

【名称】荒岛古坟群大成古坟、盐津山坟墓群、造山古坟（支群）等

【位置】岛根县安来市荒岛町、久白町

【年代】公元3世纪至6世纪上半叶（古坟时代全期）

【解题】

国家指定史迹，古坟群（方坟、四隅突出形等）。由大成古坟、造山坟墓群的4座墓葬、盐津山坟墓群的11座墓葬组成。大成古坟是边长约60米的大型前期方坟，竖穴式石室中出土了三角缘神兽镜和素环头大刀等文物。素环头大刀经复原于和钢博物馆展出。盐津山坟墓群由6

号、10号大型四隅突出形坟丘墓、保留了四隅墓余韵的1号前期方坟等组成，1号古坟出土了壶型陶器和高座盘等文物。造山古坟1号古坟是全国最大的前期方坟。边长60米的古坟建成2层，表面有葺石，有2个竖穴式石室。据推断是有权势的豪族的墓葬。三角缘神兽镜、方格规矩镜、玻璃制玉管、铁剑和铁刀等出土文物收藏于东京国立博物馆。2号前方后方坟和4号方坟（均为6世纪上半叶）中出土了埴轮，3号方坟（4世纪）中出土了斜缘神兽镜和碧玉制玉管等文物。

【名称】神原神社古坟
【位置】岛根县云南市加茂町神原
【年代】4世纪中期（古坟时代前期）
【解题】

方坟。边长约30米，无葺石和埴轮。竖穴式石室中出土了全国仅有2面的景初三年（239）铭的三角缘神兽镜（国重文）。有说法是卑弥呼从中国得到赏赐的其中一面。出土了木装大刀、剑、枪等铁制品和翡翠等玉器，特别引人瞩目的是素环头大刀等文物。据推定墓主人是当地的豪族。

【名称】西谷坟墓群
【位置】岛根县出云市大津町
【年代】公元2~8世纪（古坟时代全期）
【解题】

国家指定史迹，古坟群（四隅突出形等）。由包含从弥生时代后期至奈良时代间的27座坟丘墓（其中1、2、3、4、6、9号6座为四隅突出形坟丘墓）在内的共计32座墓葬组成。3号墓为50米×42米（含突出部），据推定是弥生时代后期建造的最初的王墓。主体部分位于用木栏围住的构造中，大量使用朱砂的2个木棺中出土了玉石、铁剑和大量的陶器等文物。而且一个木棺的主体部分明确了进行过丧葬仪式，于邻接的出云弥生之森博物馆展出。2号古坟作为下一代的王墓，按照建造时的状态复原。2号古坟的坟丘虽然基本被削去，但根据发掘调查明确了这是50米×40米（含突出部）的四隅突出形坟丘墓，下摆部分有2列石块。出土了玻璃手镯和葬仪使用的陶器等文物。

【名称】上盐治地藏山古坟
【位置】岛根县出云市上盐治町
【年代】公元6世纪下半叶（古坟时代后期）
【解题】

国家指定史迹，圆坟。县内最大的古坟，推定直径约46米，设置埴轮和周沟。用切石建造的横穴式石室全长约14.6米。内部放置了2个屋形石棺，出土了镀金铜冠、银环、武器、马具和须惠器等文物（国重文），棺中有镀金铜冠、圆头大刀、方头大刀、玉石和陶器等物，石盖上发现了放置一套马具的形状。拥有古代出云代表性规模的石室，以豪华的陪葬品为傲的古坟。于出云弥生之森博物馆展出。据推定是继今市大念寺古坟之后的统治者的墓葬。

【名称】上岛古坟
【位置】岛根县出云市国富町
【年代】公元6世纪中期（古坟时代后期）
【解题】

国家指定史迹，圆坟。直径约15米。古坟顶部存在方向平行的刳拔式屋形石棺和竖穴式石室。石棺内出土了成年男性的人骨、玉管、玉珠、银环、五铃镜、铃钏、铁制刀身和铁制刀子等。石室内发现了铁箭镞、马嚼子、云珠（马饰品）和杏叶（马饰品）等。

【名称】四冢古坟群

六 中国地方

【位置】冈山县真庭市蒜山上长田

【年代】公元6世纪中期（古坟时代后期）

【解题】

国家指定史迹，古坟群。古坟群的名字来源于古坟群南侧排成一列的4座古坟。19座古坟中现存16座。1~4号古坟为国家指定史迹。直径约25米的1号古坟的片袖形横穴式石室中除人骨外还出土了玉石、武器和须惠器等文物。直径约19米的13号古坟出土了铜镜、铁制品、马形、鸡形和屋形埴轮等文物，部分在蒜山乡土博物馆展出。

【名称】楯筑弥生坟丘墓（楯筑遗迹）

【位置】冈山县仓敷市矢部

【年代】公元2世纪下半叶至3世纪上半叶（古坟时代前期）

【解题】

国家指定史迹，双方中圆坟。弥生时代后期最大的坟丘墓。直径约50米的圆丘前后有长方形的突出部分（东北突出部分消失），全长约72米。坟顶立有5个巨石，斜面铺设了圆砾石。坟顶下有2个埋葬设施，其中1个木椁内的木棺铺满了大量朱砂，出土了铁剑和许多玉石等物。据推测是吉备地区的大首领的墓葬。埋葬设施的上部出土了刻有带状纹样的弧形石、人形的陶制品、大型特殊器台陶器、高座盘、陶制勾玉和玉管等文物。过去坟丘上曾供奉着作为楯筑神社神体的旋带文石（国重文）。石上刻着人面和弧形纹样，现保管于古坟邻接的收藏库。

【名称】造山古坟

【位置】冈山县冈山市北区新庄下

【年代】公元5世纪初期至上半叶（古坟时代中期）

【解题】

国家指定史迹，前方后圆坟。全长约360米，规模是全国第四大。据推定建造时为国内最大规模的古坟。近年的调查明确了后圆部分直径 224 米，前方部分宽 230 米。古坟建为 3 层，设置了葺石和埴轮。虽然埋葬设施和陪葬品的相关信息不明，但前方部分坟丘顶部残留了石棺的棺身，允许参观。据推定是和近畿地区的王有同等权势的大豪族的墓葬。和周边的造山第一古坟（榊山古坟）、第 2 古坟、第 3 古坟、第 4 古坟、第 5 古坟（千足古坟）、第 6 古坟一起被列为国家指定史迹。前方部分顶部的荒神社的前面放置了石棺的棺身。这一带被整理为风土记之丘公园。

【名称】备前车冢古坟
【位置】冈山县冈山市中区汤迫、四御神
【年代】公元 4 世纪初期（古坟时代前期）
【解题】

前方后方坟。全长 48.3 米，前方部分建成 2 层，是拨子的形状，表面有葺石，没有设置埴轮。竖穴式石室的内部出土了包含 11 面三角缘镜在内的 13 面中国镜（东京国立博物馆藏），还出土了铁刀等铁器。据推定是有权势的首领墓葬。

【名称】花光寺山古坟
【位置】冈山县濑户内市长船町服部
【年代】公元 4 世纪下半叶（古坟时代前期）
【解题】

冈山县指定史迹，前方后圆坟。位于华光寺内，全长约 96 米的前方后圆坟设置了葺石和埴轮。后圆部分直葬了长持形石棺，在石棺前后的侧室中出土了三角缘神兽镜、内行花文镜、素环头大刀、短剑、刀、铁箭镞和铜箭镞等文物（东京国立博物馆藏）。

【名称】长福寺里山古坟群

【位置】冈山县笠冈市走出、山口

【年代】公元 5 世纪（古坟时代中期）

【解题】

　　古坟群。七冢古坟群（5 世纪上半叶）由 4 座小方坟组成。双冢古坟群（4 号古坟，5 世纪中期）是全长约 60 米的前方后圆坟，出土了铜镜。一冢古坟（3 号古坟，5 世纪）是有造出的圆坟，据推定存在箱式石棺。仙人冢古坟（2 号古坟，5 世纪下半叶）是长约 43 米的帆立贝形古坟，除大量出土了盖形等埴轮外，据说明治时代出土的短甲保存于大都会艺术博物馆。复原后的东冢古坟（1 号古坟，5 世纪下半叶）是不足 50 米的前方后圆坟，出土了五兽镜和武器等文物。

【名称】二子冢古坟

【位置】广岛县福山市站家町中岛

【年代】公元 6 世纪下半叶至 7 世纪初期（古坟时代后期）

【解题】

　　国家指定史迹，前方后圆坟。坟丘长 68 米，环绕宽 1.6~4 米的周沟。前方部分和后圆部分各有一个横穴式石室，前方部分的石室虽然受到相当程度的破坏，但是确认全长约 12.6 米。后圆部分的两袖形石室全长 14.9 米，放置了组合式石棺，出土了带镀金铜制双龙环头柄头的大刀、铁制武器、马具和须惠器等文物。从石室构造和出土文物可以认识到古坟和近畿地区的关系。

【名称】三玉大冢古坟

【位置】广岛县三次市吉舍町三玉

【年代】公元 5 世纪下半叶（古坟时代中期）

【解题】

　　广岛县指定史迹，帆立贝形古坟。全长 41 米，有造出的 3 层古坟，设置了葺石和埴轮，环绕周濠和外堤。看起来是竖穴式石室的石室中出土了铜镜、玉石、武器和马具等文物（东京国立博物馆藏），坟丘出土了须惠器，这些文物一部分在吉舍历史民俗资料馆展出。应该是豪族的墓葬。

【名称】三城古坟
【位置】广岛县东广岛市西条中央
【年代】公元5世纪上半叶至6世纪上半叶（古坟时代中、后期）
【解题】

国家指定史迹，古坟群（前方后圆坟、圆坟等）。由第1号至第3号古坟共3座古坟组成。第1号古坟全长约92米，是安艺地区最大的前方后圆坟。古坟建为3层，设置葺石和埴轮，环绕周沟（空濠无水），东西侧有造出。后圆部分有3个箱式石棺（其中2个有椁），出土了铜镜、玉石和武器等文物。在造出发现了土师器和须惠器等文物。整个古坟使用了大约1800余个埴轮。据推定是安艺国的大豪族的墓葬。后圆部分的南侧是第2号古坟。第2号古坟为直径25米的圆坟，建造于比1号古坟更早的5世纪上半叶。在第2号古坟的周沟内是第3号古坟（长径8米，短径4米的椭圆形，6世纪上半叶）。附近一带被整理为公园，1号古坟被复原了建造时的情形。邻接古坟的东广岛市立图书馆内的三城引导台展出了出土文物。

【名称】白鸟古坟（白鸟神社古坟）
【位置】山口县熊毛郡平生町佐贺森之下上
【年代】公元5世纪上半叶（古坟时代中期）
【解题】

山口县指定史迹，前方后圆坟。全长约120米，设置葺石和埴轮，环绕周濠，也发现了陪冢。江户时代后圆部分的竖穴式石室中出土了三角缘神兽镜、玉管、巴形铜器和农具等文物，收藏在历史民俗资料馆。据推定是掌控海上交通的大豪族的墓葬。

【名称】穴观音古坟

【位置】山口县萩市高佐下

【年代】公元 6 世纪至 7 世纪初期（古坟时代后期）

【解题】

山口县指定史迹，方坟。东西 12.8 米，南北 13.5 米。坟丘和周濠保存完好。横穴式石室的墓道有刻画的线条，有可能是装饰古坟。出土了须惠器和石箭镞等文物。据推定是和出云地区有关的有权势的人的墓葬。石室内供奉了被认为能医治耳病的观音石佛。

【名称】见岛爷古坟群

【位置】山口县萩市见岛

【年代】公元 7 世纪下半叶至 10 世纪初期（古坟时代后期）

【解题】

国家指定史迹，古坟群。离岛见岛的东南部海岸一带，密集分布着使用玄武岩的积石冢，使用了较大的玄武岩。建造于古坟时代终末期至平安时代。发现了竖穴式石室、横穴式石室和箱式石棺，出土了镀金铜簪子、玻璃球、铜镜、武器、和同开珎和绿釉陶器等许多陪葬品（县有形）。埋葬设施的竖穴式石室、横穴式石室和箱式石棺，各个地区内大多形式统一，建造时期也不同。因为当地语言中"爷"念作"jiikou"，所以有观点认为"ji-konbo"是祖先的意思。据推定是为了防备朝鲜半岛新罗的入侵，从中央调来驻守的军人们的墓葬。

【名称】大日古坟

【位置】山口县防府市高井大日

【年代】公元7世纪（古坟时代后期）

【解题】

国家指定史迹，前方后圆坟。全长约45米，后圆部分的横穴式石室使用巨大的花岗岩石块，玄室放置了凝灰岩制刳拔式屋形石棺。据推定墓主人和畿内势力有密切关系。也留下了这是朝鲜半岛的百济王子即大内氏的祖先琳圣太子的墓葬的传说。

【名称】长光寺山古坟

【位置】山口县山阳小野田市郡西下津一

【年代】公元7世纪（古坟时代前期）

【解题】

山口县指定史迹，前方后圆坟。全长约58米的2层古坟，设置有埴轮，据推定后圆部分有平行建造的2个竖穴式石室，内有割竹形木棺。出土了3面三角缘神兽镜、1面内行花文镜、锹形石、筒形铜器和巴形石制品等文物。据推定是长门地区初代首领的墓葬。

七 四国地方

【名称】东宫山古坟
【位置】爱媛县四国中央市妻鸟町
【年代】公元6世纪初期至上半叶（古坟时代后期）
【解题】

宫内厅管理，圆坟。位于东宫山上，旁边建立了东宫神社。直径约15米，九州系的横穴式石室中出土了"长宜子孙"铭内行花文镜、镀金铜冠、武器、三叶透金铜环头柄头、冲角付胄和须惠器等文物（宫内厅藏）。作为第19代允恭天皇的皇子木梨轻皇子的陵墓参考地，由宫内厅管理。

【名称】妙见山古坟群·妙见山古坟（1号古坟）
【位置】爱媛县今治市大西町宫胁
【年代】公元3世纪下半叶至4世纪（古坟时代前期）
【解题】

国家指定史迹，前方后圆坟。古坟群由3座古坟组成，1号古坟为国家指定史迹，全长55.2米，表面有葺石，发现了特殊器台和二重口缘壶。在前方和后圆两部分各发现放置刳拔式木棺的竖穴式石椁一个。在后圆部分下摆部分发现箱式石棺两个，前方部分发现箱式石棺一个。后圆部分的石椁中出土了铁剑、铁斧和陶器片等文物。前方部分的石椁中出土了斜缘兽带镜和铁器等文物。出土文物毗邻的藤山历史资料馆展出。

【名称】快天山古坟
【位置】香川县丸龟市绫歌町栗熊东、富熊
【年代】公元4世纪中期（古坟时代前期）
【解题】
　　国家指定史迹，前方后圆坟。全长约98.8米，是四国地区最大的古坟时代前期古坟。后圆部分在三层以上，前方部分为三层。布置有葺石和埴轮。后圆部分有竖穴式石椁两个，黏土椁一个，都放置了割竹形石棺。近年的研究指出，这些石棺是日本最古老的刳拔式石棺。第1号石棺中出土了方格规矩四神镜、武器、石钏、玉石等文物。第2号石棺中出土了仿制内行花文镜片、武器、玉管等文物。第3号石棺中出土了仿制内行花文镜、铁剑等文物。据推断，墓主人是统治四国东部或四国全境的掌权者，与中央政权关系密切。

【名称】盛土山古坟（千人冢/罐子冢）
【位置】香川县仲多度郡多度津町奥白方片山
【年代】公元5世纪末（古坟时代中期）
【解题】
　　香川县指定史迹，圆坟。古坟直径约45米，建成两层，表面有葺石，环绕有两重壕沟。在壕沟内和壕沟周边出土了埴轮片。在组合式箱式石棺冢出土了四神兽镜、蜻蜓玉、铜铃和约6.7厘米的日本最大的勾玉等文物（藏于东京国立博物馆）。据推断是当地统治者的墓葬。

七 四国地方

【名称】大野原古坟群
【位置】香川县观音寺市大野原町中姬
【年代】公元 6 世纪下半叶至 7 世纪中期（古坟时代后期）
【解题】

　　香川县指定史迹，古坟群（圆坟、方坟等）。在包含 4 座有巨大横穴式石室古坟的古坟群中，除岩仓冢古坟外的三座首领墓葬都是香川县指定史迹。碗贷冢古坟位于大野原八幡神社内，是直径 37.2 米的圆坟，环绕两重周濠和堤堰。墓葬整体直径 70 米，用砂岩建造的复式的横穴式石室全长约 14.8 米，是四国地区最大的石室。建造时间为 6 世纪下半叶。岩仓冢古坟据推断是圆坟，于 6 世纪下半叶在碗贷冢古坟之后建造。平冢古坟是香川县内最大的古坟。直径 50.2 米，环绕周濠。横穴式石室全长 13.2 米，主要由砂岩建造，只有顶部一块使用了花岗岩。建造时间为 7 世纪初期。角冢古坟是 41.7 米 ×37.8 米的方坟，环绕周濠。横穴式石室全长 12.5 米，使用花岗岩巨石建成。建造时间为 7 世纪中期。

【名称】有冈古坟群
【位置】香川县善通寺市善通寺町、生野町
【年代】公元 3 世纪下半叶至 6 世纪下半叶（古坟时代全期）
【解题】

　　国家指定史迹，古坟群（前方后圆坟 5 座、圆坟 1 座）。同势力体系的首领墓葬集聚的古坟群。也有说法是弘法大师的豪族祖先的墓葬。野田院古坟、王墓山古坟、宫尾古坟、磨臼山古坟、丸山古坟和鹤峰 4 号古坟这六座古坟是国家指定史迹。出土文物在市立乡土馆展出。野田院古坟是全长约 45 米的前方后圆坟。后圆部分有两个竖穴式石室，出土了玉石、铁剑和土师器等文物。建造时间为 3 世纪下半叶。王墓山古坟是全长约 46 米的前方后圆坟。后圆部分的横穴式石室布置成了石屋形。出土了镀金的铜冠帽、首饰和马具等文物。建造时间为 6 世纪上半叶。

宫尾古坟为圆坟，在横穴式石室内有使用线刻手法的人物和船等形象。建造时间为 7 世纪初期。磨臼山古坟是全长约 50 米的前方后圆坟。出土的割竹型石棺（国重文）内雕刻出了石枕，在双耳位置浮雕了勾玉的耳饰。石棺于市民会馆展出。

【名称】石清尾山古坟群

【位置】香川县高松市峰山町、室町等

【年代】公元 3 世纪末期至 7 世纪初期（古坟时代全期）

【解题】

国家指定史迹，古坟群（前方后圆坟、双方中圆坟、方坟、圆坟等）。由石清尾山及周边据推断总数超过 200 座的古坟组成，多数为积石冢。包括石船冢古坟和山顶的十几座古坟在内，一起被指定为国家指定史迹。石船冢古坟是全长约 57 米的前方后圆坟。是后圆部分建成 3 层，前方部分建成 2 层的积石冢。后圆部分有刳拔式割竹形石棺和小型竖穴式石室，前方部分有竖穴式石室。石棺内雕刻了石枕。出土了铜镜、圆筒埴轮和土师器等文物。建造时间为 4 世纪下半叶至 5 世纪初期。猫冢古坟是全长约 96 米、双方中圆坟的积石冢，但由于明治末期的大型盗墓活动导致意外变形。据说中圆部分有 9 个竖穴式石室，出土了 5 面铜镜、小铜剑、石钏、筒形铜器和土师器等文物（东京国立博物馆藏）。古坟建造时间为 4 世纪上半叶。鹤尾神社 4 号古坟是赞岐地区最古老的古坟，或是古坟时代前的墓葬，是全长约 40 米的前方后圆坟，后圆部分为 4 层的积石冢。在后圆部分的竖穴式石室中出土了镜，坟丘上出土了土师器片。建造时间为 3 世纪末期。石清尾山 2 号古坟是直径约 10 米的圆坟，横穴式石室中出土了须惠器、金环和玻璃珠。建造时间为 6 世纪下半叶。

【名称】天河别神社古坟群

【位置】德岛县鸣门市大麻町池谷

【年代】公元3世纪下半叶至5世纪（古坟时代前、中期）

【解题】

德岛县指定史迹，古坟群。由11座以上的古坟组成的古坟群，1、2、5、6号古坟为圆坟，3号坟为前方后圆坟，4号古坟不确定是否为前方后圆坟。1号古坟（3世纪后半叶）直径约25米，古坟建成2层，环绕周濠。从竖穴式石室中出土了珠文镜、铁剑和土师器陶片等文物。2号古坟直径26米，修建为3层，表面有葺石，从它的顶部出土了广口壶等文物。3号古坟全长约41米，从它的坟丘出土了土师器二重口缘壶。4号古坟虽然由于盗墓导致内部构造不明，但是出土了舶载斜缘二神二兽镜和铁剑等文物。5号古坟出土了两面镜子和玉石，6号坟出土了铠甲和刀剑等文物。

八　九州地方

【名称】津屋崎古坟群

【位置】福冈县福津市胜浦、奴山、生家、须多田、在自、宫司、手光等

【年代】公元5世纪上半叶至7世纪中叶（古坟时代中期、后期）

【解题】

国家指定史迹，古坟群（前方后圆坟、圆坟、方坟）。位于福津市北部的丘陵和台地上，南北8公里、东西2公里范围内分布有16座前方后圆坟、43座圆坟、1座方坟，共计60座古坟。据推测，这是与冲之鸟的祭祀有关、掌握海上交通且与中央政权有密切关系的胸形氏一族的坟墓群。

奴山古坟群：筑造于5~6世纪。是津屋崎古坟群中最密集的古坟群。东西800米的台地上现存有5座前方后圆坟、1座方坟、35座圆坟。出土了皮袋形陶器、三连瓯（须惠器的一种器形。圆形躯干上有小孔的宽口小壶，将竹管插入孔中，然后倒入液体）、锻冶工具、大型锯等。

手光波切不动古坟：筑造于7世纪上半叶。位于津屋崎古坟群南端，是直径25米、坟丘高9米的圆坟。测定坟丘内部的横穴式石室全长10.8

米，玄室高 2 米。出土了金铜制马具、新罗陶器等。

宫地狱古坟（宫地狱大冢古坟）：筑造于 7 世纪上半叶至中叶。圆坟直径 34 米，有日本第二的全长 23 米的横穴式石室。出土了金铜装头椎大刀、金铜制镜板、金铜制杏叶、金铜制鞍金具、金铜制壶镫、玻璃板、绿琉璃圆玉等，其中约 20 件被指定为国宝，一部分在九州国立博物馆展出。石室内设有宫地狱神社的内院和不动神社本殿，每年举行三次祭典。

【名称】竹原古坟
【位置】福冈县宫若市竹原、诹访神社境内
【年代】公元 6 世纪下半叶（古坟时代后期）
【解题】

国家指定史迹，圆坟。直径约 18 米，推测为男女两人的墓葬。复室的横穴式石室中，鲜明地描绘了红色和黑色的船、龙、朱雀、翳（类似长柄团扇，随从可以用来遮住贵人的脸）、拉马的人物等。出土了装饰品、武器、马具等。

【名称】船原古坟群·船原 3 号坟
【位置】福冈县古贺市谷山
【年代】公元 6 世纪下半叶至 7 世纪初（古坟时代后期）
【解题】

圆坟。由 3 座古坟构成的古坟群中唯一现存的古坟。直径约 25 米，复室的横穴式石室使用了铁丹的彩色巨石。从遗物埋藏坑出土了金铜制的步摇装饰金具，其形状与在朝鲜半岛的新罗墓葬中发现的相同。被葬者可能与新罗有过单独的交流。

【名称】那珂八幡古坟
【位置】福冈县福冈市博多区那珂 1 丁目

【年代】公元 4 世纪初（古坟时代前期）

【解题】

前方后圆坟。一般认为是福冈平野最古老的首领墓，推测全长约 85 米，有周沟。后圆部中央有 2 座埋葬设施，其中第 2 座主体是割竹形木棺直葬，出土了三角缘神兽镜（在福冈市博物馆展出）和玉类。后圆部供奉着那珂八幡宫。

【名称】一贵山铫子冢古坟

【位置】福冈县糸岛市二丈田中

【年代】公元 4 世纪下半叶（古坟时代前期）

【解题】

国家指定史迹，前方后圆坟。糸岛地区最大的古坟，全长 103 米。竖穴式石室内的木棺盖上铺满了玄武岩制的石板，有作为顶棚石的特殊构造。出土了 10 面铜镜（1 面镀金的方格规矩四神兽镜、1 面内行花文镜、8 面三角缘神兽镜）、刀剑类、玉器等。

【名称】穴之叶山古坟

【位置】福冈县筑上郡上毛町下唐原

【年代】公元 7 世纪初（古坟时代后期）

【解题】

国家指定史迹，圆坟。由 3 座古坟构成。1 号坟南北 41 米，东西 32 米，在使用巨石的横穴式石室壁上可以看到人物、鱼、鸟、树叶等线刻画，出土了玻璃球、耳环、须惠器等。推测是与渡来系氏族有关的有权势者之墓。毗连 2 号坟和有线刻画的 3 号坟。

【名称】御所山古坟

【位置】福冈县京都郡苅田町与原

【年代】公元 5 世纪下半叶（古坟时代中期）

【解题】

国家指定史迹，前方后圆坟。全长约 119 米，有葺石、埴轮、周濠，细部两侧有造出（古坟时代中期，前方后圆坟细腰部附设的方坛状遗构，被认为是一种祭坛）。从最古老的大型横穴式石室中出土了四禽四乳镜、玉类、金铜制马具等（宫内厅藏）。推测为丰国县主级人物之墓。坟丘上供奉着白庭神社。

【名称】石冢山古坟

【位置】福冈县京都郡苅田町富久町

【年代】公元 3 世纪末至 4 世纪初（古坟时代前期）

【解题】

国家指定史迹，前方后圆坟。全长约 130 米，是九州最大、最古老的古坟。江户时代从竖穴式石室中出土了三角缘神兽镜、素环头太刀、铜镞等（国重文）。后来又出土了铜镜片、玉器、武器、陶器片等，在毗连的历史资料馆展出。坟顶供奉着浮殿神社。

【名称】王冢古坟

【位置】福冈县嘉穗郡桂川町寿命

【年代】公元 6 世纪中叶（古坟时代后期）

【解题】

国家特别史迹、国家指定史迹，前方后圆坟。日本代表性的装饰古坟。复原其全长约 86 米，2 层建筑，有葺石、埴轮、周濠和周堤。1934 年发现了未盗掘的横穴式石室，全长约 6.5 米，复室构造，玄室长约 4.5 米。腰石和石棚使用巨石，配置有阿苏泥熔岩制的石屋形、灯明台石、石枕。连接前室和后室的通道上有小窗。石室遍布红、黄、黑、白、绿色的同心圆文、连续三角文、双脚轮状文、武器、铠甲、骑马像等图像。

出土了铜镜、玉类、武器、铠甲、马具、土师器、须惠器等（国重文，京都国立博物馆藏）。石室的等比例复制品和出土品在毗连的王冢装饰古坟馆展出。

【名称】田主丸古坟群
【位置】福冈县久留米市田主丸町
【年代】公元6世纪下半叶（古坟时代后期）
【解题】

国家指定史迹，古坟群。旧田主丸町内4座古坟的总称。大冢为全长103米的前方后圆坟，有石垣状的葺石。圆坟寺德古坟、中原狐冢古坟、西馆古坟是以同心门文为主体的装饰古坟，为了保护壁画而被密封或掩埋。

田主丸大冢古坟：6世纪后半期北九州最大级别的前方后圆坟，全长103米，后圆部直径60米。根据调查，田主丸大冢古坟的后圆部西侧确认了葺石，特征是呈石垣状。确认了东侧的周沟。从石室入口的规模推测出有大型的横穴式石室。坟丘以葺石为先，到处都有石块和列石。后圆部西侧也有造出。

寺德古坟：坟群中海拔最低的圆坟，有向西开口的复室的横穴式石室。坟丘直径18.9米，高约3米。在玄室的内壁和侧壁等处，绘有同心圆文、圆文、三角文、盾、船状物等。出土了马具、金环、玉器等。

中原狐冢古坟：封土基本流失，原本是直径19米的圆坟，全长11.5米的复室的横穴式石室内部有装饰壁画，以红、绿、蓝的同心圆文为中心，绘有三角文、舟、人物等。出土了三累环头、铁镞、马具类。

西馆古坟：长径14米、短径10.4米的椭圆形圆坟，复室的横穴式石室内部有同心圆文、连续三角文、人物、舟等装饰壁画。石室被掩埋。

【名称】权现冢古坟

【位置】福冈县久留米市大善寺町宫本

【年代】公元5世纪末~6世纪上半叶（古坟时代后期）

【解题】

国家指定史迹，圆坟。直径约55米，双重周沟外径超过150米。内部构造不明。出土了埴轮、新罗系须惠器等。武人埴轮的头部和只有脸的人物埴轮为市有形文化财（市埋藏文化中心藏）。推测和毗连的御冢古坟一样，是水沼君一族之墓。

【名称】今宿古坟群

【位置】福冈县福冈市西区周船寺、今宿町、今宿青木、饭氏、德永

【年代】公元4世纪上半叶至6世纪下半叶（古坟时代前期、中期、后期）

【解题】

国家指定史迹，古坟群。分布在今宿平原东西3公里、南北1.5公里的范围内，由4世纪上半叶至6世纪下半叶筑造的13座前方后圆坟（现存11座）和300座以上的群集坟构成。其中以下被认为是首长墓的7座前方后圆坟是国家史迹。

山之鼻1号坟：推测是筑造于4世纪上半叶的全长44米的古坟。后圆部为3层建筑，前方部为2层建筑，有葺石。极有可能存在竖穴式石室。出土了兽带镜片和土师器。

若八幡宫古坟：筑造于4世纪下半叶的全长47米的古坟，后圆部为3层建筑，前方部为2层建筑，有葺石。主体部被认为是刳拔式舟形木棺，出土了大量三角缘二神二兽镜、铁制环头太刀、剑、玉类等。后圆部位于若八幡宫神社的神殿后面。

锄崎古坟：筑造于4世纪末的全长62米的古坟，3层建筑，有葺石、埴轮。在后圆部最初期的横穴式石室里安放有石棺、埴轮棺、木棺，出

土了大量铜镜、玉器、武器、农工具等。前方部等也确认有4座埋葬设施。锄崎古坟后圆部的横穴式石室，是玄武岩的扁平板石积累而成的特殊构造。石室内确认有3处遗体埋葬的痕迹。推测被葬者是与古代朝鲜半岛有交流的首领墓。出土品和石室实物同尺寸复制品在福冈市博物馆展出。

丸隈山古坟：筑造于5世纪前半叶的全长85米的古坟，3层（前方部为2层）建筑，有葺石、埴轮。在后圆部的横穴式石室中，并列有2座组合式箱形石棺。除了人骨之外，还出土了2面仿制镜、玉类、巴形铜器、武器等。

兜冢古坟：筑造于5世纪下半叶的全长53米以上的古坟，后圆部为2层建筑，有葺石、埴轮。后圆部的横穴式石室因江户时代的盗掘被破坏了一部分。出土了玻璃制玉、武具、武器、马具等。在后圆部山顶附近发现了平安时代的经筒，判明是经冢。

饭氏二冢古坟：筑造于6世纪初至下半叶的全长约50米的古坟，为2层建筑，有葺石。后圆部的横穴式石室的石材几乎消失。出土了装饰品、马具以及细部的须惠器。

大冢（今宿大冢）古坟：筑造于6世纪下半叶的古坟，全长64米，2层建筑，有葺石、埴轮、双重周濠。内部构造不明，但推测是横穴式石室。从坟丘内出土了须惠器。

【名称】屋形古坟群
【位置】福冈县浮羽市吉井町富永
【年代】公元6世纪（古坟时代后期）
【解题】

国家指定史迹，古坟群（除圆坟外不明）。由珍敷冢古坟、原古坟、鸟船冢古坟、古畑古坟4座装饰古坟构成。珍敷冢古坟推测是筑造于6世纪下半叶的圆坟（规模不明）。内壁上用红色、蓝色和岩石表面的黄色描绘有划着长平底形帆船的人、鸟、靫、蕨手文、青蛙等。据说表现了被葬者在鸟的引导下乘船从现世去往来世的情景。原古坟是6世纪下半叶筑造的直径约12米的圆坟。横穴式石室全长约8.9米。出土了马具、土师器、须惠器等。石室内壁用红色颜料描绘有靫、船、操纵棹的人物等。鸟船冢古坟推测是6世纪下半叶筑造的圆坟（规模不明）。横穴式的内壁上用红色颜料描绘有盾、船、鸟、人物、靫、同心圆文等。古畑古坟的坟丘和石室完整存留。6世纪下半叶筑造的直径约20米的圆坟。2层建筑，有埴轮，裾部确认有列石。在复室构造的横穴式石室的内壁上，用红色颜料描绘有同心圆文、三角文、手足张开的人物等。

【名称】若宫古坟群（日冈古坟、月冈古坟、冢堂古坟）

【位置】福冈县浮羽市吉井町若宫、德丸

【年代】公元5世纪中叶至6世纪上半叶（古坟时代中期、后期）

【解题】

国家指定史迹，古坟群（前方后圆坟）。当地的首领墓，由3座前方后圆坟构成。日冈古坟是6世纪前半叶筑造的，全长约75米，有周濠。横穴式石室略微内倾垒成了侧壁，内壁有宽2.2米以上、高1.9米以上的大石，作为镜石几乎垂直竖立着。内壁上，用红、白、绿色颜料描绘了巨大的同心圆、蕨手、连续三角的花纹，周壁上用红、白、蓝色颜料描绘了同心圆文、三角文、盾、箭筒、船、鱼等。壁画发现于1888年。顶棚石崩落，可以通过从上方观看的形式参观。月冈古坟是在群内最古老的5世纪中叶建造的，全长约80米，有三重周濠。竖穴式石室（已消失）内的长持形石棺在覆屋内保存。出土了大量镜子、玉类、金铜制铠甲、带金具、铁制品等（国重文）。冢堂古坟筑造于5世纪末，全长约90米，有葺石、埴轮、双重周濠。从前方部未被盗掘的横穴式石室出土了壮年男性的人骨、甲胄、刀、镜子等。后圆部的横穴式石室中安放有被严重破坏的组合式石棺。出土了埴轮。月冈、冢堂古坟的出土品在吉井历史民俗资料馆展出。

【名称】八女古坟群

【位置】福冈县八女市吉田、八女市宅间田、八女市本、八女郡广川町、筑后市等

【年代】公元 5~6 世纪（古坟时代中期、后期）

【解题】

国家指定史迹，古坟群（前方后圆坟、圆坟等）。分布在东西十多公里的八女丘陵上，筑造于 5~6 世纪，由约 300 座古坟构成的九州代表性的古坟群。出土了大量石制品、埴轮、须惠器、金环、金制垂饰耳饰、铁制马具、大刀等（部分为国重文或县有形文化财产）。在岩户山历史资料馆等地展出。以下 8 座古坟为国家史迹。

岩户山古坟：基本位于古坟群的中心。筑造于 6 世纪上半叶。坟长约 135 米，是九州北部最大的前方后圆坟，2 层建筑。后圆部直径约 60 米、高 18 米，前方部宽约 92 米、高约 18 米，周濠宽约 20 米。周濠、周堤和坟丘东北角现存一边约 43 米的方形区划（别区）。从坟丘、周堤和别区出土了大量圆筒埴轮以及 100 件以上武装人物、动物（马、鸡等）、器物（刀、盾等）的石制品（石人、石马等）。武石人头部高 73.5 厘米，约为真人大小的两倍，头部纵刭板表明应是朝鲜半岛系的物品。头顶部留有受钵状的痕迹。出土的石盾各处残留有红色颜料。据说是大正初期从周堤出土的。高 1.64 米。国重文。背着靫的石人，后面扁平的石材雕刻了靫，正面是结着角髻的人物脸浮雕。高 1.54 米。1808 年伊势神社建立时从后圆部顶部发掘。国重文。石马雕刻了鞍、镫、杏叶等马具，为县有形文化财。出土文物在岩户山历史资料馆展出。在坟丘上有埴轮排列。内部构造推测是横穴式石室。岩户山古坟的别区，也被认为是祭祀仪式的场所。石制品的配置被认为是在展现审判偷了 4 头猪的

八　九州地方

盗贼的场景。据说是筑紫君磐井生前筑造的死后埋葬之所。此人阻碍了企图出兵朝鲜半岛的大和王军，引起了"磐井之乱"。该坟判明了建筑者和建筑年代，是非常珍贵的古坟。

乘场古坟：筑造于6世纪中叶的坟长约70米的前方后圆坟。2层建筑，曾经有周渠、周堤、埴轮。复室构造的横穴式石室的墙面上用红、蓝、黄3色颜料描绘有同心圆文、连续三角文、蕨手文。出土了玉器、金铜制环头大刀柄头、马具、须惠器等。

丸山冢古坟：筑造于6世纪下半叶的直径约33米的圆坟。似乎还存在周濠和周堤。有复室构造的横穴式石室，在玄室内壁、墓道、玄门的袖石上用红、绿、黄三色绘有圆文、三角文、蕨手文。

茶臼冢古坟：筑造于6世纪下半叶的直径约24米的圆坟。由于盗掘，坟丘顶部陷落，内部构造不明。出土了圆筒埴轮等。

丸山古坟（立山丸山古坟）：立山丸山古坟群中的一座，是筑造于5世纪末的坟长约55米的前方后圆坟。2层建筑，有葺石、埴轮。内部构造推测是竖穴系横口式石室。从西侧细部出土了残留有墓前祭祀形态的须惠器群。

善藏冢古坟：筑造于6世纪上半叶至中叶的坟长约95米的前方后圆坟。2段建筑，有葺石、埴轮、周濠。

石人山古坟：筑造于5世纪上半叶的坟长约107米的前方后圆坟。后圆部为3层建筑，有周濠、埴轮。后圆部的横穴式石室中的石材和上部的封土等消失了。甲胄武装的石人（国重文）、屋顶外侧刻有重圈文、直弧文等的凝灰岩制横口式屋形石棺以及周围的石室，分别在覆屋内保存。出土了初期须惠器和埴轮，在公园内的资料馆展出。

弘化谷古坟：筑造于6世纪中叶的直径约39米的圆坟。横穴式石室中的石屋形内壁、两侧壁、天顶棚等绘有红、绿、黄三色的三角文、圆文、双脚轮状文、靫等。出土了玉器、武器、须惠器等。

【名称】谷口古坟

【位置】佐贺县唐津市浜玉町谷口

【年代】公元4世纪末（古坟时代前期）

【解题】

国家指定史迹，前方后圆坟。全长77米，有葺石，没有周沟。采集有圆筒埴轮片。后圆部东西方向有2座石室，确认是具有初期横穴式石室要素的横口构造。顶棚部分是特别的合掌型。东室长2.95米，西室长3.16米，两个房间都安放了砂岩制长持形石棺。从石室外还发现了刳拔式舟形石棺和土师器壶棺。除了日本制的三角缘神兽镜之外，还有变形四兽镜、位至三公镜、石钏、玉类、铁器类等。推测是治理当地的首长之墓。

【名称】龙王崎古坟群

【位置】佐贺县杵岛郡白石町深浦

【年代】公元5世纪下半叶至6世纪（古坟时代中期、后期）

【解题】

佐贺县指定史迹，古坟群（圆坟）。由25座古坟构成，海童神社境内背后的山脊上和斜面现存17座圆坟。经过调查的6座古坟内有直径14~17米的横穴式石室。6号坟使用巨石，其玄门左袖石的前室侧有家屋花纹的线刻。从1号坟出土了金铜制胡簶（矢筒）金具和垂饰耳饰，从3号坟出土有仿制七兽镜、金铜制铃，除此之外还出土了金铜制钏、三轮玉、座金、勾玉、铁镞、铁刀等（县重文）。

【名称】岛田冢古坟

【位置】佐贺县唐津市镜

【年代】公元6世纪上半叶（古坟时代后期）

【解题】

佐贺县指定史迹，前方后圆坟。全长33.4米，两袖形横穴式石室的

八　九州地方

玄室内安放有绳挂突起的凝灰岩制刳拔式舟形石棺。出土了方格规矩镜、六兽镜、金铜制冠、金铜制三轮玉、铜钏、铜鋺、武器、甲胄、马具、玉器等（一部分于东京国立博物馆藏）。

【名称】玉岛古坟
【位置】佐贺县武雄市橘町大日玉岛
【年代】公元5世纪末至6世纪初（古坟时代中期、后期）
【解题】
　　佐贺县指定史迹，圆坟。县内最大的古坟，南北约48米，东西约42米，高约9米，有葺石和埴轮。两袖型竖穴系横口式石室的玄室长3.25米，出土了日本制变形铜镜、砥石、玉器、铁制钏、武器、工具等。推测是有权势的首长之墓。

【名称】瓢冢古坟（彼杵的古坟）
【位置】长崎县东彼杵郡东彼杵町彼杵宿乡
【年代】公元5世纪初至下半叶（古坟时代中期）
【解题】
　　长崎县指定史迹，前方后圆坟。全长58.8米，后圆部有2座被认为是竖穴系的埋葬设施。在公园内保存整修。出土了铜镜、铁剑等，在毗连的历史民俗资料馆展出。推测为有权势的首长之墓。也有说法认为这是神功皇后征伐三韩时，作为武内宿祢的属下随军的武将之墓。

【名称】曲崎古坟群
【位置】长崎县长崎市牧岛町
【年代】公元5世纪末至7世纪初（古坟时代后期）
【解题】
　　国家指定史迹，古坟群。确认有101座积石冢和约500处性质不明

· 337 ·

的遗构。出土了玻璃制的小玉、碧玉制管玉、土师器和须惠器高座盘、瓮、壶类等。石室多为横穴式，也有可能类似竖穴系横口式石室。大概是负责该地区海上交通的集团的墓群。

【名称】壹岐古坟群

【位置】长崎县壹岐市胜本町、芦边町

【年代】公元6世纪下半叶至7世纪（古坟时代后期）

【解题】

国家指定史迹，古坟群。由六座古坟构成，以对马冢古坟（全长65米的前方后圆坟）为首，相继筑造了双六古坟、笹冢古坟（直径40米的圆坟、出土有国重文的铜制马具类）、兵濑古坟（直径53.5米的圆坟）、挂木古坟（推测为直径30米的圆坟）、鬼之窟古坟。表示有壹岐岛以外的势力参与其中，也可以看到当时日本的政治动向和与东亚地区的交流。

挂木古坟：筑造于6~7世纪前半叶，有长崎县唯一的"刳拔式屋形石棺"。岛上目前确认的古坟就有280座以上，古坟的规模也多能代表九州，说明从古代起壹岐就因繁荣而备受重视。

鬼之窟古坟：位置在壹岐市芦边町国分本村触。6世纪末的圆坟，直径约45米，高13米。使用巨石的横穴式石室全长约16.5米，是九州屈指可数的规模。由墓道、前室、中室、玄室构成复室，玄室里安放着被认为是组合式箱式石棺棺材的板石。出土了土师器、须惠器、新罗陶器、马具等。推测为首领墓。

双六古坟：位置在壹岐市胜本町立石东触。长崎县最大的古坟，全长91米，筑造于6世纪下半叶的前方后圆坟，2层建筑。全长约11米的横穴式石室是复室构造，前室右侧的墙面上绘有长平底形船的线刻画。出土了大量蜻蜓玉、环头大刀柄头、金铜制马具、日本最古老的中国制二彩陶器（北齐）、新罗陶器等国际色彩丰富的遗物（国重文）。推测这

八　九州地方

是在与大陆交涉中发挥重要作用的壹岐的首长墓。

【名称】玉乳古坟
【位置】熊本县山鹿市城
【年代】公元6世纪上半叶（古坟时代后期）
【解题】

国家指定史迹，前方后圆坟。坟长约45米，有葺石、埴轮、周沟和一具武石人（在九州国立博物馆展出）。横穴式石室玄室的石屋形石棺上有用红、黑、白三色绘着几何图形和戴着王冠的人物像等彩色壁画。之所以叫"玉乳"是因为两个并排的同心圆文看起来像乳房，现在也作为乳神被信仰。

【名称】伝左山古坟（繁根木古坟）
【位置】熊本县玉名市繁根木
【年代】公元5世纪下半叶（古坟时代中期）
【解题】

圆坟。目前直径约35米。也有可能是前方后圆坟。在坟顶部有舟形石棺，中腹有初期的复室构造的横穴式石室。出土了大量繁根木型贝钏、金制垂饰耳饰、甲胄、铁镞、铁刀等，从中可以看出大和政权和朝鲜半岛的交流。

【名称】大野窟古坟
【位置】熊本县八代郡冰川町大野
【年代】公元6世纪下半叶（古坟时代后期）
【解题】

国家指定史迹，前方后圆坟。全长约123米，九州第二大的古坟时代后期前方后圆坟。2层建筑，部分有周沟。九州最大的复室横穴式石室的玄室长约 5.2 米，高度 6.5 米，是日本国内最高。石室向西南开口。有一部分涂了红色颜料的痕迹残留。石屋形的下面安放着大型的刳拔式屋形石棺。阿苏凝灰岩制的石棺长 2.4 米，宽 1.3 米，高 0.87 米。墓道部墙壁上留有明应六年（1497）祭祀阿弥陀如来的刻字。推测是与同丘陵上的野津古坟群的被葬者——火之君相关的豪族之墓。出土了须惠器、陶质土器、石制表饰品。

【名称】清原古坟群

【位置】熊本县玉名郡和水町江田

【年代】公元 5 世纪下半叶至 6 世纪初（古坟时代中期、后期）

【解题】

国家指定史迹，古坟群（前方后圆坟、圆坟）。由 3 座前方后圆坟（国家史迹）和 1 座圆坟（京冢）构成。这一带作为风土记之丘、肥后古代的森林（菊水地区）整修，还复原了坟丘。江田船山古坟筑造于 5 世纪后半叶。坟长约 62 米，有葺石、埴轮、周濠，细部两侧有造出。出土了镶嵌着 75 个文字（日本最古老的文章）的银象嵌大刀、6 面铜镜、金铜制冠帽、金制垂饰耳饰、玉类、马具等大量陪葬品（国宝，东京国立博物馆藏），复制品在公园内的历史民俗资料馆展出。虚空藏冢古坟是筑造于 6 世纪初、坟长约 44 米的前方后圆坟或帆立贝形古坟。2 层建筑，有埴轮、周沟。内部构造不明。从周沟内出土了埴轮、须惠器。冢坊主古坟是筑造于 6 世纪初、坟长约 43 米的前方后圆坟，有周沟，横穴式石室内的石屋形内壁上绘有红色和白色的圆文、连续三角文、菱形文。出土了四兽镜、大刀、马具等。从周沟内出土了埴轮、须惠器。

【名称】冢原古坟群

【位置】熊本县熊本市南区城南町冢原

【年代】公元 4 世纪下半叶至 6 世纪下半叶（古坟时代前期、中期、

八　九州地方

后期）

【解题】

国家指定史迹，古坟群（方形周沟墓、前方后圆坟、圆坟、方坟等）。县内最大的古坟群，推测总数超过500座。复原了77座并在公园内整修保存。出土陶器等在附设的历史民俗资料馆展出。古坟群位于冢原台地上。随着九州纵贯自动车道的建设，在发掘调查时检测出了数量庞大的古坟。为了保存古坟群，首次在遗迹下通了隧道。1986年后，开始史迹公园化的工程，面积达10万平方米的冢原古坟群开园。

龙眼冢古坟：筑造于5世纪上半叶的直径约24米的圆坟。可以隔着栅栏参观肥后型横穴式石室。

三段冢古坟：筑造于5世纪中叶的圆坟，内径约33.5米，外径44.5米。推测主体部为横穴式石室。

丸山2号坟：筑造于5世纪中叶。东西24.5米，南北27.0米的方坟，可以通过覆屋参观县内最大的屋形石棺。

花见冢古坟：筑造于6世纪下半叶的坟长46.2米的前方后圆坟。据说有屋形石棺，大正时期被盗掘时出土了铁剑、镞、铠、玉类等。与琵琶冢古坟差不多大小，现存坟长31.7米。到7世纪初为止仍在使用。

石之室古坟：筑造于5世纪末的直径约24米的圆坟。直葬有大型的横口式屋形石棺，石棺内壁上线刻有斜纹格子文等。屋顶还残留着挂绳的突起。现在安放在坟丘内的保存室。从古坟内出土了石制表饰、须惠器、耳环、铠片等。

琵琶冢古坟：筑造于5世纪下半叶的坟长51米的前方后圆坟，从周濠中检测出了埴轮、土师器、须惠器、青瓷的碎片。

【名称】西山古坟群·鬼冢古坟

【位置】大分县国东市国见町中

【年代】公元6世纪末（古坟时代后期）

【解题】

国家指定史迹，圆坟。西山古坟群的11座古坟中现存9座。鬼冢古坟东西宽10米，南北长13米，横穴式石室的玄室内壁上有人物、船，左壁上有群鸟，右壁上有双鸟的线刻画。出土了金环、玻璃玉、刀、铁镞、土师器、须惠器等。

【名称】川部、高森古坟群

【位置】大分县宇佐市高森

【年代】公元3世纪下半叶至6世纪（古坟时代前期、中期、后期）

【解题】

国家指定史迹，古坟群。由6座前方后圆坟和圆坟、约120座方形和圆形周沟墓等构成。按照赤冢→免之平→角坊、车坂、福胜寺（5世纪）→鹤见（6世纪）的顺序建造的前方后圆坟，是当地历代豪族之墓，也是宇佐国造一族的坟墓。周围的古坟和周沟墓被认为是臣下一族之墓。3世纪下半叶筑造的赤冢古坟全长约57.5米，是九州最古老的前方后圆坟之一。没有葺石，从周濠部出土了土师器壶碎片，从后圆部的箱式石棺内出土了船载镜的5面铜镜（国重文，被认为是大和王权赐予地方首长的物品）、碧玉制管玉、铁刀片等。从西侧到南侧有十几座周沟墓。周围作为史迹公园"宇佐风土记之丘"整修，出土品在公园内的县立历史博物馆展出。免之平古坟（全长约85米的前方后圆坟）的主体部是安放割竹形木棺的竖穴式石室。从棺内出土了仿制三角缘神兽镜、碧玉制钏、硬玉制勾玉、大刀、剑等。出土品在2014年被指定为国家重要文化财。

【名称】GARANDOYA古坟

【位置】大分县日田市石井

【年代】公元6世纪中叶至下半叶（古坟时代后期）

八　九州地方

【解题】

国家指定史迹，圆坟群。封土全部外流，由3座露出横穴式石室的圆坟构成。1、2号坟为装饰古坟，复室构造的横穴式石室绘有彩色壁画，是国家史迹。1号坟（直径28.7米，6世纪下半叶）的玄室内壁绘有红、绿色的人物、动物、船、圆文等。出土了须惠器、土师器、马具、铁镞、金环、玉类等。2号坟位于1号坟的西北偏西约70米处（直径约23米，6世纪中叶），玄室内壁上绘有红底绿色的同心圆文、连续山形文、马上拉弓的人物等。出土了须惠器、马具、镜子、耳环、玉类、铁制武器、工具等。

【名称】筑山古坟

【位置】大分县大分市本神崎

【年代】公元4世纪末至5世纪初（古坟时代中期）

【解题】

国家指定史迹，前方后圆坟。坟长约98米，后圆部有2座组合式箱形石棺，北棺埋葬了1名女性，南棺埋葬了1名女性和2名性别不明者。推测是女性的首领墓，也有一说为速吸日女之墓。出土了铜镜、贝钏、玉类、铁制武器、农具等。共使用了34千克朱砂，是最高级的豪华墓葬。

【名称】莲之池横穴群

【位置】宫崎县宫崎市芳士

【年代】公元6世纪下半叶至7世纪上半叶（古坟时代后期）

【解题】

国家指定史迹，横穴墓群。由82座古坟构成的日本南端的横穴群。53号墓中还留有人物、船、鬼脸等花纹以及送葬场面的壁画。出土了勾玉、金环、马具类、铠甲、须惠器等，仅在矢崎历史文化馆展出。

· 343 ·

【名称】西都原古坟群

【位置】宫崎县西都市三宅西都原

【年代】公元3世纪中叶至7世纪（古坟时代前期、中期、后期）

【解题】

国家特别史迹，古坟群（帆立贝形古坟、前方后方圆坟、圆坟、方坟、地下式横穴墓、横穴墓等）。整个古坟时代被视为首领的墓域，是全国少数持续建造大量古坟的大古坟群。东西2.6公里、南北4.2公里的范围内分布着300多座古坟、陵墓参考地、地下式横穴墓群等，309座古坟和横穴墓群被指定为特别史迹。带孩子的屋形埴轮、船形埴轮的复制品等在附设的考古博物馆展出。位于古坟群西面的百家原古坟群出土了金铜马具类（国宝，五岛美术馆藏）。"日向国西都原古坟出土金铜马具类"（国宝）实物收藏在五岛美术馆。县立西都原考古博物馆展示从古坟出土的贵重遗物。1912年从170号坟（杂掌坟）出土的带孩子屋形埴轮（国重文），由3成左右的碎片复原而成，高52米。实物收藏在东京国立博物馆。

男狭穗冢：根据最新调查判明全长约176米，是日本国内最大的帆立贝形古坟。圆丘部为3层建筑，直径约132米，高约19米。方坛部宽约40米，高约4.5米，有双重周濠和堤坝。采集有圆筒埴轮。内部构造不明。筑造于5世纪上半叶。天孙琼琼（琼琼杵尊）的陵墓参考地。西北有2座作为陪冢的圆坟（169号坟、170号坟），从170号坟出土了带孩子的屋形埴轮和船形埴轮（国重文，东京国立博物馆藏）。也有说法认为这是日向国的豪族诸县君牛诸井之墓。

女狭穗冢：根据最新的调查判明全长约176米，是九州最大的前方后圆坟。后圆部直径约96米，高约15米。前方部宽约110米，高约13米，3层建筑，有盾形周濠和堤坝，细部两侧有造出的畿内式古坟。后圆部的西侧斜面和细部附近有圆筒埴轮和形象埴轮（屋、盾、甲胄），

八　九州地方

从外堤上出土了圆筒埴轮。内部构造不明。是与男狭穗冢同时期的5世纪上半叶建筑。琼琼杵尊的妻子木花开耶姬的陵墓参考地。也有说法认为她是诸县君牛诸井的女儿，后来成为仁德天皇的妃子发长媛。群内唯一的方坟——171号坟被认为是陪冢。

鬼之窟古坟（206号坟）：群内最后的首领墓，是唯一一座拥有横穴式石室的圆坟。基本位于古坟群中央，直径约36.4米，高约7米，2段建筑，周围环绕着土垒和护城河。从巨石构成的横穴式石室中出土了棺钉、耳环、铁镞、马具金具、土师器、须惠器等。邻接西南约60米处被认为是陪冢的205号坟（直径约15米的圆坟）。筑造于6世纪末至7世纪初。根据发掘调查的结果复原了鬼之窟古坟。从古坟入口到玄室道路的天顶上有很大的裂缝。

13号坟：属于位于东南部的第1支群（98座），坟长79.4米。后圆部直径43.2米，前方部宽25米的柄镜式前方后圆坟。大正时期从黏土椁中出土了三角缘神兽镜、勾玉、管玉、玻璃小玉、铁剑、刀子等。1997年确认为3层建筑，有葺石。筑造于4世纪中叶。

姬冢（202号坟）：位于第1支群偏西处，坟长57.3米的前方后圆坟。后圆部直径34.4米，高6.2~6.3米，前方部宽41.5米，高5.4~5.7米。因大正时期的调查，出土了勾玉、管玉、切子玉、琥珀玉、琉璃玉、刀、镞、陶器等。筑造于6世纪下半叶。

100号坟：位于东部的第2支群（35座）所属的前方后圆坟。坟长57.4米，2层建筑。后圆部直径32.4米，扩成拨形的3层建筑，前方部宽17米。有葺石。雷达探测确认有类似埋葬设施的反应。出土了壶、高座盘等。筑造于4世纪上半叶。

船冢（265号坟）：位于北面的第3支群（88座）中唯一的前方后圆坟。坟长58米，后圆部直径34米，高5.9米，前方部宽38米，高5.85米，前方部朝向西北方向。筑造于6世纪上半叶。

111号坟/4号地下式横穴墓：第3支群内规模最大的直径29.5米

的圆坟，坟丘上部确认有埋葬设施。并且在坟丘的地下，有从周沟向中心部的 4 号地下式横穴墓，其玄室全长 5.45 米，出土了铁制短甲、直刀、铁镞、珠文镜、玉类、带步摇的金铜制品。筑造于 5 世纪下半叶。

　　酒元之上横穴墓群：位于鬼之窟古坟的南部。由 10 条墓道、6 个玄室、1 座圆坟构成。在从地上挖掘的墓道壁面上建造横穴，将横穴墓和地下式横穴墓融合在一起，是非常罕见的形态。覆屋保存有 6 条墓道，2、4、6 号墓道可以在发掘状态下参观。出土了人骨、须惠器、土师器、耳环等。推测筑造于 6 世纪末至 7 世纪上半叶。

【名称】明神古坟群

【位置】鹿儿岛县出水郡长岛町藏之元

【年代】弥生至公元 6 世纪（古坟时代前期、中期、后期）

【解题】

　　鹿儿岛县指定史迹，群集坟。由约 30 座古坟构成。埋葬设施确认有竖穴式石室、横穴系竖穴式石室、横穴式石室。除铁刀、锥、土师器、须惠器、人骨、铁镞之外，还从 3 号坟出土了镜子。和指江古坟群一样，是筑造在海岸的自然丘陵上的当地独特的古坟群。

【名称】横濑古坟

【位置】鹿儿岛县曾于郡大崎町横濑

【年代】公元 5 世纪下半叶（古坟时代中期）

【解题】

　　国家指定史迹，前方后圆坟。全长约 129 米，有葺石、埴轮、周沟，后圆部有露出的竖穴式石室。出土了直刀、铠、勾玉、圆筒、形象埴轮（人物、盾等）和畿内地区的土器，在历史资料中心黎明馆等地展出。推测被葬者是大和王权派遣的权力者。

【名称】冢崎古坟群·花牟礼古坟等

【位置】鹿儿岛县肝属郡肝付町野崎

【年代】公元 4~5 世纪（古坟时代前期、中期）

【解题】

　　国家指定史迹，古坟群。由跨越冢崎和花牟礼两个地区的 5 座前方后圆坟和 39 座圆坟构成，还确认有 10 座以上地下式横穴墓。内部构造可见石棺，出土了须惠器和陶俑。保存完好的 11 号坟，是全长 56 米的前方后圆坟。有葺石。18 号坟出土了壶型埴轮（二重口缘壶和单口缘壶）。上半部分涂有红色，底部开孔。39 号坟——花牟礼古坟是日本最南端的前方后圆坟，全长约 80 米。在直径约 15 米的 1 号坟坟丘上，耸立着树龄 1300 年以上的樟树（国天然纪念物）。以展示出土品等的历史民俗资料馆为首，2014 年，新发现了一具与地下式横穴墓一样几乎完整的人骨。

九　冲绳县

【名称】玉陵（琉球王陵）
【位置】那霸市首里金城町
【年代】公元 16 世纪
【解题】

　　冲绳本岛分布着一些文化遗产。首里城因为是琉球王国的政治、宗教生活的核心，所以它的周边有很多史迹。首里城的西部是使用天然石建造巨大石制建筑——玉陵。玉陵周边围着石壁，它是琉球历代王族的陵墓。玉陵本来是琉球王国第三代国王尚真王（1465~1527）为埋葬其父第一代国王尚圆王（1415~1476），于明朝弘治十四年（1501）建造的陵墓。总面积达 2442 平方米。玉陵也叫"玉御殿""灵御殿"，是冲绳县最大的破风型王墓和重要文化遗产。

　　陵墓自东向西由东、中、西三间墓室组成。中间的墓室是洗骨前（放置遗骨）暂时放置棺材之处，东室存放着国王与王妃的遗骨，西室存放着其他王族的遗骨。陵墓内部铺满了珊瑚的碎片。东西的建筑物上立着守护陵墓、降妖除魔的被称为"西撒"的石刻狮子像（冲绳县指定有形文化遗产），这也是冲绳的象征。中庭现有的所谓玉陵碑，其上混用汉字，系复制品。

"玉陵墓室石墙"，是国家指定有形文化财建造物；"玉陵"是国家指定纪念物史迹。2000年12月，"琉球王国城及相关遗产群"被列为世界文化遗产。